中国商业银行竞争力报告 2017

Annual Report on The Competitiveness
of China's Commercial Banks 2017

主　编　王松奇
副主编　刘煜辉　欧明刚

中国金融出版社

责任编辑：石　坚
责任校对：孙　蕊
责任印制：张也男

图书在版编目（CIP）数据

中国商业银行竞争力报告2017（Zhongguo Shangye Yinhang Jingzhengli Baogao 2017）／王松奇主编．—北京：中国金融出版社，2018.1
ISBN 978 - 7 - 5049 - 8305 - 3

Ⅰ.①中…　Ⅱ.①王…　Ⅲ.①商业银行—市场竞争—研究报告—中国—2017　Ⅳ.①F832.33

中国版本图书馆CIP数据核字（2017）第282849号

出版
发行　中国金融出版社

社址　北京市丰台区益泽路2号
市场开发部　（010）63266347，63805472，63439533（传真）
网上书店　http：//www.chinafph.com
　　　　　（010）63286832，63365686（传真）
读者服务部　（010）66070833，62568380
邮编　100071
经销　新华书店
印刷　北京市松源印刷有限公司
尺寸　169毫米×239毫米
印张　18
字数　231千
版次　2018年1月第1版
印次　2018年1月第1次印刷
定价　69.00元
ISBN 978 - 7 - 5049 - 8305 - 3
如出现印装错误本社负责调换　联系电话（010）63263947

《中国商业银行竞争力报告2017》编委会

课题实施单位　《银行家》研究中心

专家指导委员会（按姓氏笔画排序）

王广谦　中央财经大学校长

王松奇　中国社会科学院金融研究所博士生导师、教授，
　　　　《银行家》主编

洪　崎　中国民生银行董事长

张　杰　中国人民大学中国财政金融政策研究中心副主任

吴念鲁　中国金融学会副会长

宋逢明　清华大学国际贸易与金融系主任

赵艳云　中国人民大学应用统计中心主任

夏　斌　国务院参事

秦池江　中国金融学会副秘书长

曹凤岐　北京大学金融与证券研究中心主任

焦瑾璞　中国人民银行金融消费权益保护局局长

魏加宁　国务院发展研究中心宏观研究部巡视员

课题组组长	王松奇
课题组副组长	刘煜辉　欧明刚
课题组成员	王松奇　刘煜辉　欧明刚　张云峰
	高广春　刘明彦　王光宇　宋　飞
	周　立　钱学宁　董　治　韩晓宇
	张　坤　周俊仰　张　玮　张榉成
课题支持	北京费雪投资咨询中心

摘　　要

作为"十三五"开局之年和供给侧结构性改革的元年,在"积极的财政政策""稳健的货币政策""去库存"等关键词的共同作用下,2016年,中国宏观经济形势呈现企稳迹象。得益于持续性的调结构、转型升级、去产能,2016年下半年以来宏观经济的"稳中向好"态势在2017年进一步显现。从2017年7月公布的宏观经济数据来看,2017年上半年GDP同比增长6.9%,GDP同比增速的小幅波动似乎暗示着中国经济的L形筑底正"小荷才露尖尖角"。与此同时,在周期性、结构性以及趋势性因素共同作用的背景下,我国经济下行压力依然巨大。全球经济复苏缓慢、中国经济潜在增长水平下移、"债务—投资"驱动模式难以为继、新产业动能不足,以及房地产周期调整、政治经济周期波动等因素依然是中国经济复苏之路上的巨大障碍,影响着我国经济底部运行的深度和持续的长度。

2017年被称为我国"金融监管元年",进入2017年以来,金融监管力度大大加强。银监会对"三套利""四违反""四不当""十乱象"进行了专项整治,并针对强化风险管控、弥补监管短板、押品管理等连发多个文件。2017年7月召开的全国金融工作会议强调了我国金融工作的四大原则——回归本源、优化结构、强化监管、市场导向,将防范系统性金融风险定义为金融工作的永恒主题，将加强监管放在了更突出的位置，这些都将对我国的银行业产生深远影响。

对我国银行来说，对于"风险"的认识不应再局限于单个银行自身的"不良资产"，房地产泡沫、影子银行、国企高杠杆、地方债务和非法集资等"灰犀牛"的存在，都要求我们的银行应将主动防范、化解金融风险放在更加重要的位置。去杠杆、防范风险将成为今后一段时期内我国银行业发展的主旋律，要求我国银行业将依法合规放在经营管理活动的首位，理解并主动接受监管，而也唯有如此，我们的银行才能真正地"回归本源"，才能真正地为我国经济社会的发展添砖加瓦。

此次《银行家》研究中心研究并推出的"中国商业银行竞争力评价报告2017"，采用科学方法，以整体行业为研究对象，在对以往评价模型不断改进的基础上，通过大量实地调研，历经一年多时间完成，是为广大读者奉献的呕心沥血之作。本次报告摘要部分包括全国性商业银行财务评价和城市商业银行竞争力评价。本报告以2016年中国商业银行业的经营状况为依据，利用竞争力分析框架，分析了中国商业银行竞争力的基本格局，对全国性商业银行和城市商业银行的竞争力做了评价，点评了不同银行的特点，提出了银行业竞争力提升中需要解决的问题。

从对全国性商业银行盈利能力、资本实力、资产质量和流动性等指标的综合评价来看，全国性商业银行竞争能力的财务性指标有了明显的改善。招商银行、中国工商银行、中国建设银行、浙商银行、兴业银行为全国性商业银行的前五名。以全国性商业银行为代表的中国银行业积极推进改革创新，资产负债规模稳步增长，存贷款增速有所放缓，资本实力不断增强，资本充足率水平保持平稳，利润增速有所提升，流动性水平进一步优化，但不良贷款增速和不良贷款率不断攀升，资产质量持续承压。中国银行业一方面要控制新增不良资产、化解原有不良资产，另一方面要积极应对利率市场化、金融脱媒和金融科技带来的挑战，进行业务创新、模式创新和管理创新。全国性银行更是走在转型的前列，在发展战略上寻求数字化、轻型化、资管化、综合化及国际化发展，积极走差异化、特色化发展之路，提升产品与服务的创新能力，大力提升银行影响力。同时完善公司治理，以信息化建设为抓手，以风险管理为核心，以人力资源建设为保障，落实管理转型。

在对全国性商业银行发展战略、公司治理、风险管理、产品与服务、流程银行建设、信息技术和人力资源等方面的综合评价中，中国工商银行、中国建设银行、招商银行、中国银行、交通银行位居前五名。

总体来看，城商行受人才、系统、流程、资源等多种因素的限制，在改革创新转型方面落后于国有大型商业银行和全国性股份制商业银行。城商行需要付出更多的努力和资源来改善自己，提升自己应对新常态下复杂的经济金融形势和市场竞争的能力。2016年，城商行资产、负债的增速比2015年有所下降，但高于银行业金融机构平均水平，城商行的资产、负债和权益在银行业金融机构中的占比进一步提升。其中，有4家城商行资产负债规模超过1万亿元。不良贷款余额和不良贷款率"双升"，但风险抵偿能力保持稳定；资本金补充压力较大，但流动性充足；总体来看，利润增速有所提升，但部分行增速为负。

Abstract

2016 is the beginning year of the 13th Five-Year Plan and Supply-Side Structural Reform. China's macroeconomic situation showed signs of stabilization under the combined effect of "proactive fiscal policy", "prudent monetary policy" and "de-stocking" in 2016. Benefiting from steady structural adjustment, transformation and upgrading and capacity reducing, the stable and improved economic situation as of the second half of 2016 becomes more prominent in 2017. According to macro-economic statistics released in July 2017, GDP grows by 6.9 percent year on year in the first half of 2017. It seems that a slight fluctuation of YoY GDP growth implies that China's L-shaped growth has been bottoming. Meanwhile, high downward pressure on the economy remains due to periodical, structural and trend factors. In the path of economic recovery, China are still facing huge obstacles including the slow recovery of global economy, China's decreased potential economic growth, unsustainable Debt-Investment driving pattern, low kinetic energy of new industries, the cyclical adjustment of real estate industry and periodic political and economical ups and downs, which influence the depth and duration of the bottom running of our economy.

2017is called the First Year of China's Financial Regulation, for the regulation has been strengthened significantly since 2017. The China Banking Regulatory Commission (CBRC) carried out special rectification for "Three Arbitrages", "Four Violations", "Four Improper Conducts" and "Ten Chaos", and launched a number of documents on strengthening risk control and management, addressing regulatory weak links and managing collaterals consecutively. The National Conference on Financial Work held in July 2017 underscored the Four Principles of China's Financial Work— "returning to the origin, structure optimization, strengthening supervision and market orientation", defined the prevention of systemic financial risk as the permanent theme of our financial work, and placed supervision intensification to a more prominent position, which together would impose profound influence on China's banking industry.

China's banks should not limit their understanding of the risk to the Non-Performing Asset (NPA) of a single bank. "Gray Rhinoceros" including real estate bubble, shadow banking, high leverage of SOEs, local debt and illegal fund-raising etc. Require preventing and relieving financial risks actively be put into a more outstanding position. The theme of our banking development in the coming period will be deleveraging and risk prevention, which demand our banks put law compliance in the first place in operating and management activities and understand and accept supervision actively. Only by doing these can our banks authentically "return to the origin" and make contributions to China's economic and social development.

Studied and written by the Chinese Banker Research Center, *Annual Report on the Competitiveness of China's Commercial Banks 2017* was finally published after over one-year's fermentation. Regarding the whole banking industry as the study object, the Report was finished based on the improvement of previous models and a lot of field research with an comprehensive use of scientific analysis methods. The Abstract of the Report introduces the financial evaluation of nationwide commercial banks and the competitiveness evaluation of city commercial banks. On the basis of the operation of China's commercial banks in 2016 and using the competiveness analysis framework, the Report analyzes the basic pattern of the competiveness of China's commercial banks, evaluated the competiveness of nationwide commercial banks and city commercial banks, commented on the features of these banks, and proposed issues for China's banking industry to address in promoting their competiveness.

The financial indicators of Chinese nationwide commercial banks generally have been significantly improved in terms of a comprehensive assessment of profitability, capital strength, asset quality and liquidity. China Merchants Bank (CMBC), Industrial and Commercial Bank of China (ICBC), China Construction Bank (CCB), China Zheshang Bank (CZB) and China's Industrial Bank (CIB) ranked top five. China's banking industry represented by nationwide commercial banks, positively advanced reform and innovation. In 2016, the asset and liability scale of the whole industry grew steadily, the growth of deposits and loans slowed, the capital strength was enhanced, capital adequacy remained steady, the profit growth rate increased, and the liquidity situation was advanced. Nonetheless, the non-performing loans (NPL) growth rate and NPL ratio rose constantly, keeping pressure on asset quality. China's banking industry, on one hand, should control the new NPA and resolve the stock NPA; on the other hand, the industry should positively response to challenges brought about by interest rate marketization, financial disintermediation and FinTech, and innovate its businesses, mode and management. At the forefront of the banking transition, nationwide banks seek for digitalization, light-weighted trend, asset-management trend, comprehensiveness and internationalization in their development strategy, proactively take a differentiated and special development road, promote products and service innovation capacity, and forcefully enhance their influences. Besides, nationwide banks are committed to improving corporate governance, taking the informatization as the point-cut, the risk management as the core, the human resource construction as the guarantee, and implement the management transition.

ICBC, CCB, CMBC, Bank of China (BOC), and Bank of Communication (BOCOM) ranked top five in terms of a comprehensive assessment of development strategy, corporate governance, risk management, product and service, the construction of process bank, information technology and human resources of nationwide commercial banks.

Generally speaking, city commercial banks lagged behind stated-owned big commercial banks and nationwide joint-equity commercial banks in reform innovation and transition due to limits in talents, systems, procedures, resources and so forth. City commercial banks should pay more effort and allocate more resources to improve their performance, and promote their capacity to cope with the complicated economic and financial situations under the New Normal and their market competition ability. In 2016, the growth of the asset and liability scale of city commercial banks decreased compared to 2015, but were still above the average level of the whole industry, the proportion of the asset, liability and equity of China's city commercial banks in the banking industry was further increased. Four city commercial banks had an asset and liability scale above one trillion yuan. Both the NPL balance and the NPL ratio of city commercial banks increased, while the risk compensation capacity remained steady; city commercial banks were facing heavy pressure in capital supplement, but had adequate liquidity; and the profit growth rate increased generally, whereas several city commercial banks had negative profit growth.

目　　录

第一部分　2016年中国商业银行竞争力评价总报告

一、金融杠杆起源 ………………………………………… (3)
　　(一) 土地财政与信用扩张 ……………………………… (3)
　　(二) 金融加杠杆与资金空转 …………………………… (6)
　　(三) 银行资产负债变化 ………………………………… (7)
二、金融降杠杆 …………………………………………… (7)
　　(一) 从金融降杠杆到经济去杠杆 ……………………… (7)
　　(二) 金融降杠杆成效已现 ……………………………… (9)
　　(三) "挤海绵" ………………………………………… (11)
三、金融降杠杆任重而道远 ……………………………… (13)
　　(一) 该怎样做 ………………………………………… (13)
　　(二) 商业银行的责任担当 …………………………… (16)

第二部分　2016年全国性商业银行财务分析报告

一、前言 …………………………………………………… (21)
二、资本状况 ……………………………………………… (24)
三、资产质量 ……………………………………………… (29)
　　(一) 2016年全国性商业银行不良贷款情况 ………… (30)
　　(二) 2016年全国性商业银行风险抵补能力 ………… (34)

（三）全国性商业银行贷款集中度情况 ……………………… (38)

四、盈利能力 ……………………………………………………… (40)
　　（一）总体情况 …………………………………………… (41)
　　（二）利息收入水平 ……………………………………… (44)
　　（三）中间业务收入水平 ………………………………… (48)
　　（四）成本控制水平 ……………………………………… (51)

五、流动性分析 …………………………………………………… (53)
　　（一）存贷比分析 ………………………………………… (53)
　　（二）流动性比例 ………………………………………… (55)
　　（三）流动性覆盖率 ……………………………………… (55)

第三部分　2016年全国性商业银行核心竞争力评价报告

一、发展战略 ……………………………………………………… (61)
　　（一）轻型化 ……………………………………………… (64)
　　（二）零售化 ……………………………………………… (65)
　　（三）交易银行化 ………………………………………… (67)
　　（四）投行化 ……………………………………………… (69)
　　（五）数字化 ……………………………………………… (71)
　　（六）国际化 ……………………………………………… (72)

二、公司治理 ……………………………………………………… (75)
　　（一）公司治理构架情况 ………………………………… (76)
　　（二）董事会成员履职情况 ……………………………… (77)
　　（三）信息披露情况 ……………………………………… (79)
　　（四）社会责任履行情况 ………………………………… (80)

三、风险管理 ……………………………………………………… (85)
　　（一）流动性覆盖率达标 ………………………………… (86)
　　（二）各类风险管理重点与机制 ………………………… (87)

（三）风险管理的效果 …………………………………… (90)

四、信息技术 ……………………………………………………… (93)

五、人力资源 ……………………………………………………… (96)
　　（一）人力资源概况 …………………………………………… (96)
　　（二）员工培训 ……………………………………………… (102)
　　（三）限薪政策 ……………………………………………… (104)

六、产品与服务 …………………………………………………… (105)
　　（一）创新能力 ……………………………………………… (105)
　　（二）品牌管理 ……………………………………………… (108)

七、市场影响力 …………………………………………………… (110)
　　（一）传统业务 ……………………………………………… (110)
　　（二）战略性业务 …………………………………………… (120)

第四部分　2016年城市商业银行竞争力评价报告

一、2016年城商行财务格局 …………………………………… (133)
　　（一）资产负债 ……………………………………………… (133)
　　（二）贷款质量 ……………………………………………… (136)
　　（三）抵偿能力 ……………………………………………… (139)
　　（四）资本充足性 …………………………………………… (143)
　　（五）流动性状况 …………………………………………… (147)
　　（六）盈利状况 ……………………………………………… (150)
　　（七）收入结构 ……………………………………………… (157)

二、城商行服务实体及风险管控蓝图 …………………………… (159)
　　（一）宏观审慎监管 ………………………………………… (159)
　　（二）银行杠杆管理 ………………………………………… (165)
　　（三）绿色金融发力 ………………………………………… (175)

第五部分 专家研究

维护金融安全　助力实体经济
　　——2017中国银行家论坛发言摘要 ………………………（187）
浅谈全国金融工作会议………………………… 王松奇（188）
金融有时是"好孩子"，有时是"坏孩子"……… 夏　斌（193）
密切关注金融风险，积极维护金融安全………… 何德旭（199）
以服务国家建设为己任，助力实体经济发展…… 程远国（203）
银行如何做好服务实体经济的排头兵…………… 宗　良（208）
M_2失速的"常态"下商业银行如何转型 ……… 郭田勇（212）
商业银行应如何解决发展互联网金融所面临的难题
　　……………………………………………… 吕罗文（216）
周期的幻影和经济的韧性………………………… 刘煜辉（221）

议题一　影响金融业未来的新技术前瞻 ……………………（232）
以科技助推银行转型……………………………… 杨　东（232）
金融科技前景光明，机遇与挑战并存…………… 邵　山（234）
稳步推进金融科技创新，防范系统性金融风险… 杨　雷（235）
金融科技在建设银行得到广泛应用……………… 金磬石（237）
金融与科技应完美结合，趋利避害……………… 陶　嵘（238）
妥善把握金融科技给银行带来的契机…………… 黄正建（240）
金融背后需要强大的科技支撑…………………… 李　伟（241）
区块链降低成本，引领金融变革………………… 邓　柯（242）

议题二　金融科技助力银行转型 ……………………………（244）
借力金融科技，打造"小而美"的银行 ………… 杨　彬（244）
利用金融科技，发展信用卡业务………………… 王卫东（245）
依靠科技，实现弯道超车………………………… 么向华（245）
技术变革推动金融进步…………………………… 黄纪法（246）

立足自身定位，以价值为导向应用金融科技 ………… 明立松（248）
全心全意做好金融科技服务 ……………………… 徐启昌（249）
大数据与人工智能对金融发展的影响 ……………… 刘　韬（251）

第六部分　2017年中国商业银行竞争力评价结果

一、商业银行竞争力排名表（2017） ………………………（257）
二、2017年中国商业银行竞争力排名获奖名单 ……………（267）

第一部分

2016年中国商业银行竞争力评价总报告[*]

---

[*] 本部分由刘煜辉、钱学宁、张玮、张桦成执笔。

一、金融杠杆起源

2017年9月中旬，金融街论坛如期召开。一行三会代表再度强调金融服务实体经济、强化金融监管、深化金融改革三大议题，进一步确立了金融行业"全面监管，从严监管"的发展方向。

过去一段时间，我国金融深化不断演进，层叠套利涌现，资产价格攀升。先是2015年的股牛，再到2016年的地产和债券，2017年又有了第二季度的商品牛，火爆行情在不同资产之间轮动。金融市场的繁荣引致信用扩张。投资者在牛市中忽略风险，盲目加杠杆，"信仰"驱动交易。

与此对应的是，近段时间实体经济"物量"减少，新周期幻象泯灭。8月经济数据普遍下滑，固定资产投资增速创2017年以来新低，商品房销售面积、销售额继续回落，工业增加值延续6月以来的高位回落，同时也创下2017年以来的新低。

金融业本身就需要依靠杠杆生存，但在实体经济萎靡的前提下，杠杆过高只能导致资产价格脱离实体经济过度膨胀，在"大资管"背景下，更有可能演化为系统性风险。不仅如此，金融降杠杆与实体经济去杠杆有着千丝万缕的联系，降杠杆刻不容缓。

（一）土地财政与信用扩张

2008年国际金融危机以后，尽管没有实际达成一致，但各国中央银行的操作方法都大致相同——开启新一轮量化宽松，以货币超发、信用扩张支撑经济。其间，全球的中央银行注入了15.1万亿美元流动性。就中国而言，2007年12月末，M_2余额为40.34万亿元，GDP当季为7.87万亿元，当月社会融资规模为0.43万亿元。2017年6月末，

M_2 余额为 164.5 万亿元，GDP 当季为 20 万亿元，当月社会融资规模为 1.48 万亿元。近 10 年来，M_2 增长了 4.08 倍，GDP 增长了 2.54 倍，月度社会融资规模上涨了 3.44 倍。很显然，我国信用扩张非常明显（见图 1-1）。

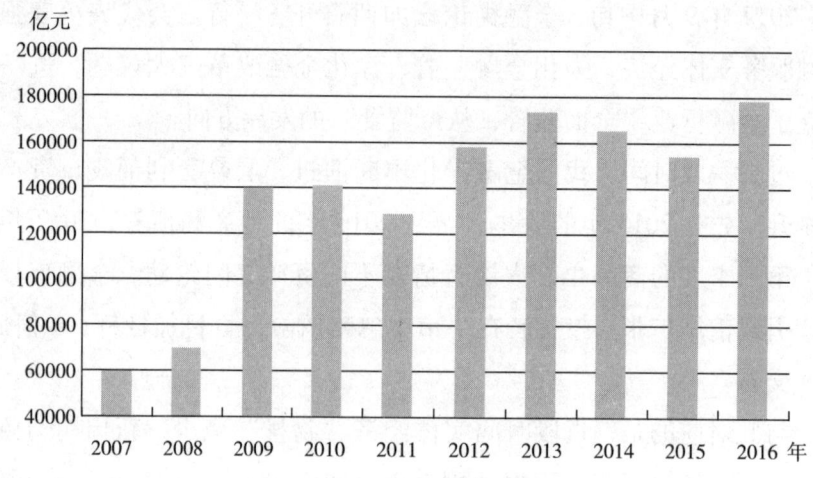

图 1-1 社会融资规模

2011 年以后，CPI 和 PPI 走势开始背离，房地产和货币信用出现膨胀，信托业蓬勃兴起。尤其是高度扩张的非标业务，引发了次年的强监管。从图 1-2 可以看出，从 2011 年开始，我国 M_2 同比增速明显大于 M_1。M_1 反映的是现实中的购买力，上涨表明消费和终端市场相对活跃；M_2 在 M_1 的基础上还包括潜在购买力，它的上涨表明投资和中间市场活跃，用两者的剪刀差可以判断经济社会产生信用的能力。当"$M_1 - M_2$ 剪刀差"大于零时，经济社会信用收敛；反之，信用膨胀。图 1-2 显示，从 2012 年起，信用创造不断抬升，金融杠杆高企，资金"脱实向虚"。

起初，信用膨胀来自政府的"有意引导"。一方面，以房地产作为地方政府融资手段，驱动储蓄份额承接地产商债务，转化为房地产投资，最终纳入地方政府的各种收入。几年下来，积累了大量的坏账危

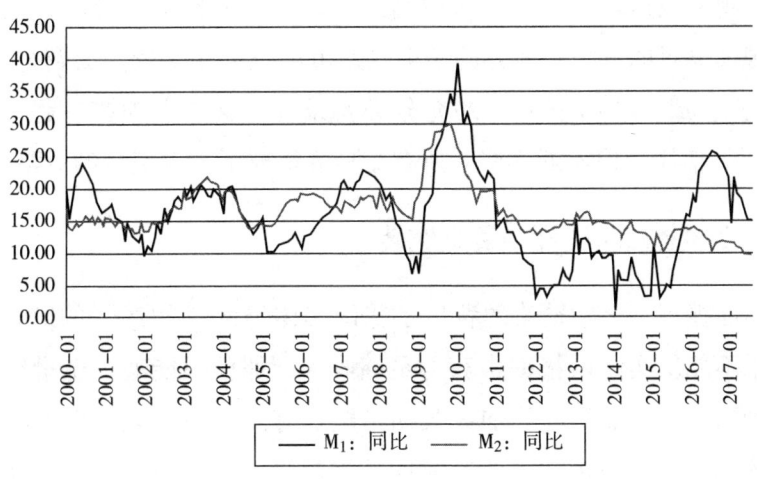

图 1-2 货币剪刀差

机。为了挽救地方债,在体制的路径依赖下,政府有意引导居民部门加杠杆。一时间,地方债问题减缓了,但是却破坏了居民部门的资产负债表。另一方面,政策层面还通过释放大量的长期信用来维持地产和平台债务链(债务置换)。用长期、低息的负债去置换短期、高息的负债,还不允许银行从僵尸产业中抽贷,客观上牺牲了银行体系资产的收益性和流动性,显著降低了资产周转率,造成经济风险向金融系统转移。

经过债务置换和融资井喷之后,地方政府融资平台和房地产企业变得很有钱,而且是长期、低成本的。以前是地方政府四处求银行放款,现在变成了银行求地方政府给些资产。国企成为金融系统中的坏账主体,但政策层面又与"自家"撕破脸,结果就有了整个金融系统的"逆向选择"和金融部门资产端的快速膨胀。

在这种情况下,只有负债端保证持续不断的资金涌入才能维持激进的资产端。负债端的久期越来越短,把实际久期为一年的资金投入到长达几年至十几年的长期股权投资;资产端的成本居高难下,资管机构如果想维持规模就必须接受近似刚性兑付的高息负债。小机构为了保持规模快速增长,只有采取高息策略,其他持保守策略的机构将面临规模下降的危险。博弈的结果就是市场被迫接受较高的资金成本,"拼规模"成为"活下去"的充分必要条件。这两点加在一起,就是"庞氏"。信用规模不断膨胀,所有交易者都成了中央银行的对赌方。

(二) 金融加杠杆与资金空转

前面提到,金融繁荣的背后是我国实体经济"物量"的缩减。金融如果不能从实体回报率中获得足够收入,那就只能通过金融交易自身来创造价差。加杠杆、加大久期错配、有意低估风险,在空洞的地基上依靠金融交易搭建的资产楼阁越来越高。长此以往,资金就难以"脱虚向实",而是南辕北辙。

2012年以后,金融开始"自我繁荣",先是影子银行和"银行的影子",后来又出现了琳琅满目的财富管理平台和嵌入式投顾交易结构。中国虽然没有庞大的标准化衍生品市场,却孕育了众多灰色的抽屉协议和配资的交易结构,里面暗藏许多杠杆,像一根根灰色的吸管扎入低效率的正规金融体系。

当前中国的债务市场与几年前最大的变化就是金融资产的收益率与负债端的成本出现了倒挂,裂口发散使整个金融系统脆弱性显著上升。2013年融资很贵,融入一笔资金可能要10%的成本,但当时可以轻易找到一笔收益在15%的资产。自2016年开始,变成了4%以上的融资成本支持3%的资产收益率。

金融市场拥挤不堪,各种利差全面压缩,债券收益几乎只能寄希望于价格上涨带来的资本利得。大家交易的是情绪,而不是风险,总相信后面会有更难接受的交易者继续加杠杆。风险定价显得没有意义,交易者不断挑战中央银行的"底线"。

（三）银行资产负债变化

商业银行的资产端包括现金及存放于中央银行款项、同业资产、发放贷款及垫款、证券/债券投资和其他资产。负债端包括中央银行借款、同业负债、吸收存款、应付债券和其他负债。从资产结构上看，贷款仍然是商业银行资产端份额最大的部分，2010~2017年贷款规模占比却经历了曲折的变化过程。从2010年开始，中央银行为了遏制资金泛滥和缓解日渐加大的通胀压力，对银行整体上调存款准备金率，并叠加上调部分银行准备金率，紧缩的货币政策下银行贷款规模也持续下行。2015年去杠杆政策实施以来，贷款规模处于下行的通道内，而同业资产不断上升。2016年MPA推出以后，商业银行同业资产规模同比下降，占比收缩。与之相对应的是，债券投资规模占比稳步提升。在宏观审慎评估体系总规模控制下，银行偏向于压缩同业资产来适应监管。

从负债结构上看，存款规模占比从2011年开始便进入下行通道，从2010年第三季度的84.65%降至2016年底的71.68%。同业负债规模占比在2015年初大幅提升后一直保持在高位。2016年以来，受到MPA中对相关项目的考核，同业负债规模占比逐渐回落，应付债券规模占比稳步上升，虽然总规模占比仍然较低，但同比增速远超其他负债项目。商业银行债和同业存单的发行在一定程度上催生了应收债券规模的攀升。

二、金融降杠杆

（一）从金融降杠杆到经济去杠杆

"脱实向虚"是近几年中国经济最令人关注的结构性问题，它不利于实体经济成长，也背离了金融服务实体经济的本质。与实体经济对经济增长贡献不断降低相比，金融业增加值在 GDP 中的比重有逐年上升的趋势。2016 年我国金融业增加值占 GDP 的比重为 8.44%，高于美国等经济发达国家。在 2017 年 9 月 15 日的金融街论坛上，中国人民银行行长助理刘国强强调，下一阶段要加大力度做好减法工作。一是要把杠杆率减下来。这是服务实体经济的关键举措，因为在高杠杆的情况下资产价格必然膨胀。二是把金融乱象减下来，非法集资、乱加杠杆、乱做表外业务、违法违规套利等不但直接增加了金融风险，而且都是金融"脱实向虚"的途径。三是要把不符合供给侧结构性改革要求的资金减下来。金融服务实体经济不是来者不拒，不能成为帮助落后产能脱困的借口，甚至成为给"僵尸企业"打点滴的手段。金融服务的对象必须符合供给侧结构性改革的要求，比如对"僵尸企业"、对隐性的地方政府债务、对房地产炒作都必须减下来，这样才能腾出资源服务于符合供给侧结构性改革要求的实体经济，培育出新的结构和动力。

没有金融降杠杆，经济的去杠杆就很难开启。如同去产能不可能在价格上涨的状态下开始，债务重组也一样。如果能够以非常低的利率融资，资本市场还在高位，土地市场依然活跃，怎么可能将债务合约的相关利益人都请到谈判桌前商量缩减债务的问题？只有金融部门对杠杆进行遏制，产生资产通缩压力，才能促使非金融部门进入实质性的债务重组谈判。

所以，在大规模经济去杠杆之前清理金融风险无疑是正确的。银监会、证监会、保监会都陆续出台了对资产管理行业更为严格的监管指导，主要限制监管套利和过高的杠杆。资产管理行业野蛮增长的时期已经落幕，通道业务也已减弱，行业即将开启升级重构。"强监管、紧信用、不后退"将成为中国未来金融政策的常态。如同当初金融杠杆和负债将资产推到高位一样，现在要经历的是一个反过程。资产的价格是由边际力量决定的,如果金融杠杆上升的力道出现衰弱,那么所有的资产都将面临系统性压力。金融空转的钱是会"消失"的,当风险情绪降低时,货币会随着信用敞口的完结而消失。

(二) 金融降杠杆成效已现

我国的金融体系是以商业银行为主导的间接金融为主,银行资产负债表可以侧面反映金融体系信用规模。2016年以来,由于行业不同,金融降杠杆的主要抓手也不尽相同。对银行体系来讲,尤以同业存单治理最为主要。

自2013年推出以来,同业存单呈爆发式增长,成为中小银行主动负债的利器。截至2017年8月,同业存单当月发行量达到1.62万亿元,托管量合计8.45万亿元。由于无须缴纳存款准备金,同业存单作为近年来年金融加杠杆和套利的主要工具(空转套利、委外套利、监管套利),成为当前监管的重点。

同业存单发行运转的每一步都存在着息差,每一个环节均可获利。首先,大型商业银行获取中央银行流动性,结合自营资金主动购买中小银行同业存单,这便是空转套利。其次,中小银行发行同业存单,购买收益更高的同业存单以及同业理财,层层嵌套,仍旧为空转套利。最后,同业存单和同业理财资金委外(委外套利),中小银行将通过同业理财或者同业存单筹措的资金委托券商、基金和私募等代为管理,通过加杠杆、加久期和降信用,以牺牲流动性和信用来增厚利润。同时,由于目前同业存单的发行并未纳入同业负债项目下,实际上绕过了监管层关于风险指标的限制,并通过委外或出表的方式投向了房地产和"两高一剩"领域,这便是监管套利(见图1-3)。

2017年第二季度以来,针对同业存单的监管声势浩荡。一方面,要求同业融资依存度高、同业存单增速快的银行业金融机构进行自查和调整;另一方面,要求同业投资业务占比高的机构银行控制风险,

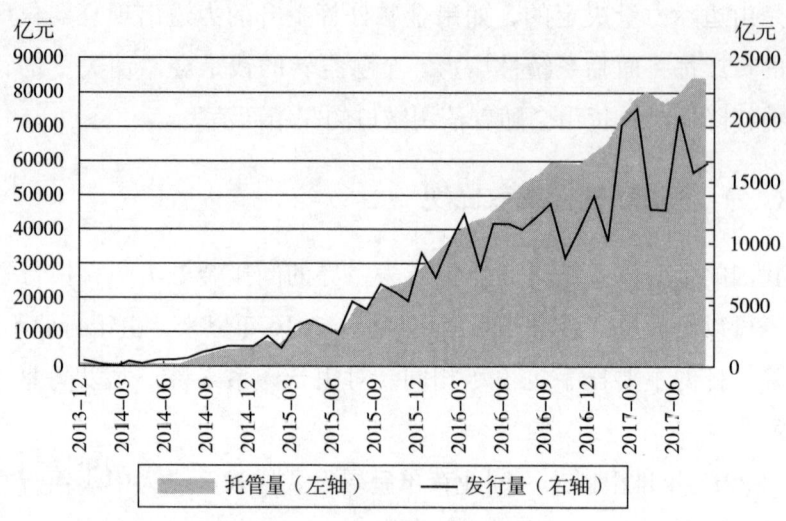

图 1-3 同业存单规模

不得进行多层嵌套,同时敦促同业投资落实穿透管理,并且充足计提拨备和资本。

负债端,2017 年 4 月初银监会要求开展自查。银行情绪骤然紧张,在政策尚不明朗的情况下紧急调整自身业务,令债市情绪陷入极度悲观之中。大多数银行均减少了同业负债比例,中小银行吸收存款积极性明显高于大型商业银行。

资产端,第二季度大多数同业投资占比较高的股份制银行及城商行均进行了调整,在减少同业投资占比后,各家银行投资的转向各不相同,大概有两种方式:一是缩减非标、扩张信贷业务,采用这种路径的以股份制银行为主;二是缩减同业资产及债券类投资,增加应收款项类投资及贷款,多以城商行为主。

不仅如此,中央银行第二季度货币政策执行报告还对未来同业存单进行了严格限定。报告提出:于 2018 年第一季度评估时起,将资产规模 5000 亿元以上的银行发行的 1 年以内同业存单纳入 MPA 同业负债考核。而且还修订了《同业存单管理暂行办法》,自 2017 年 9 月 1 日起禁发1年以上的同业存单,此前已发行的可继续存续至到期。整体看,监管大方向不变,无外乎对交易对象进行限制,遏制金融杠杆。针对同业存单的监管已经基本告一段落。

商业银行资产规模可以侧面反映金融体系去杠杆情况:截至2017年6月,我国商业银行资产总规模190.2万亿元,同比增长12.4%,同比增速自2017年初以来呈现持续下降的过程。可见,商业银行作为金融系统的中流砥柱,降杠杆已经取得了一定的效果(见图1-4)。

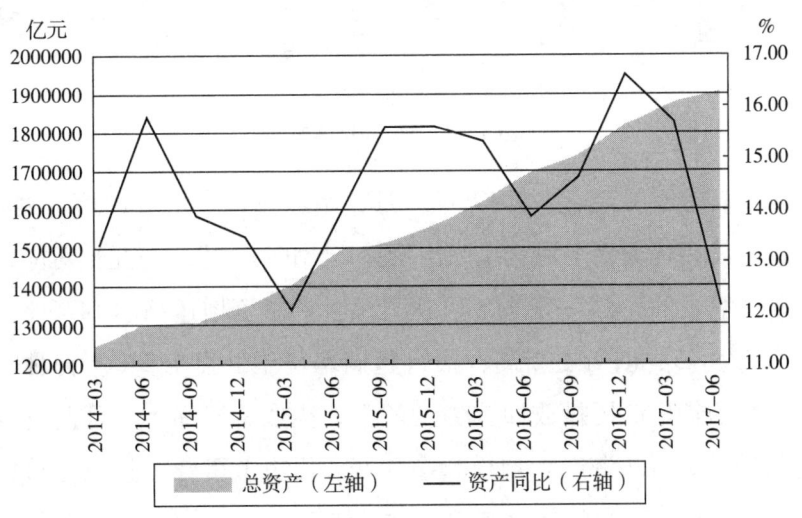

图1-4 我国商业银行资产规模

2017年第二季度以来,M_2增速放缓。$M_1 - M_2 > 0$可能成为常态,也反映出全社会信用总量的收敛。2017年8月,M_2同比增速仅为8.9%,连续4个月位于10%以下(见图1-5)。

(三)"挤海绵"

尽管金融降杠杆取得了一定成效,但最近两年还是出现了几轮资产价格上涨:2015年股市飞跃,2016年房地产和债券市场走牛,2017年上半年是黑色系代表的大宗商品上涨。与快速膨胀的资产价格不同,

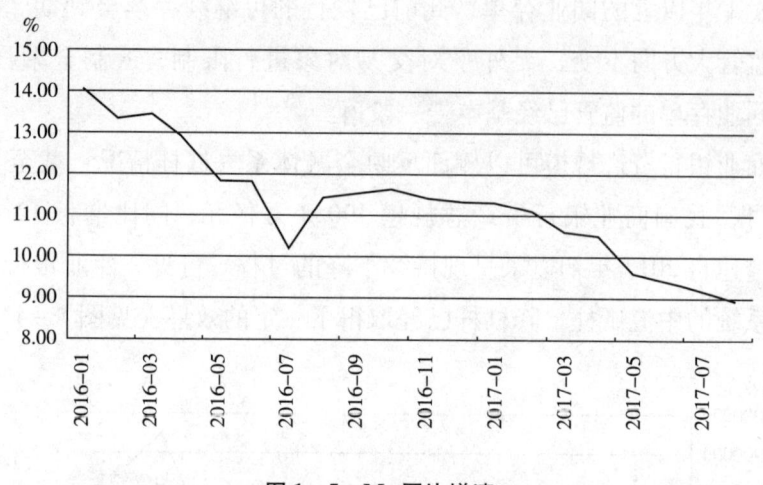

图 1-5 M_2 同比增速

实体经济增速不见起色。2017年7月,制造业投资增速回落,到了8月宏观经济指标大多下滑,反映出实体产出的"软"。与此相对应的是我国资产总量的"强"。7月CPI提升,社会融资增速高达14.6%,货币乘数为5.45,创历史新高,银行超储率位于低点1.2%。种种数据表明,我国货币信用投放回弹力度较大,犹如挤海绵,一旦监管政策略有放松,信用(资产)规模就会膨胀。历史上可曾有过只涨价格不涨物量的周期?回弹的货币信用投放只作用于非生产性活动,说到底,就是资金"脱实向虚"。

同业存单发行量可以很好地反映出"海绵"式的回弹效果:第一季度同业存单不断攀升,年初时发行量仅为1万亿元,到3月的时候达到高点2.07万亿元。之后便有了4月监管政策的密集出台,银监会连发七文,同业存单得到遏制。经历连续两个月的下降,5月发行量为1.25万亿元,与4月持平。但6月监管政策出台密度刚有降低,发行量立刻反弹。同业存单当月发行量立刻上涨到2.02万亿元,接近3月峰值。

不仅如此,2017年3月高达12万亿元的银行对非银净债权在经历了 4 月的密集监管之后，在 4 月、5 月下降了 1.5 万亿元。上端上涨了 50 个基点，净值在 1 以上的委外都赎回解散了，1 以下的都扛着展期，只要 1 以上就马上赎回。结果 6 月的资金面友好程度超预期，受中小银行业绩压力大的影响，金融市场杠杆立刻加回来了，一些券商资管又接到了委外。很快，银行对非银净债权在 6 月末又回到了 12 万亿元。

金融去杠杆为何如此之难？通过前面的阐述，我们可以大体整理出近年来金融加杠杆的来龙去脉。为了拯救地方债，政策引导居民部门加杠杆，2012 年成为金融杠杆的分水岭。此后，金融体系的信用规模不断膨胀，金融开始"自我繁荣"。先是影子银行和"银行的影子"，后来又出现了琳琅满目的财富管理平台和嵌入式投顾交易结构。负债端需要有持续不断的资金涌入才能维持激进的资产端。所以，近年来金融体系的杠杆源自地方债务平台。如果想从根本上实现金融"降杠杆"，就需要在地方政府融资上"做手术"。目前的情况来看，PPP、产业投资基金可以当作融资平台债的变种。在 PPP 和产业投资基金高速发展的市场环境下，只针对金融体系的降杠杆略有"治标不治本"之嫌。

三、金融降杠杆任重而道远

（一）该怎样做

打破刚性兑付，适当暴露风险。第五次全国金融工作会议把金融工作提到了前所未有的高度，金融是国家重要的核心竞争力，金融安全是国家安全的重要组成部分，金融制度是经济社会发展中的重要基础性制度，防控金融风险是三大重要任务之一。当前，防控金融风险的重要工作之一是有序打破刚性兑付，树立风险自担的文化。

只有暴露风险，才能够看出不同信用主体的价格。如果不能打破刚性兑付，好坏企业是无法区分的，它们没有风险的差价，也就不可能提高金融资源的配置效率，从而无法提高社会资源的配置效率。

在 2017 年 9 月 15 日举办的金融街论坛上，全国人大财经委员会副主任委员吴晓灵出席并发表题为《有序打破刚性兑付，防范系统性金融风险》的演讲，炮轰刚性兑付问题。"公众在参与非法集资过程当中的心态是盈利归自己，亏损找政府。我们的政府承担着无限的责任，在这样的压力下，由于责任不清，往往采取花钱买稳定，助长了刚性兑付的文化。在刚性兑付的文化下，中国目前只有财政，没有金融，因为所有金融活动的风险都通过不同的渠道转嫁到了财政身上，这也是很多人义无反顾地参与非法集资的根源所在。"

加强金融监管，适度恢复金融抑制。清理金融风险无疑是正确的。某种程度上这是一个修正"金融自由化"的过程，由繁杂浮华到简单朴素，甚至回归原始。毕竟已经混乱了五年有余。当金融稳定和降低系统的道德风险成为选项后，金融创新和自由化会被先搁置一边。常理上讲，这是一个降低系统厚尾风险的过程。当然，矫枉过正、下手过猛也可能形成短期过大的挤压。但我们迄今所看到的过程还是有章法的，正面的流动性压迫式的挤压（如 2013 年钱荒）几乎是没有的，更多的是迂回，构建超级金融监管体系，清理和扫荡监管的真空和盲区。

银监会、证监会、保监会都陆续出台了对资产管理行业更为严格的监管指导，主要限制了监管套利和过高的杠杆，资产管理行业野蛮增长的时期已经落幕，通道业务已经式微，行业即将开始升级重构，从影子银行到资产管理，整个资产管理行业正在重归资产管理的内核。

"强监管、紧信用，顶短端（利率走廊的下沿）、不后退"可能是未来中国金融政策的常态。

如同当初金融杠杆和负债将资产推到高位一样，现在要经历的是一个反过程，资产价格是由边际力量决定的，如果金融杠杆上升的力道出现衰竭，比如2017年第一季度，整个金融部门资产膨胀的速度是18%，如果这个18%的速度不能进一步提速到20%的话，那么金融资产也就涨不动了。如果未来从18%跌到17%、16%，甚至15%以下，那么所有资产都将面临系统的压力。这是一个货币消灭的程序，金融空转的钱是会"消失"的，即当风险情绪降低时，货币会随着信用敞口的了结而消失。

洗净一些铅华是好事，少了那些浮华，经济和市场自身的韧劲会显现出来，只要不选择撞南墙（让树长到天上去），中国就不用太担心。鉴于中国信用繁荣的内债性质，政府在必要时有足够的能力对金融机构的资产负债表的资产和流动性实施双向的管控，由于外部头寸的资产和负债的结构以及资本项目的管制，金融和财政政策的潜在空间，中国发生债务危机的概率并不高。

防止僵尸企业和房地产行业导致居民和私人部门二次加杠杆。此次金融工作会议指出"地方债务要终身问责"，用词之严厉前所未有。回望过去两年，PPP项目和产业投资基金实际都是地方融资平台的变种，建起了15~20倍的高杠杆结构。2016年初以来，PPP融资额高速增长。2016年初仅为8.1万亿元，而2017年7月攀升至16.5万亿元，增长一倍多。

从房地产行业来看，早在2016年底召开的中央经济工作会议中就曾明确了2017年中国楼市的发展方向，坚持住房的居住属性，强调要促进房地产市场平稳健康发展。此前银行委托贷款、信托计划、受让各类资产收益权等名目繁多的金融创新工具引导资金流入房企，在助推房企大手笔买地、推升房价的同时，也加大了楼市风险。在2017年3月2日国务院新闻办公室举行的新闻发布会上，银监会主席郭树清表示，银行贷款大概有四分之一投向了房地产，2016年新增贷款中有

45%为房地产贷款。希望银行能够从自己的实际情况出发,稳健审慎地把握对房地产市场的资金投放,包括对开发商及居民个人。

自2016年10月地产调控以来,房地产企业融资被卡住喉咙,除银行贷款、公司债(公募+私募)等主要融资渠道全面紧缩外,地产企业股权融资、发行ABS、地产基金、资管融资等各类渠道也均有不同程度的收紧。

为了回归"房住不炒"的本质,"购租并举"已成为建立房地产调控长效机制的重要举措。2017年5月,住建部公布首个专门针对住房租赁和销售的法规——《住房租赁和销售管理条例(征求意见稿)》;7月住建部等九部委联合下发的《关于在人口净流入的大中城市加快发展住房租赁市场的通知》指出,要支持相关国有企业转型为住房租赁企业,建设政府住房租赁交易服务平台,并选取若干城市开展试点工作。土地政策方面,鼓励各地通过新增用地建设租赁住房;金融政策方面,鼓励开发性金融等银行业金融机构对租赁住房项目提供长期贷款和金融解决方案。8月28日,国土资源部、住建部联合下发《利用集体建设用地建设租赁住房试点方案》,在北京、上海、武汉等13个城市开展利用集体建设用地建设租赁住房试点。该方案的实施将增加租赁住房供应,缓解住房供需矛盾,影响房地产市场价格。随着房地产调控的深入推进,房地产居住属性的回归,将从根本上抑制金融杠杆的增生。

(二)商业银行的责任担当

货币的超发和信用的膨胀造成了风险的积累和杠杆率的升高,量化宽松的存在令金融业的行为产生了扭曲。大量资本轮番炒作不同风格的金融产品,用于判断大类资产配置的美林时钟也变成了"电风扇"。金融"自娱自乐"的情意渐浓,与实体经济相隔渐远。"以钱炒钱""以钱推升资产泡沫"的行为不仅加深了金融风险,更令实体经济结构扭曲，大量国有僵尸企业杠杆高企，小微企业融资难。

为了扭转这一局面，吴敬琏先生指出，对金融业来说就需要回归自己原来的职能，它的职能就是通过货币、资金的先行作用来实现经济资源的有效配置和利用。金融业的基本功能是通过在地区之间、行业之间、不同的时间段之间分配金融资源，来带动经济资源的有效配置。这样，金融业就面临着很大的改革任务，因为在计划经济的条件下，金融业本身只是实物配置的影子。所谓被动的货币，到了市场经济的条件下，货币、资金是先行的，它的先行决定了各种资源的有效配置。根据这个基本功能，金融业的内容、方向、产品都是跟它的基本功能相适应的，组织形态也是跟它的功能相适应的。

下一步，政策层面会加大引导金融机构支持实体经济的力度，这很有可能成为银行接下来的考核目标。不过，在信用扩张环境下，同时也是在实体投资回报率低下、信用风险频出的大背景下，商业银行为实体经济服务的主观意愿较弱。银监会副主席王兆星指出："对银行业而言，服务实体经济是光荣使命，防范金融风险是主体责任，深化改革是基本动力。"

值得庆幸的是，世界货币环境有所改观。随着欧美经济的复苏，越来越多的退出 QE 的呼声被世人所知晓。2017 年 9 月，美国大概率启动缩表进程，12 月加息概率超过 50%；欧洲中央银行议会尽管表态年内不会退出 QE，但反复强调已经初步具备了退出量化宽松的经济基础。世界货币政策拐点已经逐渐清晰，我国金融资产膨胀的状态势必会收敛。

第二部分

2016 年全国性商业银行财务分析报告*

---

* 本部分由杨志鸿、欧明刚执笔。

一、前言

本报告从财务指标的角度分析讨论2016年全国性商业银行的竞争力。

本报告所提全国性商业银行包括：由中国工商银行、中国农业银行、中国银行、中国建设银行和交通银行5家银行组成的大型商业银行（以下分别称为工行、农行、中行、建行和交行，统一称为大型银行），以及由招商银行、中信银行、上海浦东发展银行、中国民生银行、中国光大银行、兴业银行、华夏银行、广东发展银行、平安银行、恒丰银行、浙商银行、渤海银行12家银行组成的全国性股份制商业银行（以下分别称为招商、中信、浦发、民生、光大、兴业、华夏、广发、平安、恒丰、浙商、渤海，统一称为股份制银行）。从2007年成立之时起，邮储银行就开始了商业银行转制的道路，经过改制和引资，于2016年9月28日在香港成功发行上市，从而成为一家上市大型商业银行。在今年的报告中，我们将邮储银行引入一并考察，当然由于初始条件和业务结构不同，邮储银行呈现了许多自身特点。

全国性商业银行是我国银行业的重要组成部分。截至2016年12月31日，全国性商业银行（未含邮储银行）的总资产及总负债在银行业金融机构中的占比分别达到56.0%和56.2%，较上年分别下降1.76个和1.75个百分点（见图2-1和图2-2）。其中，5家大型银行在总资产及总负债上的市场份额均继续呈下降趋势，股份制银行在总资产和总负债上的市场份额继续上升。具体而言，大型银行的总资产和总负债的市场份额与2015年相比均下降了1.92个百分点；股份制银行基于总资产和总负债税后利润的市场份额与2015年相比，分别增加了0.17个和0.16个百分点。

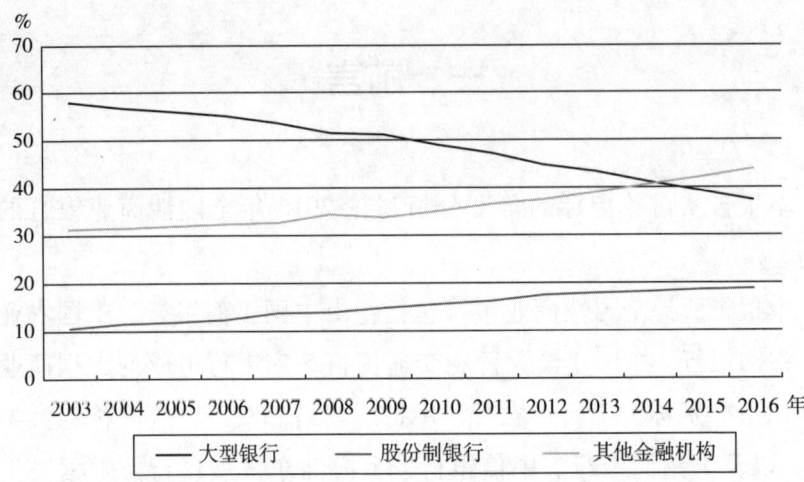

资料来源：银监会 2006～2016 年年报。

图 2-1　银行业基于总资产的市场份额变化（2003～2016 年）

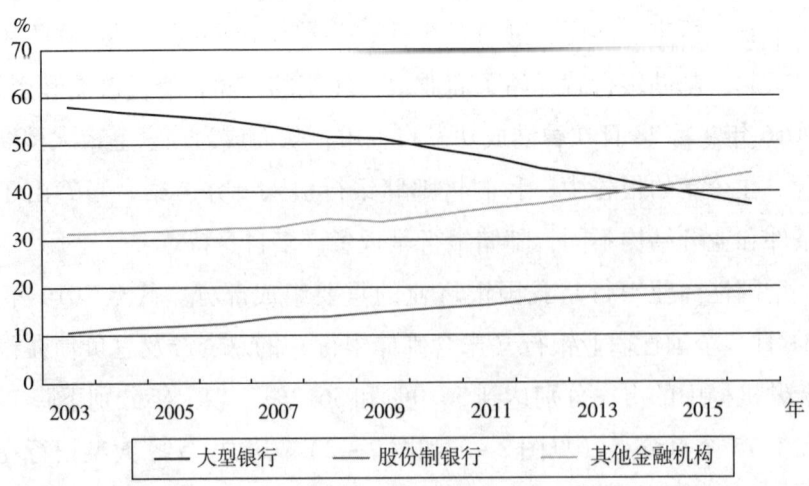

资料来源：银监会 2006～2016 年年报。

图 2-2　银行业基于总负债的市场份额变化（2003～2016 年）

2016 年，世界经济形势依然处于国际金融危机后的深度调整期。英国"脱欧"、特朗普当选、美联储加息等事件对多国货币政策和实体经济造成了冲击和影响。国内方面，2016年，中国经济在多方面表现出"缓中趋稳"的特征，中国GDP增速为6.7%，相比2015年继续放缓。面对国内外形势带来的挑战，中国政府坚持稳中求进的工作总基调，坚持发展理念，着力加强供给侧结构性改革，着力推进创新驱动发展、经济转型升级，国民经济运行总体平稳、稳中有进、稳中提质。中国经济在发生深刻的结构性变化的同时，"一带一路"倡议将对中国经济发展产生深远影响，经济发展模式将不再是简单的产能出口，不再是简单的融资和投资，而是金融的全面开放，未来的投资和商贸会得到快速提高。

面临复杂多变的外部环境，中国银行业在切实履行社会责任，努力增强服务实体经济质效，助推"三去一降一补"战略任务实施等方面作出了应有的贡献。2016年，中国银行业总资产、总负债规模持续稳步增长，增幅呈扩大趋势。银行业资产和负债规模稳步增长。根据银监会披露的信息，2016年末，中国银行业金融机构境内外本外币资产总额为232.3万亿元，同比增长15.8%；负债总额为214.8万亿元，同比增长16%。与此同时，盈利增速开始回升，同比增长较2015年有所回升。此外，经济结构仍将继续调整。高杠杆企业主要来自产能过剩行业，去杠杆化和去产能化导致的经济结构调整影响进一步显现，银行业不良贷款规模和不良贷款率不断攀升。为促进经济平稳发展，中国政府继续实施积极的财政政策和稳健的货币政策，银行业在松紧适度的金融环境下，主动适应经济发展新常态，加快业务结构调整，加强风险控制，谋求稳步增长和风险可控。

截至2016年末，全国性商业银行资产总额130.07万亿元，比上年增长12.96%；负债总额120.72亿元，比上年增长13.13%。整体上资产质量压力进一步加大，绝大部分全国性商业银行流动性水平均有所降低，抗风险能力出现一定程度下滑。

以下从资本状况、资产质量、盈利能力和流动性水平四个方面对全国性商业银行2016年度财务状况予以分析。各项财务数据除另有注明外，均取自监管部门及各银行的定期财务报告、新闻稿件等公开披露的信息。

二、资本状况

自2013年初《商业银行资本管理办法（试行）》实施以来，全国性商业银行从完善资本约束机制与调整业务结构、创新拓展资本补充渠道等方面着手，不断提高资本管理水平。

根据各全国性商业银行年报及公开信息披露，二级资本债方面，自2014年起，虽然二级资本债发行数量不断上升，但总发行金额却连续两年下滑，2014~2016年发行总额分别为3448.5亿元、2698.64亿元和2273.5亿元。全国性商业银行2016年二级资本债券发行量明显缩水，仅有兴业、平安、浙商、民生4家股份制银行发行了二级资本债券，主要原因可能是监管审批趋严、银行转向股权融资、银行业资产增速放缓等。优先股方面，5家大型银行仅有交行在2016年完成了优先股发行，中信、民生、光大、华夏等股份制商业银行也在2016年发行了优先股。2016年，浙商银行、邮储银行相继在香港联交所上市，分别募集资金115.91亿港元、591.5亿港元（见表2-1）。

表2-1　　　　　2016年全国性商业银行资本补充情况

银行	债券融资	股权融资
交通银行	2017年4月于全国银行间债券市场发行总额为300亿元的二级资本债券	2016年9月2日非公开发行4.5亿股境内优先股，募集资金总额为450亿元，用于补充其他一级资本
中信银行	无	2016年10月21日非公开发行境内优先股3.5亿股，募集资金总额350亿元，用于补充其他一级资本

第二部分 2016 年全国性商业银行财务分析报告

续表

银行	债券融资	股权融资
兴业银行	2016 年 4 月于全国银行间债券市场发行总额为 300 亿元的二级资本债券	无
平安银行	2016 年 4 月于全国银行间债券市场发行总额为 100 亿元的二级资本债券	无
浙商银行	2016 年 9 月 14 日在全国银行间债券市场公开发行了 100 亿元的二级资本债券	2016 年 3 月 30 日在香港联交所上市，发售价每股 3.96 港元。据估算，该行此次 IPO 募集资金净额约 115.91 亿港元
民生银行	2016 年 8 月在全国银行间债券市场发行总额为 200 亿元的二级资本债券	2016 年 12 月 14 日在境外市场非公开发行了规模为 14.39 亿美元的非累积永续优先股，募集资金总额约为 99.33 亿元，用于补充其他一级资本
光大银行	无	2016 年 8 月 8 日发行首次第二批优先股 1 亿股，实际募集资金 99.82 亿元，用于补充其他一级资本
华夏银行	无	2016 年 3 月 23 日非公开发行 200 亿元优先股，募集资金净额为 199.78 亿元，全部用于补充一级资本
邮储银行	无	2016 年 9 月 28 日，行使超额配售选择权后共计发行 124.3 亿股，募集资金 591.5 亿港元。从募集金额看，是近两年来全球最大的 IPO，也是近 6 年来最大的 H 股 IPO

截至 2016 年末，我国银行业整体资本充足率、一级资本充足率、核心一级资本充足率分别为 13.28%、11.25%、10.75%，较 2015 年末分别降低 0.17 个、0.06 个和 0.16 个百分点。下面将着重分析 17 家全国性商业银行的资本充足率情况。

如图 2-3 所示，在资本充足率方面，最高的为建行（14.61%），最低的为广发（10.54%），5 家大型银行的资本充足率高于股份制银行；相较于 2015 年，有 9 家银行的资本充足率水平有所提高，提高幅度最大的是招商（1.42 个百分点），有 8 家银行的资本充足率水平有所下降，下降幅度较大的是恒丰（1.54 个百分点）和光大（1.07 个百分点）。

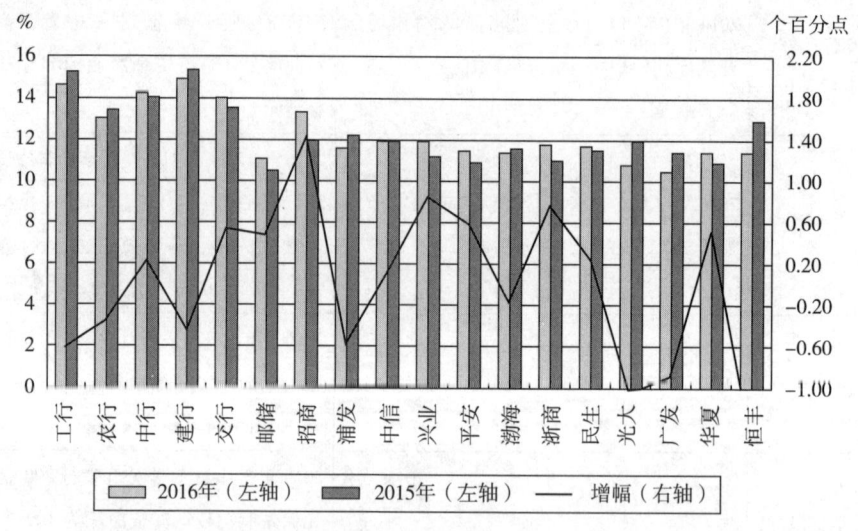

图 2-3 全国性商业银行资本充足率情况（2015~2016 年）

在一级资本充足率方面，最高的为工行（13.42%），最低的为广发（7.75%），显然没有上市的广发银行、恒丰银行、渤海银行面临严峻的资本充足率方面的压力。整体而言，大型银行一级资本充足率水平要高于股份制银行；相较于 2015 年，有 10 家银行的一级资本充足率水平有所提高，提高幅度最大的是招商（1.61 个百分点），有 7 家银行的一级资本充足率水平有所下降，恒丰（0.99 个百分点）和光大（0.81 个百分点）下降幅度较大（见图 2-4）。值得注意的是，在香港成功上市的邮储银行并没有带来资本充足率特别是一级资本充足率的明显提升。没有上市或刚上市的银行还没有机会应用好优先股这种工具。

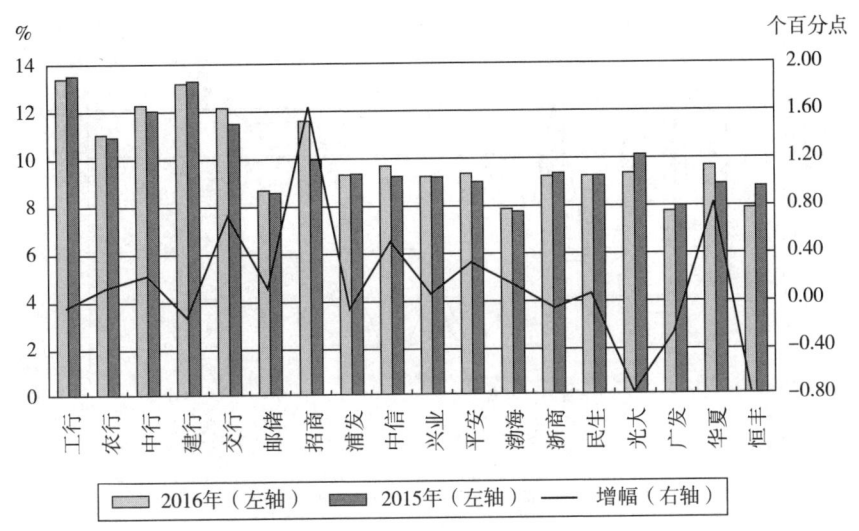

图 2-4 全国性商业银行一级资本充足率情况（2015~2016 年）

核心一级资本充足率方面，最高的为建行（12.98%）、最低的为广发银行（7.75%），整体上大型银行核心一级资本充足率水平较高；相较于 2015 年，全国性商业银行在核心一级资本充足率水平上有 10 家银行降低、8 家银行上升，提高幅度最大的是招商（1.61 个百分点），降低幅度最大的是光大（1.03 个百分点），降低幅度较大的 3 家银行分别是光大、恒丰和平安，降幅分别为 1.03 个、0.99 个和 0.67 个百分点（见图 2-5）。

就杠杆率而言，自 2015 年 4 月 1 日起正式施行的《商业银行杠杆率管理办法（修订）》（银监会令〔2015〕1 号）对杠杆率计算过程中的部分具体项目的规定进行了明确修订，并提出了明确的披露要求。在披露方面，除广发和恒丰 2 家非上市全国性商业银行根据监管要求可不披露杠杆率水平外，15 家全国性商业银行均连续披露了 2015 年和 2016 年两年的杠杆率情况。在 15 家已披露 2016 年末杠杆率水平的全国性商业银行中，杠杆率最高的是工行（7.55%），最低的是渤海（4.15%），全部达到了银监会 4% 的监管要求。与 2015 年末相比，有

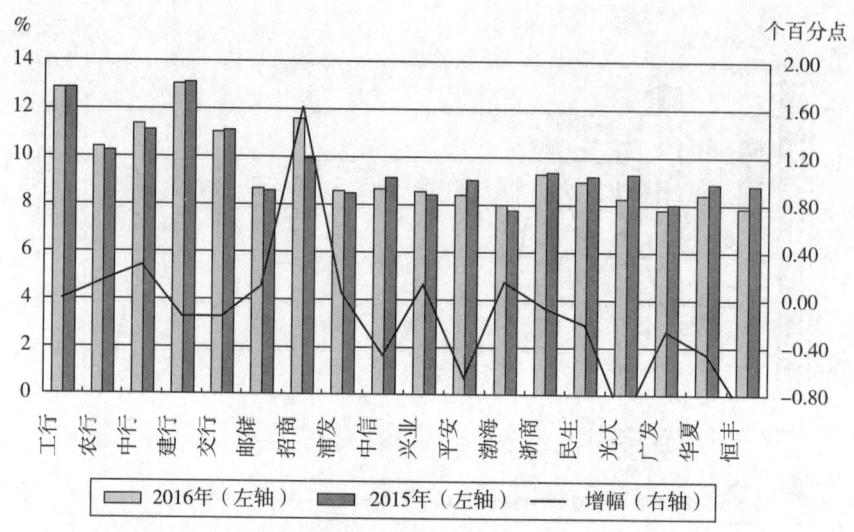

图2-5 全国性商业银行核心一级资本充足率情况（2015~2016年）

11家银行杠杆率水平有所提高，华夏、平安两家股份制银行的提高幅度较大，均在0.5个百分点以上，而农行、建行、民生、光大4家银行的杠杆率水平则有所下降（见图2-6）。

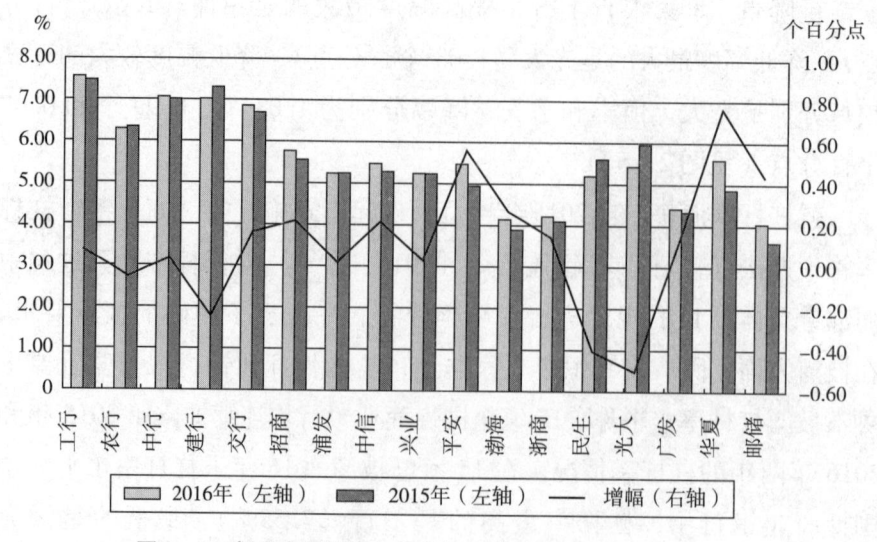

图2-6 部分全国性商业银行杠杆率情况（2015~2016年）

三、资产质量

2016年,我国商业资产质量方面面临的压力持续上升,不良贷款率和不良贷款绝对额均出现了上升,商业银行整体的拨备覆盖率有所降低,风险抵补能力有所减弱。截至2016年末,我国商业银行按贷款五级分类的不良贷款余额为1.51万亿元,比年初增加2378.8亿元,增长18.67%,不良贷款余额连续四年上升,不良贷款率1.74%,较上年上升了0.04个百分点;拨备覆盖率在2013~2015年出现持续下滑后降低至176.4%(见图2-7)。

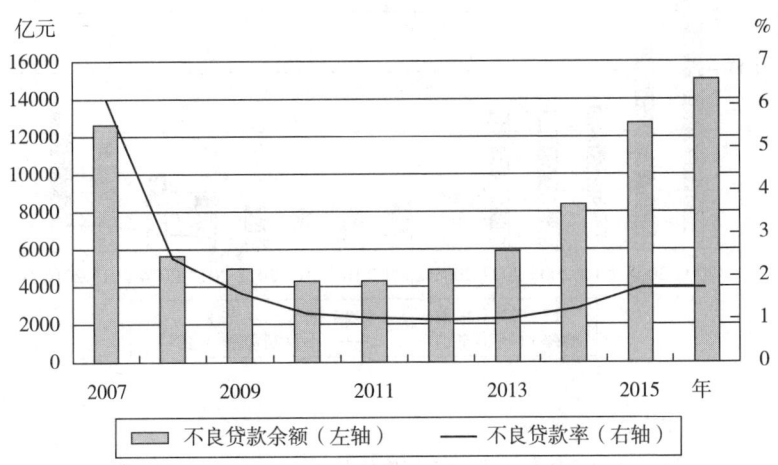

资料来源:银监会2016年年报。

图2-7 商业银行不良贷款情况(2007~2016年)

对于全国性商业银行,以下将从不良贷款、拨备覆盖率、贷款集中度三个方面分析其资产质量情况。

(一) 2016年全国性商业银行不良贷款情况

1. 总体情况

如图2-8所示,2003~2016年,整体上全国性商业银行不良贷款余额、不良贷款率均呈现下降趋势,不良贷款余额由2003年的21044.6亿元下降至2016年的11774.11亿元,降幅达44.05%,不良贷款率由2003年的17.90%下降至2016年的1.72%,降低了16.18个百分点。然而,不良贷款余额、不良贷款率"双降"的趋势在2012年出现了逆转,当年分别回升9.36个和0.06个百分点,2013~2016年的回升幅度则进一步扩大。

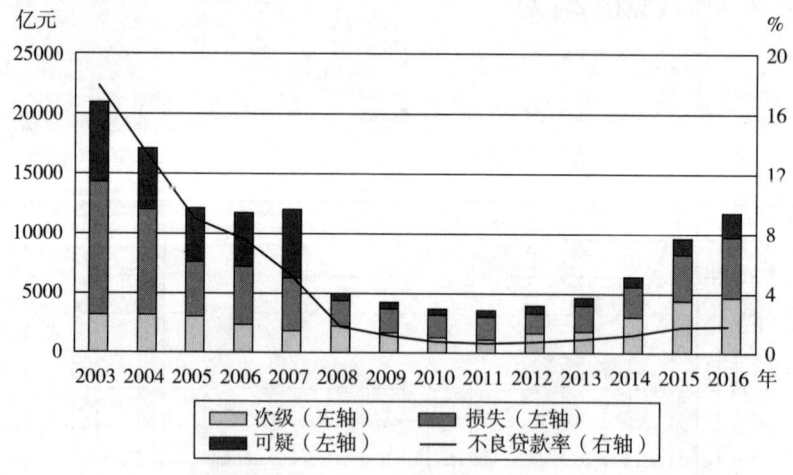

资料来源:银监会2016年年报。

图2-8 全国性商业银行不良贷款情况(2003~2016年)

2016年,全国性商业银行不良贷款余额11774.11亿元,较上年上升2235.81亿元,增速大幅扩大至23.44%。其中,次级类不良贷款余额为243.47亿元,较2015年增长5.57%;可疑类余额和损失类余额分别为1173.81亿元和818.43亿元,分别出现了30.01%和65.33%的大幅回升。不良贷款率方面,2016年末全国性商业银行不良贷款率为

1.72%，自2012年以来连续第四年出现反弹，但反弹幅度较2015年有所减小。

尽管全国性商业银行不良贷款问题加速暴露，但考虑到经济增速仍低位徘徊的宏观经济背景，加之不良贷款的确认存在一定的滞后性，后续全国性商业银行面临的资产质量形势短期内依然不容乐观。对此，关注类贷款和逾期贷款情况可提供一个观察视角。具体而言，逾期贷款是指所有或部分本金或利息已逾期1天以上（含1天）的贷款，相对较为客观，而五级分类下的贷款则涉及一定的主观判断。

截至2016年末，18家全国性商业银行关注类贷款余额为2.41万亿元，较上年增加2567亿元，增幅为12%；逾期贷款余额1.79万亿元，较上年增加1057亿元，增幅为6.13%。2016年，全国性商业银行的逾期减值比为149.1%，较2015年（166.40%）下降了17.3个百分点。这在一定程度上也反映了全国性商业银行面临的资产质量上的压力有一定的缓解。

2. 2016年各全国性商业银行不良贷款情况

图2-9、图2-10分别列示了近3年17家全国性商业银行不良贷款余额和不良贷款率。

就不良贷款余额的绝对额而言，由于资产规模上的差别，整体上大型银行要高于股份制银行。大型银行中，农行（2308.34亿元）及工行（2118.01亿元）的不良贷款余额突破2000亿元，成为2016年不良贷款余额最大的两家全国性商业银行，交行的不良贷款规模为624亿元，邮储银行资产规模大过交通银行，但不良资产只有262.91亿元，当然这与邮储银行的资产结构有关；股份制银行中，招商（611.21亿元）、浦发（521.78亿元）、中信（485.8亿元）和民生（414.35亿元）的不良贷款余额较大，均超过400亿元，渤海（59.69亿元）、浙商（61.02亿元）、恒丰（75.42亿元）等股份制银行的不良贷款余额较小。

从不良贷款余额近3年变化趋势来看，与2015年相比，大部分全国性商业银行2016年的不良贷款余额均呈现较快增长的态势，但整体增长速度有所放缓。其中，增速超过60%的有恒丰（64.82％）和渤海（60.76％），2015年增速超过60%的有6家银行；增速低于20%的有6家，分别为五大行及光大；增速扩大幅度最大的则是恒丰（88.13个百分点）。大型银行不良贷款增速下降明显，对不良贷款的控制整体上表现优于股份制银行；股份制银行不良贷款增长情况在2016年的表现有所分化，反映出各股份制银行不良贷款反弹的问题表现不一。

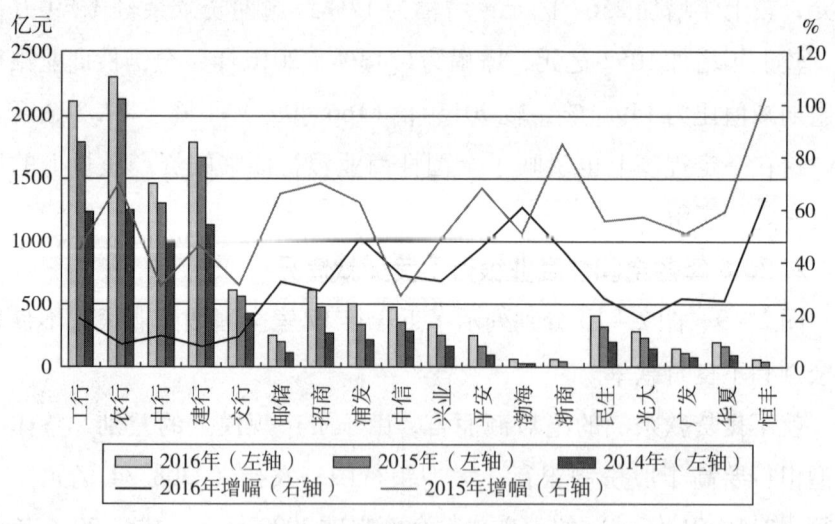

图2-9 近3年全国性商业银行不良贷款余额变化情况

不良贷款率方面，除了邮储银行外，2016年全国性商业银行不良贷款率全部突破1%，大多数银行超过1.5%。农行的不良贷款率仍居17家全国性商业银行之首，虽较2015年下降0.02个百分点，仍高达2.37%，其次是浦发（1.89%）、招商（1.87%）、恒丰（1.78%），最低的是浙商（1.07%）。

从不良贷款率近3年变化趋势来看，有13家全国性商业银行2016

年不良贷款率上升，但上升幅度相较2015年明显减小，上升幅度最大的是渤海（0.34个百分点），其次是浦发（0.33个百分点）、恒丰（0.29个百分点）；浙商的不良贷款率下降了0.16个百分点，农行、建行、光大均有略微下降。随着邮储银行贷款的增加，不良贷款率也呈现增长，但仍然保持1%以下。

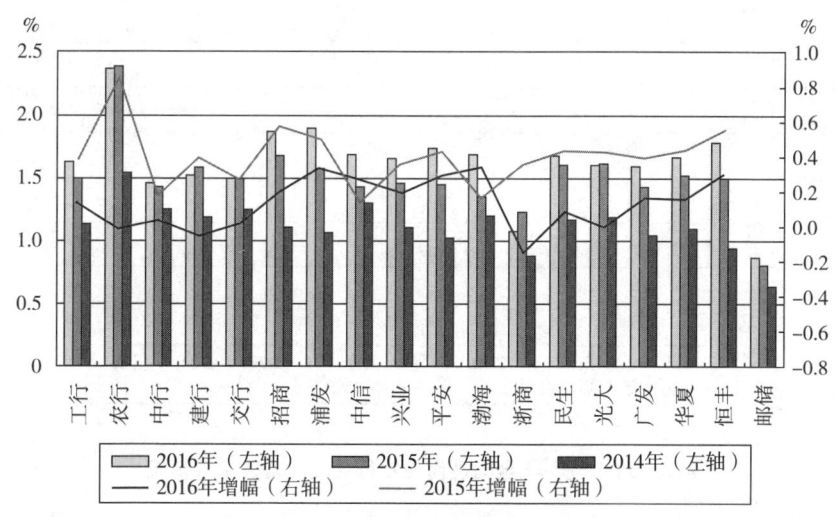

图2-10 近3年全国性商业银行不良贷款率情况

同时，考虑到不良贷款涉及五级分类下的主观判断，而且存在一定的滞后性，在此选择关注类贷款及逾期贷款（逾期减值比）考察18家全国性商业银行面临的潜在不良贷款压力。

图2-11列示了近3年18家全国性商业银行关注类贷款余额。与不良贷款余额类似，关注类贷款余额也与银行资产规模密切相关，大型银行关注类贷款余额远高于股份制银行。2016年，大型银行中，工行关注类贷款规模最大（5840.11亿元），除邮储银行外规模最小的是交行（1237.41亿元）；股份制银行中，关注类贷款规模最大的是浦发（1055.04亿元），最小的是浙商（98.23亿元）。就近三年关注类贷款变化趋势而言，2016年有14家全国性商业银行关注类贷款保持了2015

年的增长趋势,且增幅较为分化,部分股份制银行增幅较大,恒丰（128.50%）和浦发（63.15%）增幅超过50%。招商、中信、广发3家银行关注类贷款规模有所下降。

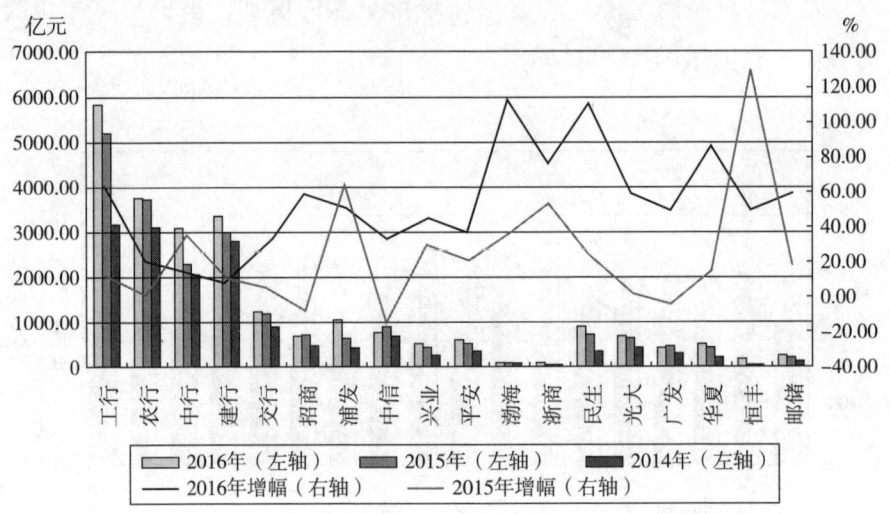

图2-11　近3年全国性商业银行关注类贷款余额情况

图2-12列示了近3年18家全国性商业银行逾期贷款（逾期减值比）。整体上大型银行逾期减值比要低于股份制银行,大型银行中,交行逾期减值比最高（173.37%）,建行最低（99.67%）;股份制银行中,广发逾期减值比最高（356.46%）,浙商最低（90.38%）。若从近3年各银行逾期减值比的变化趋势来看,2015年各银行在逾期减值比的增减变化上较为分化,但2016年除华夏以外,各银行均出现不同幅度的下降,股份制银行的下降幅度普遍较大,光大下降了119.20个百分点。

（二）2016年全国性商业银行风险抵补能力

目前,银监会通过拨备覆盖率和贷款拨备率两项指标对商业银行的贷款损失准备进行综合考核,其中前者以150%为基本标准,后者以

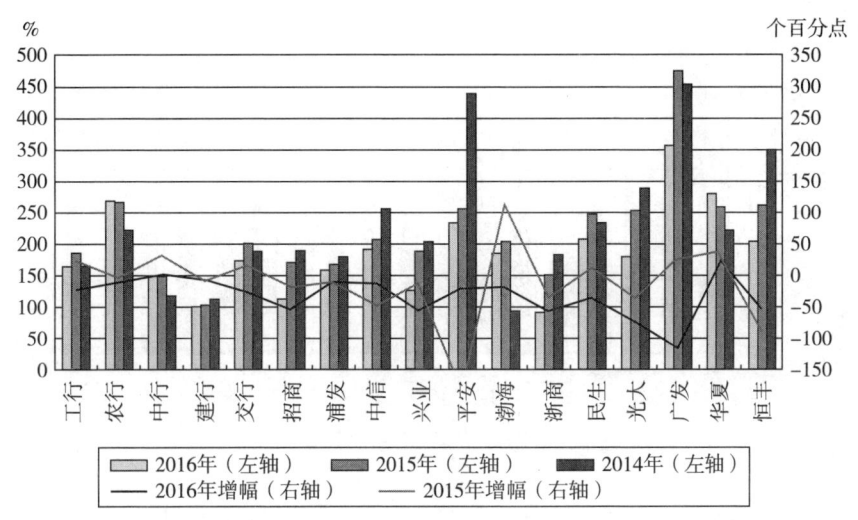

图 2-12 近 3 年全国性商业银行逾期减值比情况

2.5% 为基本标准，两者中的较高者为商业银行贷款损失准备的监管标准。

1. 拨备覆盖率

拨备覆盖率是贷款损失准备（现一般按贷款减值准备）对不良贷款的比率，是基于不良贷款而计提贷款损失准备再进行相应计算的一项指标，其性质是衡量信贷风险抵补的程度。拨备覆盖率多寡有度，以能适应各行风险程度并符合监管要求为宜，不能过低导致拨备金不足，利润虚增；也不能过高导致拨备金多余，利润虚降。

图 2-13 列示了近 3 年全国性商业银行拨备覆盖率。2016 年，全国性商业银行的拨备覆盖率均在监管及格线 150% 以上。大型银行中，农行拨备覆盖率最高（173.4%），建行最低（150.36%）；股份制银行中，浙商最高（259.33%），在 17 家全国性商业银行中排名第一，广发贷款拨备率为 151.06%，为股份制银行中的最低水平。

继 2014~2015 年全国性商业银行拨备覆盖率普遍下降后，2016 年有 5 家银行贷款拨备覆盖率有所提升，其余 11 家银行拨备覆盖率进一

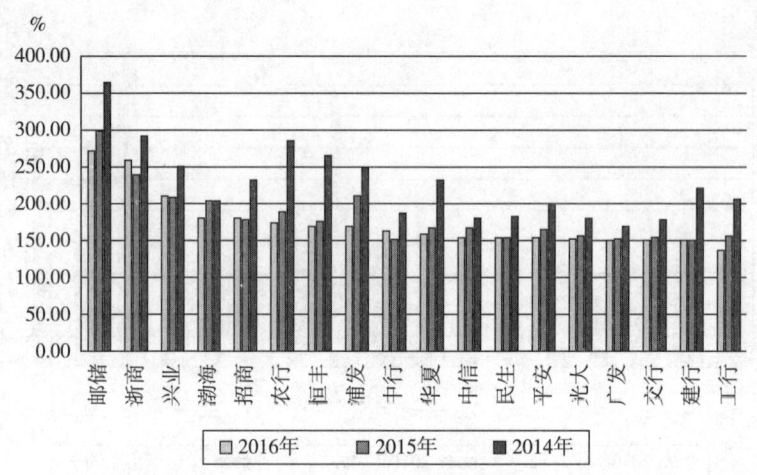

图2-13 近3年全国性商业银行拨备覆盖率情况

步下降。大型银行拨备覆盖率下降幅度较2015年大幅减小,工行下降幅度最大(19.65个百分点),建行下降幅度最小(0.63个百分点),中行上升了9.52个百分点。股份制银行拨备覆盖率变化进一步分化,渤海、浙商、招商、兴业的拨备覆盖率呈不同幅度的上升,其中浙商上升了18.50个百分点,浦发、中信、平安、渤海的下降幅度较大,浦发下降了42.27个百分点,光大、广发、华夏、恒丰呈现相对较小的下降幅度。

2. 贷款拨备率

贷款拨备率是贷款减值准备对贷款总额的比率。自2012年1月1日开始,银行必须实施银监会提出的贷款拨备率达到2.5%以上的要求。系统重要性银行应于2013年底前达标;对于非系统重要性银行,监管部门将设定差异化的过渡期安排,并鼓励提前达标;盈利能力较强、贷款损失准备补提较少的银行业金融机构应在2016年底前达标;个别盈利能力较低、贷款损失准备补提较多的银行业金融机构应在2018年底前达标。

图2-14列示了近3年全国性商业银行贷款拨备率。5家大型银行

中,农行虽在2016年下降至4.12%,但仍连续3年保持贷款拨备率最高,工行(2.22%)、中行(2.38%)、建行(2.29%)、交行(2.29%)的贷款拨备率水平均低于2.5%,这意味着在大型银行中仅有农行一家银行完成系统重要性银行于2013年底前贷款拨备率达到2.5%以上的任务;股份制银行中,除光大(2.43%)和广发(2.41%)低于监管要求外,其余10家股份制银行的贷款拨备率均高于2.5%,达到了银监会监管要求,其中兴业的贷款拨备率最高(3.48%),其次是浙商(3.44%)、招商(3.37%)、浦发(3.19%)、渤海(3.06%)、恒丰(3.04%)。

从近3年贷款拨备率变化趋势来看,5家大型银行的贷款拨备率全部呈下降趋势,而股份制银行中仅有2家下降,大多数股份制银行的贷款拨备率有所提升,总体达标家数上升为11家。除农行外,大型银行与股份制银行在贷款拨备率上的优势可以说几乎消失。2016年,浙商、兴业贷款拨备率提升幅度较大,分别达到0.49个和0.41个百分点,恒丰和招商也分别提升了0.40个和0.37个百分点,中信、民生、

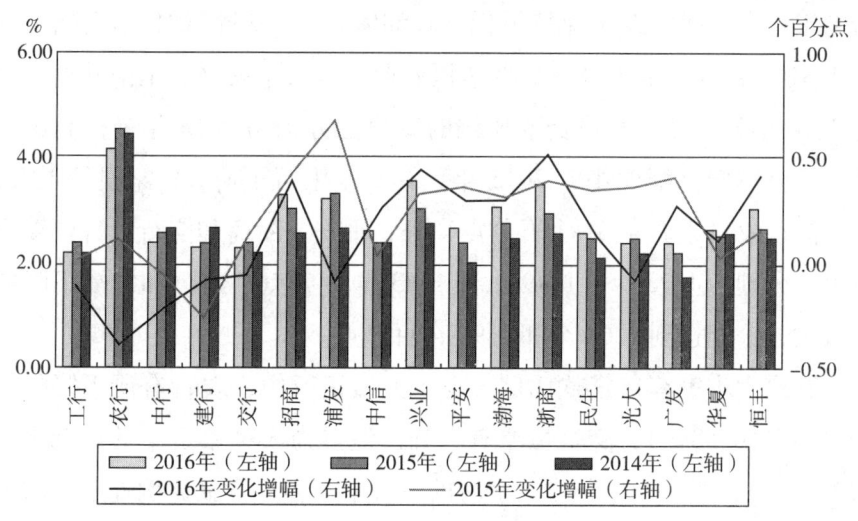

图2-14 近3年全国性商业银行贷款拨备率情况

平安也有一定程度的上升,成为2016年3家新达标银行。中行贷款拨备率在2016年下降0.24个百分点,从2.62%降至2.38%,成为2016年新增不达标的大型银行。

(三) 全国性商业银行贷款集中度情况

贷款集中度是考察商业银行资产分散程度的重要指标,在宏观经济形势严峻、行业之间与行业内部分化严重的背景下,贷款集中度对商业银行资产质量的潜在影响尤其值得关注。根据监管标准要求,最大单一客户贷款不得超过银行净资产的10%,前十大客户贷款总额不得超过净资产的50%。2016年底,各全国性商业银行的这两项指标均符合监管要求,但也出现了一些新情况。

图2-15和图2-16分别列示了近3年全国性商业银行单一最大客户贷款比例及最大十家客户贷款比例。在单一最大客户贷款比例方面,大型银行中,农行有所下降但仍为最高(6.98%),其次为工行(4.50%),交行、中行则继续维持低位,分别为3.02%和2.30%;股份制银行中,浦发继续保持最低(1.58%),广发较2015年大幅上升了4.31个百分点至7.98%,为全国商业性银行中最高。全国性商业银行2016年单一最大客户贷款比例的变化趋势仍与2015年一样高度分化,但整体变化幅度小于2015年。有8家银行下降,9家银行上升,其中除广发(上升4.31个百分点)外,平安、浙商和交行上升幅度也较大,分别为1.73个、1.49个和1.43个百分点,建行和华夏下降幅度较大,分别达到1.64个和0.99个百分点。

在最大十家客户贷款比例方面,大型银行中,农行有所下降但仍为最高(16.58%),交行虽略有上升,但仍为大型银行中的最低水平(12.72%);股份制银行中,渤海的最大十家客户贷款比例处于44.2%的高位,维持17家全国性商业银行中的最高水平,客户集中度过高的问题仍未得到明显改善,较低的是浦发(10.93%)、兴业(11.38%)、

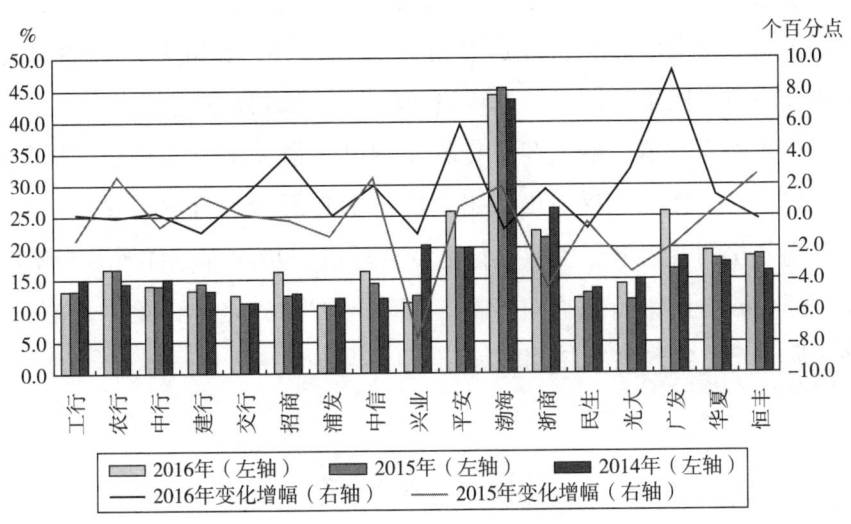

图 2-15　近 3 年全国性商业银行单一最大客户贷款比例情况

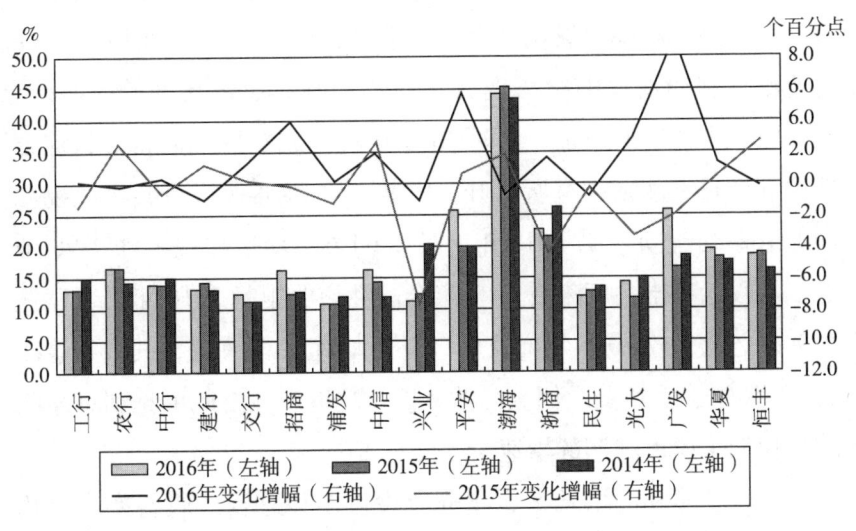

图 2-16　近 3 年全国性商业银行最大十家客户贷款比例情况

民生（12.21%），已经低于 5 家大型银行。与 2015 年比较，大型银行中仅有农行和建行的最大十家客户贷款比例有所下降，股份制银行中有4家银行有所下降,其余股份制银行均有所上升,其中,广发、平安和招商上升幅度较大,分别达到9.1个、5.62个和3.75个百分点,兴业、渤海、民生和恒丰的下降幅度均在1个百分点左右。

整体而言,单一最大客户贷款比例以及最大十家客户贷款比例上的变化,一定程度上反映出在宏观经济形势严峻、行业之间与行业内部急剧分化的背景下,大型银行信贷资源进一步向部分优质客户集中,而大部分股份制银行则通过产品、客户等方面的差异化竞争,抢抓新兴优质客户,实现客户结构多元化。

四、盈利能力

2016年,整体经济下行压力仍然存在,互联网金融继续向银行业核心业务渗透、利率市场化进程持续推进、银行利润空间进一步压缩,使商业银行利润增速继续呈现疲软态势,但商业银行开始战略调整,非利息收入占比有所增加,同时2016年收入成本比控制良好,综合影响使盈利增长上涨幅度有所回升。17家全国性商业银行共实现税后净利润13162.44亿元,较2015年增长2.64%,增速略微上涨0.98个百分点。从收入支出角度来看,17家全国性商业银行2016年实现营业收入3.7万亿元,较2015年增长0.68%,增速大幅放缓,其中利息净收入占69.56%、手续费及佣金净收入占22.38%,由此可见利息净收入的减少拉低了税后利润的增速。

以下先从净利润增长率、净资产收益率和总资产收益率三个角度评价2016年全国性商业银行盈利能力的整体水平,然后再分别从影响银行利润的三个主要部分——利息净收入、手续费及佣金净收入和支出管理水平出发,具体评述全国性商业银行的盈利能力。

（一）总体情况

1. 净利润增长率

图 2-17 列示了 2015~2016 年各全国性商业银行净利润增长情况。全部 18 家全国性商业银行盈利规模持续提高，但部分全国性商业银行的增速出现一定程度的下滑，6 家银行增速低于 2.64% 的平均水平，12 家高于平均水平。

大型银行共实现净利润 9472.57 亿元，较上年增长 1.46%，增速略微上涨 0.77 个百分点；其中，中行净利润增速最高（2.58%），工行净利润增速降至 0.5%，增速位于五大行末位，但在净利润规模上继续以 2791.06 亿元位居行业首位。与此不同的是，邮储银行有两位数的增长。

股份制银行共实现净利润 3689.87 亿元，较上年增长 5.81%，增速上涨 1.42 个百分点，股份制银行净利润增速仍快于大型银行；各股份制银行增速差异较大，其中浙商增速最高（44%），渤海（13.78%）和恒丰（13.13%）也实现了两位数增长；平安从 2015 年的较高水平（10.42%）大幅下降至 3.36%；浦发、中信、华夏等净利润规模较大的股份制银行的净利润增速均有所下降，但净利润规模仍保持一定程度的增长，其中招商以 623.8 亿元净利润继续保持盈利能力最强的股份制银行地位。

与 2015 年相比，有 5 家全国性商业银行净利润增速出现了下滑，其中，平安下滑幅度最大，达到 7.06 个百分点；有 13 家全国性商业银行净利润增速出现了上升，其中，广发上升幅度最大，达到 29.55 个百分点，浙商、招行的上升幅度也较大，分别为 5.63 个、4.01 个百分点，邮储银行的增速提升了 7 个百分点，达到了 14%，其他银行变动幅度均在 1 个百分点左右。

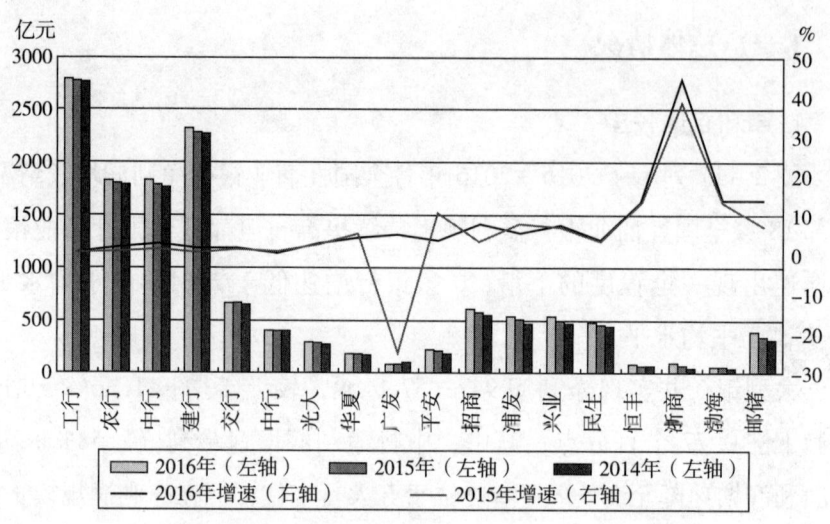

图 2-17 全国性商业银行净利润增长情况（2015~2016年）

2. 净资产收益率和总资产收益率

净资产收益率（ROE）和总资产收益率（ROA）将各行的盈利绝对规模与相应的净资产和总资产结合起来，较好地展现了各行单位净资产或总资产的盈利水平，更有利于客观比较各行的盈利能力。根据中国银监会《商业银行风险监管核心指标》的要求，净资产收益率不应低于11%，总资产收益率不应低于0.6%。图2-18列示了近3年来全国性商业银行净资产收益率情况。2016年，除广发（9.34%）外，其余17家全国性商业银行的净资产收益率均明显超过11%的达标线，大型银行净资产收益率水平均集中于12%~15%，股份制银行情况更为分散，兴业（17.28%）和浙商（17.34%）净资产收益率水平在17%以上，在18家行中排名前两位，广发（9.34%）净资产收益率水平低于10%，排名垫底，不及监管达标线。

从近3年情况来看，整体上全国性商业银行净资产收益率水平持续下降。与2015年相比，2016年17家银行净资产收益率下降，仅浙商净资产收益率微增0.31个百分点；除浙商以外，下降幅度最小的是渤海（0.46个百分点），浦发、中信和中行分别下降2.47个、1.97个和1.95个百分点，降幅较大。

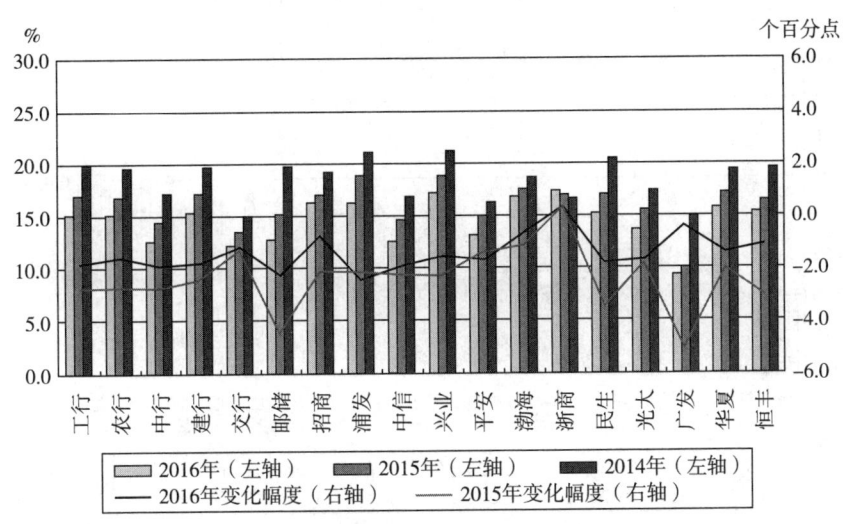

图2-18 近3年全国性商业银行净资产收益率情况

图2-19列示了近3年全国性商业银行总资产收益率。除广发（0.49%）和邮储银行（0.51%）外，其余16家全国性商业银行2016年总资产收益率全部显著高于0.6%的及格线，整体而言，大型银行的总资产收益率略高于股份制商业银行。其中，工行总资产收益率为1.2%，位于全国性商业银行总资产收益率首位，其次分别为建行（1.18%）和中行（1.05%），交行（0.87%）位列大型银行的末位；股份制银行的总资产收益率除招商（1.09%）外，均低于1%，多在0.8%~1%，中信（0.76%）、广发（0.49%）则是全国性商业银行中最低的，广发已经低于0.6%的监管要求。

同2015年相比，2016年除渤海和浙商外，其余全国性商业银行的总资产收益率均有所下降，但下降幅度普遍略小于2015年。大型银行下降幅度均在0.1个百分点左右，股份制银行中，浦发（0.12个百分点）、中信（0.14个百分点）、平安（0.1个百分点）、民生（0.16个百分点)、光大 (0.15 个百分点) 下降幅度较大,均在 0.1 个百分点以上;其余股份制银行均微幅下降。

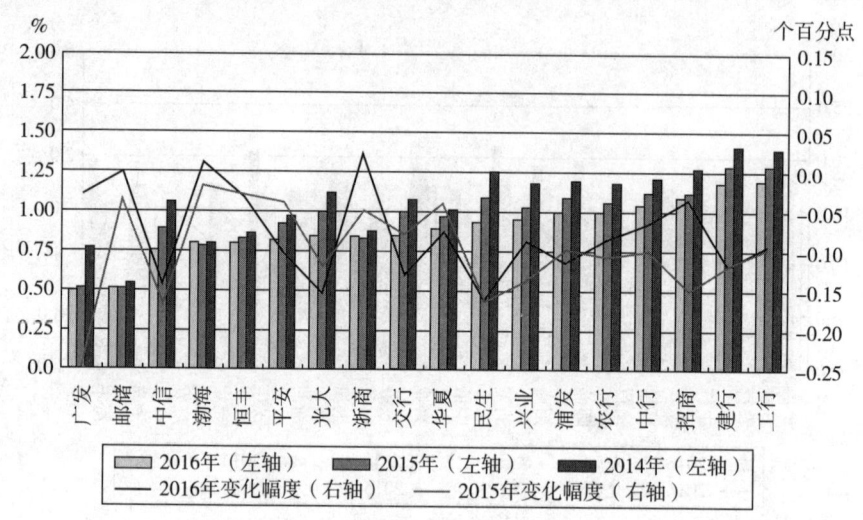

图 2-19 近 3 年全国性商业银行总资产收益率情况

(二) 利息收入水平

目前,息差收入仍是我国银行业收入结构中最主要的组成部分,占整体营业收入的 70% 以上,是商业银行最主要的盈利来源。2016年,18 家全国性商业银行的利息净收入达到 2.75 万亿元,较上年下降 5.47%,利息净收入的下降成为影响利润增速整体回落的主要因素。

2015 年,中央银行 5 次降息并开放存款利率浮动区间上限的影响进一步显现,市场利率中枢下行。同时,随着我国利率市场化进程持续推进,以及受 2016 年 5 月 1 日的"营改增"政策等多因素影响,银行业生息资产收益率水平也大幅下降。在流动性稳定以及市场竞争加剧的环境下,商业银行的利差空间被逐步压缩,银行净利息收益率平均水平持续下降。

本报告从利息收入比、净利息收益率(净息差)与净利差三个角度讨论2016年全国性商业银行的利息收入水平。

1. 利息收入比

利息收入比是商业银行利息净收入占营业收入的比重。由于各行非利息收入的持续快速增长，除中国邮政储蓄银行（其利息收入占比在93%以上）的17家全国性商业银行的利息收入比简单平均水平已由2012年的81.46%持续下降为2016年的71.5%。大型银行中，农行利息收入比最高，达到78.67%，而其他4家银行均为60%~70%，中行利息收入比进一步下降至63.28%的低位，为大型银行中最低；股份制银行的利息收入比情况愈加分化，浙商2016年利息收入比大幅上升至108.74%的高位，为17家银行中最高，广发利息收入比下降至57.48%，为17家银行中最低；兴业（71.51%）、平安（70.94%）、渤海（73.14%）、华夏（76.52%）和恒丰（75.43%）5家银行的利息收入比也超过了70%，其余几家股份制银行均为60%~70%。

从近3年变化趋势来看，整体上大型银行利息收入比在持续下降，且2016年下降幅度较2015明显增大；绝大部分股份制银行利息收入比持续下降，但下降幅度分化较大。与2015年相比，大型银行中，建行利息收入比大幅下降6.59个百分点，中行下降6.01个百分点，交行下降4.55个百分点，工行、农行均下降2.5~3个百分点；股份制银行中，浙商利息收入比逆势大幅上升26.83个百分点，平安和恒丰利息收入比分别上升2.20个和0.44个百分点，其他9家银行利息收入比均不同程度下降，渤海大幅下降10.35个百分点，为17家银行中下降幅度最大的，其次为浦发，大幅下降9.87个百分点。整体而言，各银行都在推进收入结构的非息化，大部分银行成效较为显著（见图2-20）。

2. 净利息收益率与净利差

商业银行利息收入规模的两大驱动因素为生息资产规模与息差水平。考察息差水平的重要指标就是净利息收益率（净息差）和净利差。

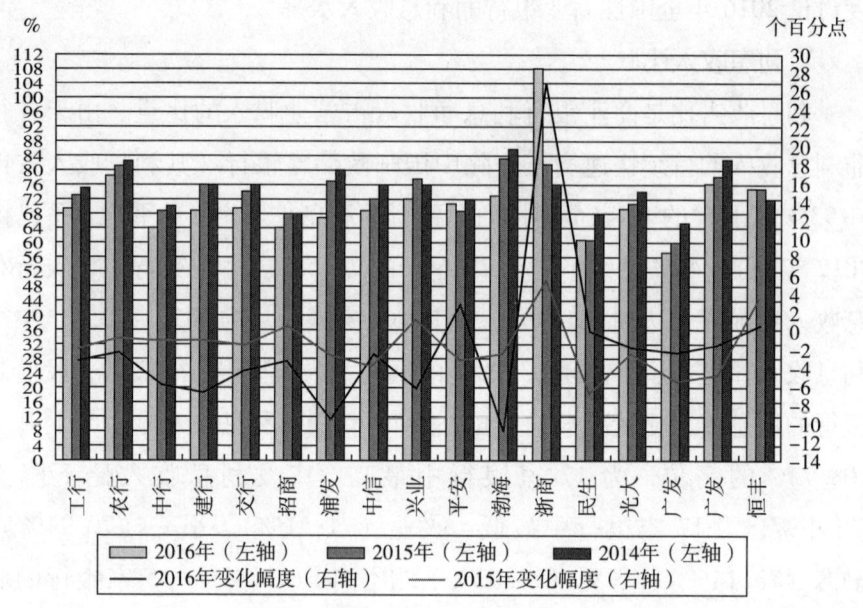

图 2-20 近 3 年全国性商业银行利息收入比情况

净利息收益率（NIM，净息差）是利息净收入与平均生息资产总额的比率，考察单位生息资产所创造的利息净收入；净利差（NIS）为日均生息资产收益率与日均计息负债付息率的差额。两者各有侧重，但整体而言，两者变化趋势和原因大体相似。2016 年，除个别银行外，全国性商业银行净利息收益率、净利差普遍出现不同程度的下降，且下滑幅度较 2015 年明显增大。

图 2-21 列示了全国性商业银行近 3 年的净利息收益率。2016 年，有 6 家全国性商业银行净利息收益率跌破 2%。大型银行净利息收益率平均为 2.06%，比 2015 年下降 0.36 个百分点。邮储银行的利差最高达到 2.65%，其次为农行，达到 2.25%，中行由于受海外资产比重较大的影响而继续保持大型银行中最低（1.83%）；股份制银行中，平安（2.75%）、招商（2.5%）和华夏（2.42%）净利息收益率水平均在 2.4% 以上，超过了大型银行中最高的农行。广发净利息收益率仅为

1.77%，为17家银行中最低。

就变化趋势而言，除恒丰的净利息收益率有所上升外，其余16家全国性商业银行均出现不同程度的下降，且下滑幅度差异较大，下滑幅度最大的光大净利息收益率下降了0.47个百分点。大型银行净利息收益率的下降幅度较为一致，基本在0.3个百分点以上；股份制银行中，平安、广发和华夏净利息收益率分别下降0.02个、0.07个和0.14个百分点，降幅较小，其余均下降0.2个~0.4个百分点。恒丰的净利息收益率逆势上涨了0.19个百分点至2.11%。

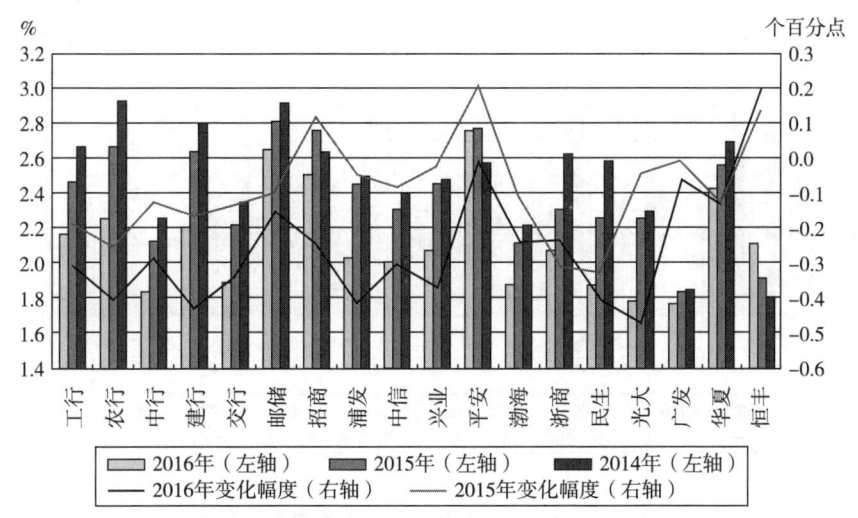

图2-21 近3年全国性商业银行净利息收益率情况

净利差与净利息收益率情况类似，图2-22列示了全国性商业银行近3年的净利差。大型银行在净利差水平上相较于股份制银行的优势正在减弱。大型银行中，中行和交行的净利差均跌破2%，分别为1.84%和1.75%，交行是净利差最低的大型银行；股份制银行中，平安（2.6%）、招商（2.37%）净利差水平较高，超过邮储银行（2.32%）。广发的净利差降至1.57%，为17家银行中最低，光大（1.59%）次之。恒丰的净利差上升0.24个百分点至1.92%。

就变化趋势而言,全国性商业银行净利差在2016年普遍性地下降。整体上,全国性商业银行净利差近3年净利差连续下降。与2015年相比,工行、农行、中行、建行、交行5家大型银行净利差分别下降0.28个、0.39个、0.34个、0.4个、0.31个百分点,降幅明显;股份制银行中,除恒丰净利差上升0.24个百分点外,其余11家股份制银行均有不同程度的下降。其中,光大下降幅度高达0.42个百分点,是18家银行中净利差下降幅度最大的全国性商业银行。

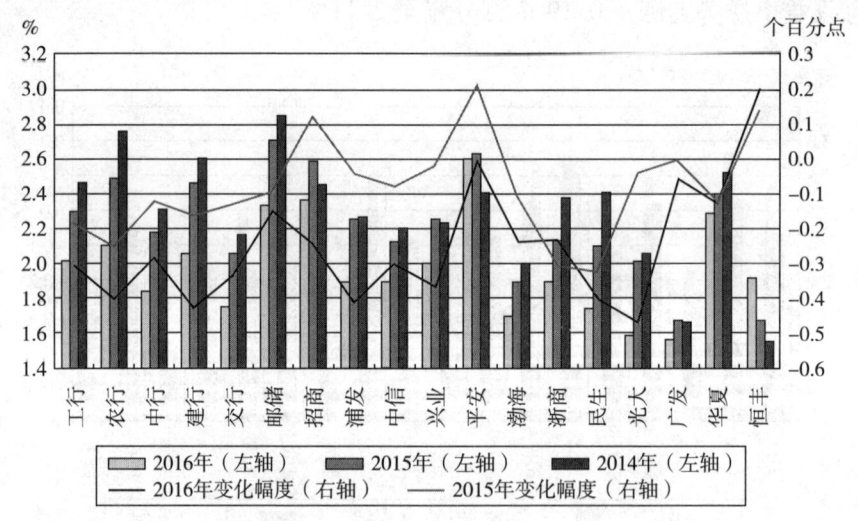

图2-22 近3年全国性商业银行净利差情况

(三)中间业务收入水平

本报告中,中间业务是指商业银行作为中间人参与的金融服务,其收入反映为利润表上的"手续费及佣金收入"。判别中间业务的重要标准是商业银行利用自己的人才、网点和系统等资源提供收费服务,其自身并不作为交易主体参与业务并承担风险。

近年来,商业银行中间业务收入持续快速增长。但值得注意的是,我国商业银行的综合经营程度相对较低,即中间业务收入与信贷资源的关系仍然较为紧密,近年监管机构持续推动降低实体经济融资成本的各项措施,预计将对商业银行中间业务收入持续增长构成不利影响,而这可能已在2016年全国性商业银行手续费及佣金收入增长率大幅下降上有所体现。下面,本报告将选用中间业务净收入和中间业务净收入占营业收入的比例两个指标考察各全国性商业银行的中间业务情况。

1. 中间业务净收入及其增幅

中间业务净收入,即财务报表中的"手续费及佣金净收入",是手续费及佣金收入减去支出后的净额,反映商业银行中间业务的绝对水平。

2016年,17家全国性商业银行共实现中间业务净收入8275.85亿元,较上年下降0.04%。图2-23列示了近3年各全国性商业银行中间业务净收入。大型银行共实现中间业务净收入4798.76亿元,占17家银行整体的57.99%,其中中行和工行分别以1449.73亿元和1185.09亿元排名前两位,交行中间业务净收入规模在大型银行中最小,为367.95亿元,已连续5年低于招商、民生等股份制银行;股份制银行中,浦发以608.65亿元超越民生,领跑股份制银行,民生以522.61亿元居于第二。中信、兴业、浦发、平安、光大、广发的中间业务净收入规模也在200亿元以上,而恒丰、浙商、渤海则均在50亿元以上,分别为75.48亿元、74.75亿元、59.00亿元。

就近3年变化趋势而言,2016年大型银行中间业务净收入下降7.75%,股份制银行中间业务净收入增长12.99%,呈反向变化趋势,这导致大型银行中间业务净收入在17家银行中的比重持续下降。与2015年相比,大型银行中,中行中间业务净收入下降39.13%,是5家大型银行中唯一出现大幅下降的,其余4家大型银行均呈现个位数的小幅增长;股份制银行中,仅民生出现13.13%的逆势下降,其余股份制商业银行的中间业务收入大多均呈现两位数的高速增长。浙商以82.27%的增速领跑17家银行,渤海(72.16%)和恒丰(53.60%)

的增速也在50%以上，兴业银行增速为5.35%，为股份制银行中最低增速。

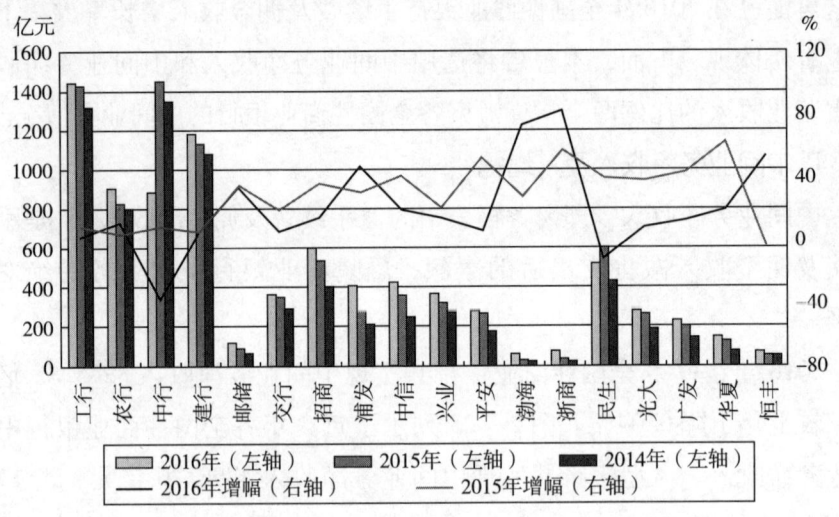

图2-23 近3年全国性商业银行中间业务净收入情况

2. 中间业务占比

中间业务净收入占营业收入之比（以下简称中间业务占比）是衡量中间业务发展水平及商业银行收入结构的重要指标。由于利息净收入与中间业务净收入合计占我国商业银行营业收入的95%以上，因此中间业务占比与利息收入比的变化趋势整体上是相反的。2016年，除邮储银行外的17家全国性商业银行中间业务占比为25.86%，较上年上升3.12个百分点，上升幅度较2015年增大。

图2-24列示了近3年各全国性商业银行中间业务占比。整体上，由于股份制银行中间业务占比的持续稳步上升，其中间业务占比已稳步高于大型银行。大型银行中，工行2016年小幅上升0.9个百分点，达到21.45%，仍占据大型银行首位，农行（17.97%）中间业务占比最小，中行为18.33%，建行、交行在19%左右；股份制银行中，广发以42.5%的水平占据17家银行中首位，民生（33.67%）紧随其后，

浙商中间业务占比也超过了30%，达到32.22%，其余股份制银行中间业务占比均在23%～30%，远高于大型银行。

从近3年变化情况来看，整体上全国性商业银行中间业务占比持续稳定上升，且股份制银行上升幅度大于大型银行。与2015年相比，仅大型银行中的中行和股份制银行中的平安中间业务占比有所下降，分别下降了1.15个和1.64个百分点，其余银行全部呈上升趋势。大型银行中，农行上升了2.57个百分点，涨幅最大，工行、建行、交行均上涨0.9个～1个百分点。股份制银行中，浙商大幅上涨15.9个百分点，渤海和浦发2家银行中间业务占比也上升超过5%，分别上升8.44个和6.34个百分点，另外8家的中间业务占比均出现了不同程度的上升。

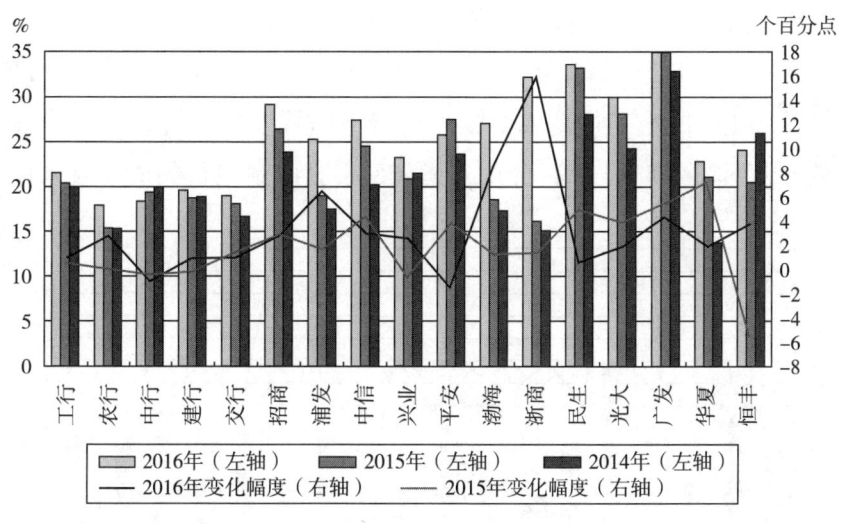

图2-24 近3年全国性商业银行中间业务占比情况

（四）成本控制水平

除收入之外，影响商业银行净利润水平的因素还有相应的成本。成本收入比是反映为取得单位收入而所耗费的成本，在数值上等于营业费用与营业收入之比。成本收入比是银监会风险监管核心指标中的风险抵补类指标之一，按照监管要求，该指标不应高于45%。

图2-25列示了近3年各全国性商业银行成本收入比。2016年，除刚刚上市的邮储银行收入成本比较高外，17家全国性商业银行成本收入比均继续保持在45%以内。大型银行中，工行最低（25.91%），农行以34.59%的水平为大型银行中最高，交行成本收入比也在30%以上，中行、建行则均在27%~28%；股份制银行中，渤海（34.61%）成本收入比在17家银行中最高，浦发、兴业最低，分别为23.16%、23.39%，其他9家银行均在25%以上。

从近3年变化来看，与2015年成本收入比普遍下降不同，2016年全国性商业银行成本收入比的变化各不一致，有升有降。大型银行中，中行和交行成本收入比小幅下降，其余3家银行均有所上涨，农行上升幅度较大（1.31个百分点），邮储银行增幅最快；股份制银行中，中信、兴业、民生和华夏成本收入比有不同程度的下降，其中平安降幅最大，下降达5.34个百分点，其余8家股份制银行的成本收入比均

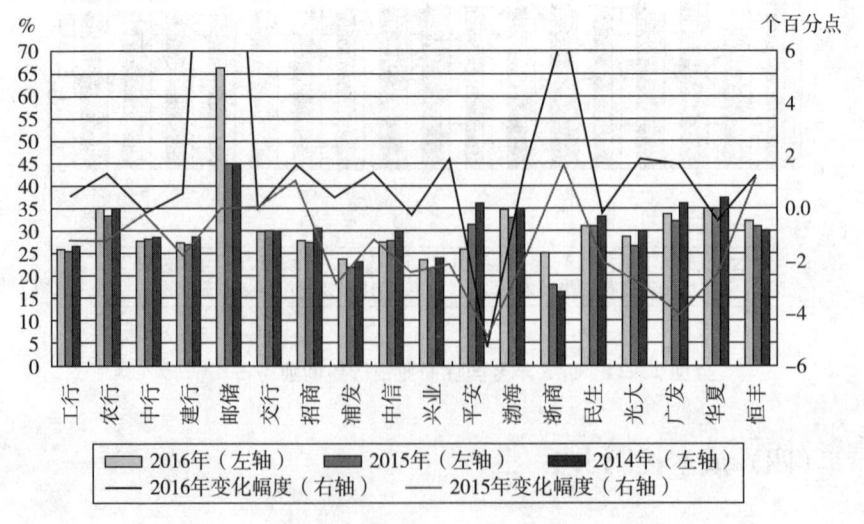

图2-25 近3年全国性商业银行成本收入比情况

有所上升，但上升幅度均不大于2个百分点。光大上升了1.86个百分点，上升幅度在17家银行中排第一。

五、流动性分析

本质上而言，商业银行要根据流动性、安全性、收益性相统一的原则对资产负债进行配置，而发生于2013年6月的"钱荒"是过于追求通过资产负债错配实现收益最大化，而忽视了对流动性的关注。2015年以来，中央银行通过诸多定向调控措施进行预调微调，并先后多次降准降息，保持了银行体系流动性的整体充裕。2015年中央银行多次下调存款准备金率以及不再设置存款利率浮动上限政策的相关影响在2016年进一步体现，银行业市场流动性和利率保持在合理水平。本报告选择存贷比、流动性比例和流动性覆盖率分析全国性商业银行的流动性管理水平。

（一）存贷比分析

存贷比是银行贷款余额与存款余额的比值。以往监管部门为商业银行设置的监管要求是不超过75%，但2015年8月29日，全国人大常委会表决通过关于修改《中华人民共和国商业银行法》的决定，删除实施已有20年之久的75%存贷比监管指标，决定自2015年10月1日起施行。随着经济、金融业的不断发展，存贷比监管已不适应当前商业银行资产负债多元化和业务创新发展的需要，商业银行存贷比取消，是鼓励银行经营多元化的重要举措。

图2-26列示了近3年全国性商业银行存贷比。2016年，除邮储银行外的17家全国性商业银行中有11家银行的存贷比超过75%。整体上，全国性商业银行的存贷比呈上升趋势，这与互联网金融背景下

银行存款持续流失的趋势是吻合的。

交行存贷比上升至 86.77%，为大型银行中最高，农行仍处于 64.63% 的低位，为 5 大行中最低，工行、中行、建行存贷比均在 70%~80%；12 家股份制银行中，浙商（62.41%）、渤海（72.15%）、广发（72.54%）和恒丰（56.42%）4 家银行存贷比处于 75% 以下的水平，其中恒丰为 17 家银行中最低，其余 8 家存贷比均在 75% 以上，浦发银行存贷比高达 92.03%，位于全国性商业银行第一位。

与 2015 年相比，18 家全国性商业银行存贷比有升有降。除了邮储银行由于基数较低持续保持存贷比增长外，交行上升 3.78 个百分点。而工行、农行、中行、建行均有所下降，农行下降幅度最大，下降了 1.18 个百分点；股份制银行中，中信、浙商、广发 3 家银行有所下降，分别下降了 0.37 个、4.53 个、2.69 个百分点，浙商下降幅度在 17 家银行中最高，其次是光大，其余 9 家股份制银行存贷比均有较大幅度的上升，平均上升幅度在 4~9 个百分点，浦发上升幅度最大，上升了 16.02 个百分点。

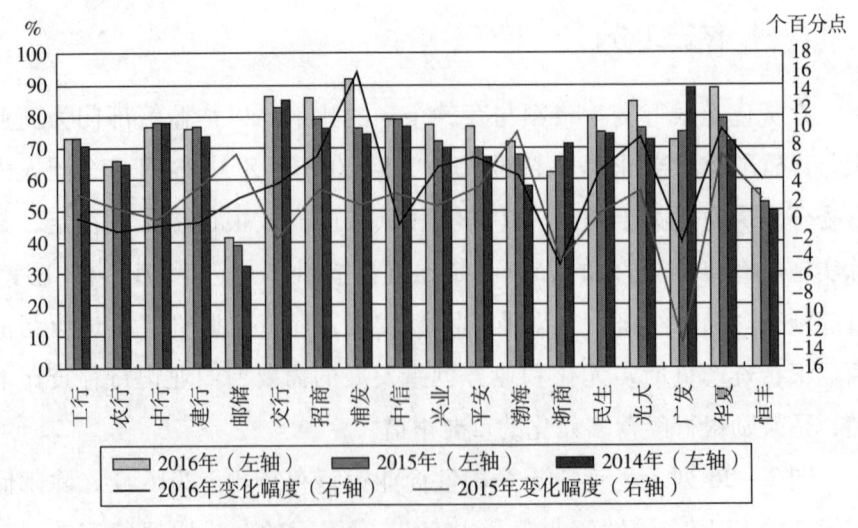

图 2-26 近 3 年全国性商业银行存贷比

（二）流动性比例

流动性比例为流动性资产余额与流动性负债余额之比，衡量商业银行流动性的总体水平，不应低于25%。近年来，我国银行业金融机构流动性比例总体上保持了稳步上升的态势。

图2-27列示了近3年各全国性商业银行的流动性比例。2016年末，全国性商业银行流动性比例均明显大幅高于25%的监管要求。其中，大型银行流动性比例最高的是交行（50.92%），农行、建行、中行也均在44%以上，而工行以35.7%的流动性比例继续保持大型银行中最低；股份制银行中，恒丰流动性比例虽有大幅下降，但仍以73.74%的水平成为16家银行中最高，光大（63.18%）、兴业（59.35%）、招商（59.42）流动性比例也在50%以上，而华夏（31.45%）为17家银行中最低。

2016年，全国性商业银行流动性比例变动分化严重，股份制银行上升或下降的幅度要大于大型银行。大型银行中，中行下降了3个百分点，其余4家银行有不同程度的上升，交行大幅上涨了8.02个百分点，农行也上升了2.24个百分点，工行和建行有小幅上涨；股份制银行中，流动性比例变动最大的恒丰，下降了33.88个百分点至73.74%，华夏（7.69个百分点）、招商（6.25个百分点）、广发（5.19个百分点）和民生（5.08个百分点）也出现了较大幅度的下降，光大、浦发和兴业均不同程度上升，上升幅度最大的是光大（8.28个百分点）。

（三）流动性覆盖率

流动性覆盖率是优质流动性资产储备与未来30日的资金净流出量之比，旨在确保商业银行在设定的严重流动性压力情景下，能够保持充足的、无变现障碍的优质流动性资产，并通过变现这些资产来满足

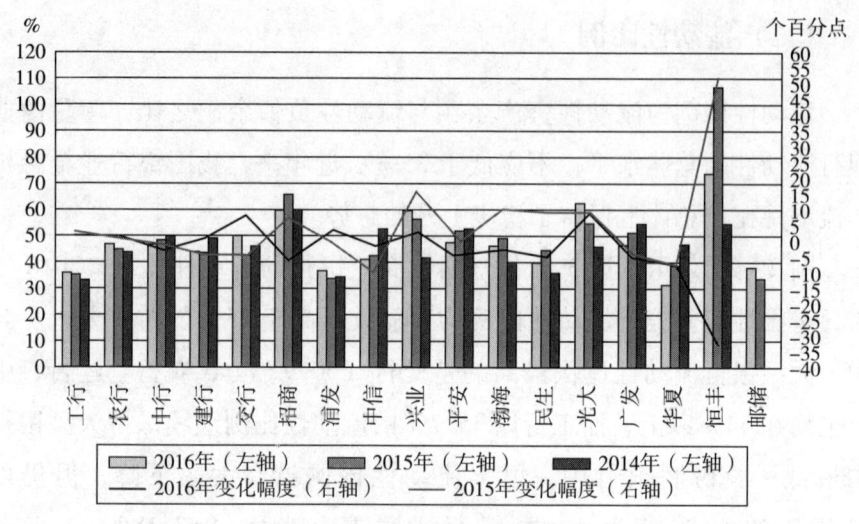

图 2-27 近 3 年全国性商业银行流动性比例情况

未来30日的流动性需求。2014年3月开始施行的《商业银行流动性风险管理办法（试行）》中明确指出，商业银行的流动性覆盖率应当在2018年底前达到100%。在过渡期内，应当在2014年底、2015年底、2016年底及2017年底前分别达到60%、70%、80%、90%。

图 2-28 列示了全国性商业银行的 2016 年流动性覆盖率。总体来看，17家全国性商业银行均符合在2016年底流动性覆盖率达到80%以上的监管指标，有9家银行已经超过了100%的监管要求，大型银行的流动性覆盖率整体上明显高于股份制银行。大型银行中，农行以139.8%的流动性覆盖率首次超越工行，成为流动性覆盖率最高的全国性商业银行，随后依次是工行（139.75%）、建行（120.27%）、中行（117.17%）、交行（111.85%）。在股份制银行中，浙商（130.49%）和恒丰（124.29%）的流动性覆盖率遥遥领先，甚至超过部分大型银行，招商（114.59%）和渤海（107.12%）的流动性覆盖率也较高，超过了100%，其余几家股份制银行流动性覆盖率基本处于80%~95%。

与 2015 年相比，各家银行的变化趋势不一，且变化幅度差别较大。大型银行中，仅农行流动覆盖率呈上涨趋势，且大幅上升 12.3 个百分点。其余 4 家银行有不同程度的下降，建行大幅下降了 12.64 个百分点，工行、中行、交行也下降了 3～5 个百分点；股份制银行中，浙商和华夏大幅上升，分别上升了 29.68 个、10.83 个百分点，平安（45.06 个百分点）、广发（25.29 个百分点）、恒丰（16.71 个百分点）流动性覆盖率大幅下降，其中平安的下降幅度最大。

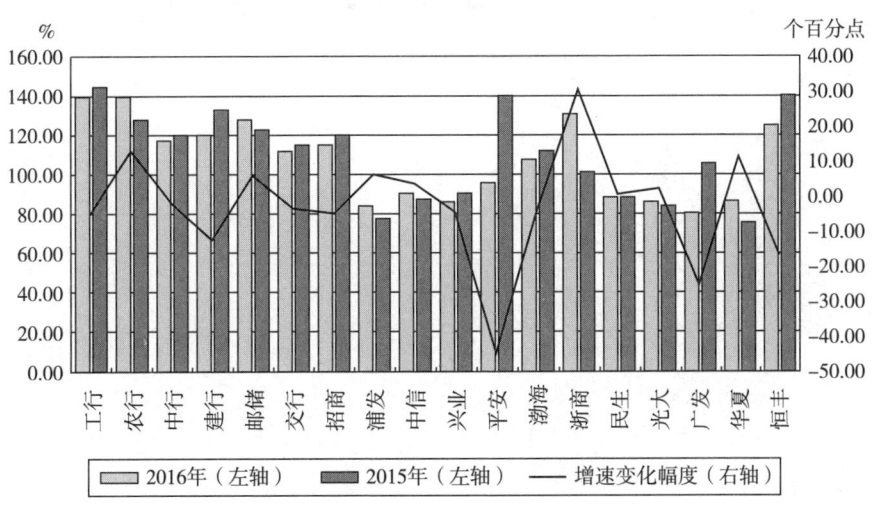

图 2-28　全国性商业银行 2015～2016 年流动性覆盖率情况

第三部分

2016年全国性商业银行核心竞争力评价报告*

---

* 本部分由欧明刚主持并修改,刘林东和纪晓晴执笔。

第三部分　2016年全国性商业银行核心竞争力评价报告

2016年，中国银行业仍然行走在艰难的转型之路上。一方面要控制新增不良资产、化解原有不良资产，另一方面要积极应对利率市场化、金融脱媒和金融科技带来的挑战，进行业务创新、模式创新和管理创新。全国性银行更是走在转型的前列，在发展战略上寻求数字化、轻型化、资管化、综合化及国际化发展，积极走差异化特色化发展之路，提升产品与服务创新能力，大力提升银行影响力。同时完善公司治理，以信息化建设为抓手，以风险管理为核心，以人力资源建设为保障，落实管理转型。

一、发展战略

随着外部经济环境的变化和银行业自身要求不断提高，2016年商业银行的转型之路进一步深化。在这一年里，受到利率市场化压缩净息差、金融脱媒继续加快和金融科技竞争加剧等影响，商业银行积极寻求转型之道，调整和落实发展战略。

近年来，各家银行对发展战略都很重视，而且根据内外形势的变化进行调整。一方面，由于银行的初始条件不同，在发展战略上呈现一定的差异性。另一方面，由于都是规模较大的银行，面临着同样的环境，也呈现一定的共同性。当前来看，零售化、数字化、轻型化、资管化、综合化和国际化已然成为总体的努力方向。工商银行以"大资管、大零售、大投行"为转型战略，因势利导推动海外分支机构发展；中国银行作为全球化进程中优势领先的银行，发挥全球资产配置优势，创新国际化产品；中国农业银行则提出"经营特色明显、服务高效便捷、功能齐全协同、价值创造能力突出的国际一流商业银行集团"的战略目标，进一步服务"三农"；中国建设银行的发展战略是"综合化、国际化、集约化"，跟进国家战略，加强子母公司联动效应；

交通银行的战略定位是"国际化、综合化,建设以财富管理为特色的一流公众持股银行集团";邮储银行则是坚持零售大行的战略(见表3-1)。

与此同时,股份制银行更强调机构特色,通过差异化来保证竞争优势,多家银行通过扩大零售业务,以中小企业服务为重点突破口。比如,渤海银行立志成为"最佳体验的现代财资管家";广发银行通过银保合作来更好地服务中小企业;中信银行通过集团军的力量加强公司金融业务的拓展;民生银行优化社区商业金融模式,以期做大零售银行;以招商银行为代表的多家银行提出"一体两翼"的发展战略,即以零售金融为主体,公司金融和零售金融为支撑的战略布局,聚焦客户群体。

在传统盈利模式的瓶颈时期,民生银行、光大银行等都开始调整发展战略,主动管理资产负债,以适应高度变化的环境。比如民生银行提出智能零售银行的新战略;光大银行严格控制负债成本;浙商银行也开始实施全资产管理战略,前中后台的管理和协调的系统经营战略(见表3-1)。

表3-1　　2016年部分全国性商业银行发展战略

中国工商银行	愿景是"建设最盈利、最优秀、最受尊重的国际一流现代金融企业",深化实施大零售、大资管、大投行战略,因势利导推进经营转型,促进新动能发展壮大、传统动能焕发生机
中国银行	具有崇高价值追求的最好的银行,成为在民族复兴中担当重任的银行,在全球化进程中优势领先的银行,在科技变革中引领生活方式的银行,在市场竞争中赢得客户追随的银行,在持续发展中让股东、员工和社会满意的银行
中国建设银行	综合性、多功能、集约化
中国农业银行	经营特色明显、服务高效便捷、功能齐全协同、价值创造能力突出的国际一流商业银行集团
交通银行	"两化一行"战略,国际化、综合化以及建设以财富管理为特色的一流公众持股银行集团

第三部分 2016年全国性商业银行核心竞争力评价报告

续表

银行	战略定位
邮储银行	坚持服务社区，服务中小企业，服务"三农"的市场定位，坚持大型零售银行的战略定位
招商银行	创新驱动、零售领先、特色鲜明的中国最佳商业银行，坚持"一体两翼"的战略定位（以零售金融为主体，公司金融、同业金融为支撑）；紧密围绕打造"轻型银行"的转型目标
中信银行	做最佳融资银行，更加强调轻资本、轻资产，明确提出聚焦"大行业、大客户、大项目、高端客户"（"三大一高"）的客户定位；采取"银行+中信集团子公司+本行子公司"的集团军作战模式
兴业银行	围绕"轻资本、高效率"加快业务转型升级，增强结算型、投资型、交易型"三型"业务能力，驱动机构金融、零售金融、投资银行、资产管理"四轮并进"，努力建设最具综合金融创新能力和服务特色的一流银行集团
平安银行	一站式、多样化的金融服务，"互联网+金融服务"尝试差异化道路；制定了全面向零售银行转型的战略目标：打造以"SAT（社交媒体+客户端应用程序+远程服务团队）+智能主账户"为核心的智能化、移动化、专业化的零售银行服务；坚持"三化两轻（行业化、专业化、投行化、轻资产、轻资本）"的大对公业务经营思路
光大银行	建设全球一流商业银行的愿景，主动调整发展策略，加强资产负债的统筹管理，严格控制负债成本；紧紧围绕国家战略实施和服务实体经济，加大结构调整力度，收入结构呈现多源拉动
广发银行	作为"中小企业服务商"，确定了功能完备、业务多元化、特色鲜明、同业一流的战略愿景
华夏银行	持续深化"中小企业金融服务商"战略，坚持以客户为中心，完善营销机制建设，加快经营转型，强化规范运行，提升服务质效，积极推进"第二银行"发展战略，逐步增强电子银行的营销功能和场景应用，具备了提供综合金融服务的良好基础
民生银行	"做强公司银行、做大零售银行、做优金融市场"的主要经营策略，成为中国股份制商业银行中具有核心竞争力、可持续发展的标杆性银行
浦发银行	"最具综合金融创新能力和服务特色的一流银行集团"的目标战略。2016~2020年的总体战略目标是：全面提升综合化金融服务能力，打造高绩效全能型银行集团

续表

浙商银行	成为"浙江省最重要金融平台",实施全资产管理战略,前中后台的管理和协调的系统经营战略
渤海银行	确立了"最佳体验的现代财资管家"的长期愿景,以及"以投行和资管为特色的综合性银行"的阶段性目标

资料来源:各商业银行官网,2016 年年报。

2016 年,银行的转型体现在如下几个方面。

(一)轻型化

随着利率市场化的推进,净息差收窄不可避免;再加上宏观审慎评估体系(MPA)对银行资产、负债和产品配置提出要求的提高,审慎监管政策日益刚性,资本约束不断强化,高资本消耗的规模扩张难以为继。除此之外,金融科技正在以前所未有的方式全面向银行发起挑战并改造传统银行业。对于银行的轻型化,内容并不完全相同,解读各异,但都有低风险、低资本、低成本和高效率的意思。从执行策略来看,在经营方向上,发展低资本占用和低风险业务,在经营模式上,以技术手段来提升管理能力和管理的精细化。根据招商银行的解释,轻型银行体现在四个方面,即轻资本、轻资产、轻负债和轻运营。从这个方面来看,衡量银行轻型化转型的效果应当体现在资本充足率、盈利能力等指标上,这在财务评价部分有所体现,在此不再重复。在这里,就两家明确提出轻型化的银行加以介绍。

2016 年,招商银行在这几个方面都有成就。在轻资本方面,资本充足率仍保持较高水平;在轻负债方面,提供低成本资金优化存款定价和差异化授权机制,压缩高成本协议存款262.80亿元,活期存款占比提升6.97个百分点至64.00%;在轻资产方面,为避免高资产带来的风险,资产端大幅压退对公风险资产,为优质资产进入腾挪空间;在轻经营方面,以金融科技为手段,聚焦"移动优先"战略,实现手机银行5.0上线,摩羯智投率先起跑,手机端打通 W+平台、智慧营销系统和个性化推荐系统,提升网上交易额,压缩网点租赁面积39356.34平方米,年租金节约5726.42万元。

平安银行在其战略中也提到了以"三化两轻"的战略思路推动公司业务发展,其中"两轻"是指轻资产和轻资本。平安银行持续发展综合金融,实现向客户提供信贷市场、货币市场、资金市场、境内外市场以及线上线下资金流通的全方位金融服务,以提高资本收益率。布局以橙e网、保理云等为代表的互联网轻资产平台,不断寻求新亮点,打造"轻型"商业银行。资本方面,加大对低碳经济、循环经济、节能减排等绿色经济的支持力度,继续严控"两高一剩"行业信贷投放,贷款占比逐步下降。

(二) 零售化

在利率市场化进程中,存款利率上限全面放开,对公业务利润压缩,中产阶级不断扩大,为零售业务的私人银行、财富管理、消费金融等战略业务的客群拓展、产品创新提供了更大、更多的用武之地。另外,商业银行公司业务的周期性太强。零售银行业务已经成为银行的转型方向。2016年银行零售业务收入增长较快,对银行收入的贡献度普遍得到了提升(见图3-1)。零售银行能够帮助银行调结构并分散风险,越来越多的银行开始重视零售业务。

尽管方式、策略和重点各有不同,但各家银行都借用大数据、互联网、人工智能等技术手段和通过激励机制的调整来推进零售业务的发展。中国工商银行将大零售作为其战略方向之一,保持着最大的个人客户资产,个人金融业务的贡献度接近40%。邮储银行由于拥有将近4万个网点的优势,从一开始就以零售银行为主要发展目标,尽管近年来其公司金融业务有所增长,但零售金融业务仍然优势明显。招商银行是零售业务的领先银行。2016年,招商银行利用科技手段,巩固零售金融的优势地位,采取多项举措夯实零售客群基础,零售客户数和零售客户总资产（AUM）同比分别增长19.32%和16.44%；持续优化信贷结构，低资本消耗的零售贷款在贷款总额中的占比提升至47.23%（集团口径）；零售业务利润贡献持续提升，零售税前利润占业务条线税前利润的比重提升至52.97%（集团口径）。零售金融业务营业收入达978.82亿元，同比增长8.41%，占银行营业收入的49.57%，同比提升2.48个百分点。

平安银行则利用平安集团在综合金融、大数据平台和高度移动化方面的优势，深化零售大事业部改革，搭建智能化经营平台，通过精准的客群细分、开放式的综合金融产品超市、全面的全球资产配置来满足客户多样化的金融需求。

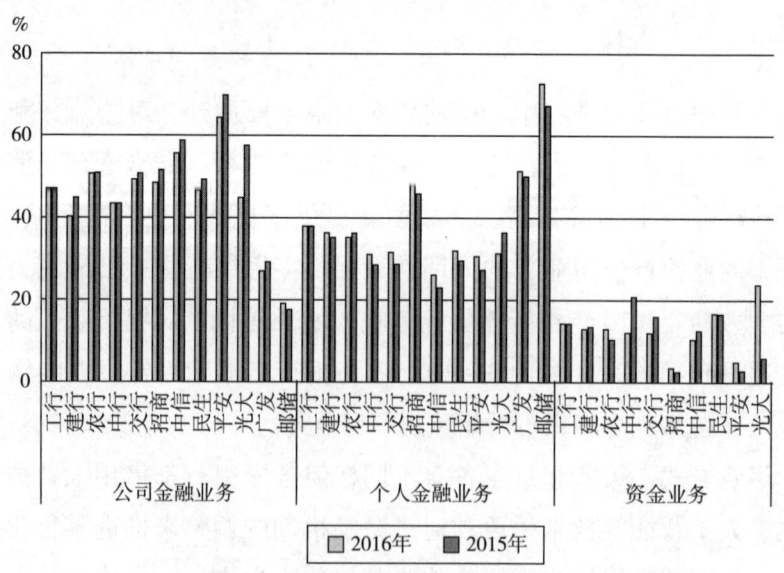

注：招商银行与平安银行在分部业务情况表中使用的批发金融与零售金融概念，资金业务在招商银行与平安银行属于其他业务，而非传统资金业务概念。此外，在这两家银行的定义中也有不同，平安银行的零售金融业务中包括小企业金融的部分。

资料来源：各商业银行年报。

图3-1　2015~2016年部分全国性商业银行业务收入占比

(三)交易银行化

交易银行是指一类银行业务,目前没有一个普遍接受的定义。这个概念主要出现在一些大型国际银行的业务板块的介绍中,一般出现在全球交易业务(Global Transaction Business),也有一些将证券托管类业务也归了进来。这类业务的服务对象一般有公司客户和机构客户,各行的具体内容有差异,但一般包括贸易融资(供应链融资)、支付结算、现金管理等业务,这些业务的一个共同特点是频繁发生、流动性较强、风险较小、资本节约。这是银行公司业务转型的主要方向。

银行交易业务依托的是银行最基本的功能,即支付结算功能、流动性提供功能和信用中介功能。在个人客户中,银行的支付结算功能已经受到第三方支付平台的不小冲击。在公司和机构客户中,银行仍占主导地位,但也得保持警惕,应顺应客户的需求和技术的发展,在便利性、及时性、增值性和成本节约性上入手,使支付结算业务的传统优势坚不可摧。贸易融资业务或供应链融资以及其他流动资金贷款业务都是银行的日常业务,这是银行最早出现的贷款业务,即自偿性质的贷款业务。至于信用证、托收、担保、保理等都是基于银行信用高于商业信用这一基本事实发展起来的。在当前,发展交易银行还具有现实背景。随着"一带一路"倡议的实施和人民币国际化的推进,中国越来越多的企业走出国门,企业的交易呈现越来越多的国际性,交易银行业务更是大有作为。

近年来,国内一些银行在现金管理、供应链融资等局部业务方面作出不少努力,而另一些银行在交易银行业务条线上进行整体性的探索,组建了统一的交易银行平台或交易银行部门,在业务模式和流程上进行了梳理和创新。据报道,有10家银行已经或明确将发展交易银行作为下一步的战略转型方向,作为重构公司银行业务的主要抓手。

2016年开始,多家银行设立了交易银行部门,并借助大数据金融科技的支持，为企业提供高效服务。浦发银行以"做强交易银行"为重点任务，并在2016年初将原贸易与现金管理部翻牌为交易银行部，成为总行一级部门。报告期内，浦发银行聚焦"弱周期、大流量、高频度、轻资产、公司联动"等重点客户，业内首推"云资金监管服务"；通过"e企付""云账单""浦商赢""智汇港""智汇校园""智慧社区"等特色创新产品吸收、带动结算资金；推进海外直贷、参付通、国际福费廷二级市场包买、跨境贸易融资风险参与等跨境轻资产融资产品创新。报告期内，交易银行特色业务量达到1.56万亿元，同比提高133.58%，获得的中间业务收入为公司业务贡献占比约63%。

中信银行也推出了交易银行品牌"交易+"，但与招商银行和浦发银行不同，中信银行的交易银行属于公司业务板块。中信银行在业内首推"交易+"交易银行专属品牌，其范围涵盖"e收付、e财资、e贸融、e电商、e托管、e渠道"六大子品牌和16个特色产品。推动交易银行系统2.0建设，实现电子渠道数据统一存储、产品统一交付、渠道入口统一管理、交易统一监控。截至报告期，交易银行签约客户达到33.73万户，实现交易笔数5222万笔，比上年增长8.5%；交易金额66.1万亿元，比上年增长17.9%；交易笔数替代率68.4%，比上年提升6.8个百分点。

民生银行研发推广了招标通、市场通、跨行宝、e支付等新型支付结算产品，推动了交易银行业务转型提升。在存款方面，开发"流动利E"新产品，增加"流动利D"外币业务，进一步扩大流动利系列产品对客户的吸引力。丰富对公大额存单产品功能，提升该产品的同业竞争力。在保理业务方面，加快推进无追索权保理、"N+1"保理等特色产品，并加大医药保理、工程保理、租赁保理等特色行业保理创新模式的应用。

（四）投行化

为了应对金融脱媒和利率市场化的挑战，商业银行努力寻求中间业务的创新和发展，商业银行呈现投行化的倾向。其中，财务顾问、债券承销等业务成为了银行的主要抓手。

五大行主要是实行"大投行，大资管"的风格，顺应国家战略要求，服务实体经济。但五大行各具特色。中国银行创新推出国际化投行产品，离岸人民币债券承销市场份额稳居中资同业之首，熊猫债券发行稳居市场首位。工商银行的投行业务已从常年财务顾问、投融资顾问等基础类业务，拓展到了重组并购、银团及结构化融资和债券承销等主要投行业务领域，并购交易财务业务占同行之首。积极拓展绿色债券，承销债券达到383亿元，成为国内最大的绿色债券银行。交通银行利用集团优势，积极推进地方政府债券。农业银行围绕绿色金融推出了一系列投行和资管产品，推动农村金融发展。与农业部合作加大对农村第一产业、第二产业、第三产业融合发展试点示范项目的金融支持，联合证券公司等机构开展县域投行业务。交通银行抓住跨境并购机遇，报告期内新增并购贷款112亿元，同比增长266%。建设银行主要是以造价咨询业务为特色中间业务。该行36家一级分行具有住房和城乡建设主管部门颁发的工程造价咨询甲级资质、223家二级分行设有专营机构。2016年，建设银行实现造价咨询业务收入53.28亿元。

在股份制商业银行中，招商银行和浦发银行的投行业务发展迅速。跨境并购已经成为招商银行的新优势，其承做的中概股私有化项目均创港股、美股回归项目规模之最。2016年招商银行的投行业务增长达到35.82%，其中结构融资业务初显成效，资产投放大幅增长，中间业务收入同比增长110.29%；并购交易融资809.95亿元，同比增长72.92%；资产托管规模突破十亿元大关。浦发银行借助绿色金融债发行机遇,推出首单绿色非公开定向债务融资工具;推出"鑫浦"等系列资产证券化产品,实现市场首单超百亿元个人房贷资产支持证券项目和商业物业租金资产支持票据项目落地;加大股权业务创新力度,创新推出了"浦共赢"系列股权基金。

2016年,不良资产证券化重启为银行开启了新的发展机遇,不仅给银行业减负进而缓解系统性风险,也为实体经济的复苏与发展换取了更长的时间。除此之外,随着"走出去"战略的不断推进,资产证券化也开始在境外发行,实现新的突破(见图3-2)。

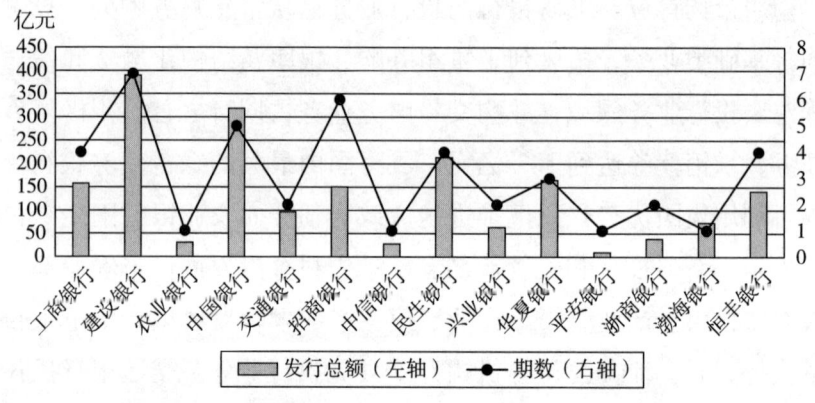

资料来源:Wind数据库。

图3-2 2016年部分全国性商业银行资产证券化项目发行情况

2016年5月,中国银行"中誉2016年第一期不良资产支持证券"和招商银行"和萃2016年第一期、第二期不良资产支持证券"陆续发行,标志着不良资产证券化时隔8年后重启,商业银行不良资产市场化处置渠道进一步拓宽。全年6家不良资产证券化试点机构共发行14只产品,规模156.10亿元,占试点额度的31%。基础资产类型快速创新,"和萃一期""和萃二期"成为首单以零售类不良贷款和小微企业不良贷款作为基础资产的不良资产证券化产品,建设银行9月23日发行的"建鑫2016年第二期"以房贷为基础资产。

建设银行在2016年资产证券化实现井喷式发展，共发行7期资产证券化，发行总额达到390亿元，位列商业银行之首。建设银行在全国银行间债券市场成功发行上海公积金资产支持证券，并且成功发行信用卡不良资产证券化。

民生银行在2016年的信贷资产证券化业务发行规模213.51亿元，发行量在银行间市场股份制商业银行中位列榜首；民生银行在持续发行"企富""汇富"等信贷、企业资产证券化产品的同时，打造了"合富"资产证券化业务品牌，有效提高了服务优质客户的能力。

（五）数字化

银行业金融机构不断推进电话银行、网上银行、手机银行、微信银行、电商平台、直销银行等电子服务渠道建设，不断创新产品，提升客户体验，增强客户黏性。另外，银行业与苹果、三星、华为等移动手机商合作，推出Apple Pay，Huawei Pay等快捷支付方式，多元化满足客户需求。

据《中国银行业服务改进报告》不完全统计，截至2016年末，全国银行业自助银行布点16.1万家，布放自助设备79.41万台，自助设备交易笔数达400.14亿笔，交易总额59.91万亿元，同比增长5.95%；创新自助设备4.37万台，电子渠道服务不断升级，为客户提供了更加安全、快捷、全面的电子银行金融服务。电子银行交易笔数及金额在2015年的基础上迅猛发展。网上银行交易849.92亿笔，同比增长98.06%；手机银行交易金额140.57万亿元，同比增长98.82%；电商平台交易笔数总计3.28亿笔，交易额1.98万亿元；微信银行交易笔数2.18亿笔，交易金额为9.97万亿元，是2015年的30多倍。

从银行业金融机构离柜交易情况来看，2016年银行业金融机构离柜交易达1777.14亿笔，同比增长63.68%；离柜交易金额达1522.54万亿元。目前，银行业离柜业务率为84.31%，同比提高6.55个百分点。随着电子银行、网络银行等网络金融的发展，全国性商业银行的电子银行替代率在2016年普遍达到90%以上，较2015年有跳跃式发展。

五大行中建立互联网金融品牌动作最迅速的是工商银行，在2016年进一步升级完善了以电商平台融e购、即时通信平台融e联、开放式网络银行平台融e行为主体的互联网金融整体架构和支付、融资、投资理财三条产品线，在架构方面，融e购全年累计交易额超过1万亿元，融e联客户数突破6000万户，融e行客户数突破2.5万亿户；支付产品则在同业中率先开展Apple Pay线上收单业务。

建设银行在互联网金融方面始终处在同业前列，目前正在由传统银行服务向全面电子银行服务转型。在同业中首推融合NFC、二维码、人脸识别等技术，覆盖线上线下全场景的全新支付产品组合"龙支付"。

股份制银行通过第三方合作、科技创新等方式推进网络金融的发展。中信银行整合了Apple Pay、三星支付等手机支付产品，推出微信银行3.0版本，实现微信银行由账户助手向客户获取和经营平台的改变；中信银行金融门户网站向客户提供34种产品和服务的在线办理服务，实现对不同设备、不同信息、不同场景的连接，成为全新"引流、获客"的产品与服务渠道。

（六）国际化

随着"一带一路"和"走出去"政策的不断推进，商业银行也在响应国家战略以开拓商业蓝海。目前主要是大型国有银行的国际化、综合化路线较明晰，主要是支持中国企业走出去，通过综合化、国际化的方式提升影响力。在2015年的基础上，2016年商业银行的国际化进一步深化，积极提供多元化金融服务。从总趋势来看，各家银行的海外资产占比总体保持上升态势，但税前利润贡献率放缓，部分银行甚至出现下降（见图3-3）。

以中国银行、农业银行、工商银行、建设银行、交通银行为代表的大型银行是我国银行国际化进程的重要力量。截至2016年底，大型商业银行在境外57个国家和地区设有一级机构（代表处）共179家，比上年增加8家。总体而言，步伐继续放缓，但在综合化金融服务方面有所加强（见表3-2）。

中国银行是国际化程度最高的商业银行，报告期期末，海外机构资产总额达7307亿美元，在集团资产中的占比达26%；海外贡献率达36%。海外资产占比、利润贡献率遥遥领先国内同业。其人民币国际化业务继续领跑市场，获得美国人民币清算行资格。跨境人民币清算量312万亿元，结算量超过4万亿元，继续保持全球第一。着力打造全球现金管理业务，成为多家大型跨国企业集团的现金管理主办行，业务辐射亚太、欧洲、美洲地区。充分发挥银团贷款优势，在亚太市场以牵头521亿美元银团贷款的成绩排名市场第一，在欧非和美洲银团市场均排名中资银行首位。

工商银行稳步推进全球网络布局与渠道建设，深化境外机构网络延伸。截至2016年末，工商银行在42个国家和地区建立了412家机构，同比增加了8家，境外机构总资产3064.50亿美元，同比增长9.5%，占集团总资产的8.8%，报告期税前利润32.47亿美元，同比增长2.6%，占集团税前利润的6.2%。2016年，工商银行在荷兰、比利时、俄罗斯、澳大利亚等的二级网络得到拓展，区域服务能力显著增强。为境外主权类机构客户人民币资产配置提供全面跨境金融服务，逐步成为境外主权类机构进入中国市场的首选银行。推出"工银跨境电商综合金融服务方案"，打造特色跨境电商业务品牌。

农业银行提出要围绕农业"走出去"、基础设施互联互通、人民币国际化等国家战略，打造具有农业银行特色的、差异化的海外服务平台。境外分行及控股资产总额1093.06亿美元，全年实现净利润2.83

亿美元。

交通银行2016年国际化布局连落五子，伦敦分行、卢森堡分行以及卢森堡子行下设罗马分行、巴黎分行陆续开业，控股收购的巴西BBM银行顺利完成交割。国际化、综合化资产突破1万亿元，对集团利润贡献占比提升至13.39%。

国内中小股份制银行也在提升其国际化程度。2016年，中信银行的国际化、综合化有突出进展，旗下的信银投资成功取得境外投行牌照，不断创新跨境投融资业务，悉尼代表处正式对外开业，中国香港分行筹建工作逐步推进，并与哈萨克斯坦人民银行签署备忘录，有望成为国内首家在哈萨克斯坦收购银行的股份制银行。浦发银行也将国际化作为战略主线之一，伦敦分行正在筹备中，新加坡分行即将开业。

表3-2 各商业银行海外分支机构数量　　　　单位：家

	子公司/子行	分行	代表处	合计
中国银行	23	32	9	64
工商银行	20	21	1	42
建设银行	9	26		35
农业银行	5	10	3	18
交通银行	4	15	1	20
招商银行	2	5	3	10
中信银行	2	5	1	7
光大银行	1	2		3
广发银行		2	1	3
民生银行	1	1		2
浦发银行	1	1	1	3
华夏银行			1	1

注：数据截至2016年12月31日。
资料来源：各商业银行年报机构分录。

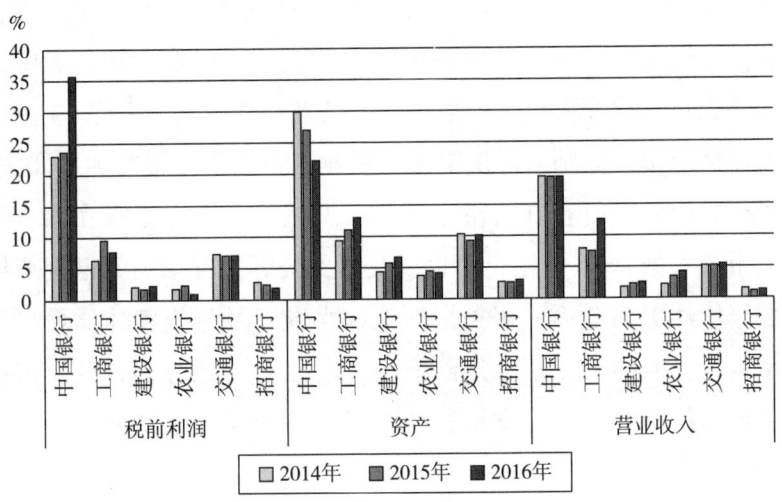

资料来源：各商业银行年报。

图3-3 部分商业银行的海外机构贡献率

二、公司治理

银行业要实现可持续发展，良好的公司治理机制是必要条件。通过股份制改造，我国银行业产权逐渐明晰，以此为基础各自逐渐建立起了现代化的商业银行治理架构。银行业与一般企业存在诸多区别，因此商业银行尤其是上市银行的治理存在其特殊性，需要严格按照《公司法》《证券法》《商业银行法》《上市银行治理准则》《商业银行公司治理指引》等法律法规以及上市地上市交易所的规定，同时也要结合银行自身条件及发展目标，通过实践检验不断优化升级公司治理制度。从公司治理架构是否完善、董事会监事会履职情况好坏、信息披露是否真实准确而完整、社会责任是否履行到位这四个角度了解银行的公司治理情况是比较合理的。

截至 2016 年 12 月底，18 家全国性商业银行中共有 9 家成功在港交所和沪交所上市，分别为工商银行、建设银行、农业银行、中国银行、交通银行、招商银行、中信银行、民生银行、光大银行，4 家仅在上海或深圳上市，分别为浦发银行、兴业银行、华夏银行和平安银行，浙商银行和邮储银行仅在香港上市，广发银行、渤海银行和恒丰银行暂未上市。根据 2016 年银行年报以及相关公开文件来看，已上市银行信息披露依然更为全面，相关指标统计水准以及年报整体质量也高于未上市银行，但这种差距在逐渐缩小，在社会责任方面，已上市银行与未上市银行都在扶贫、支持科教文卫、发展绿色经济等方面发挥了自己的作用。

（一）公司治理构架情况

18 家全国性商业银行根据现代公司治理结构要求，按照"三会分设、三权分开、有效制约、协调发展"的原则，设立股东大会、董事会、监事会、高级管理层。按照《公司法》等法律法规的有关规定，建立规范的股份制商业银行组织机构，以科学、高效的决策、执行和监督机制，确保各方独立运作、有效制衡。

《商业银行公司治理指引》第二十二条规定，董事会应根据本行情况单独或合并设立其专门委员会，如战略委员会、审计委员会、风险管理委员会、关联交易控制委员会、提名委员会、薪酬委员会等。18 家商业银行均披露了这方面的情况，很多银行的架构中增加了社会责任委员会。

所有上市银行都达到了中国证监会《关于在上市公司建立独立董事制度的指导意见》规定的标准。招商银行和中信银行独立董事比例最高，均为 50%。而未上市的渤海银行和恒丰银行独立董事比例分别为 20% 和 25%。监事会方面由职工代表、股东大会选举的外部监事和股东监事组成，根据银监会的规定，外部监事的人数不得少于 2 人。

建设银行、中国银行外部监事仅有 1 人,恒丰银行没有外部监事。具体董事会、监事会结构如表 3-3 所示。

表 3-3　　　　　　全国性商业银行董事会与监事会机构

银行名称	董事会人数	独立董事人数	独董比例（%）	监事会人数	外部监事人数	职工监事人数
工商银行	14	5	35.71	6	2	2
建设银行	13	6	46.15	7	1	3
农业银行	14	5	35.71	8	2	4
中国银行	13	5	38.46	7	1	3
交通银行	18	6	33.33	11	2	4
招商银行	16	8	50.00	9	3	3
中信银行	10	5	50.00	8	3	3
民生银行	18	6	33.33	7	2	3
浦发银行	14	6	42.86	7	3	2
兴业银行	14	5	35.71	9	3	3
光大银行	15	6	40.00	10	4	3
华夏银行	18	6	33.33	11	4	3
平安银行	12	5	41.67	7	3	3
广发银行	15	6	40.00	9	3	3
浙商银行	17	6	35.29	13	5	4
渤海银行	15	3	20.00	5	2	2
恒丰银行	11	3	25.00	4	0	1
邮储银行	12	4	33.33	9	3	3

资料来源:根据各商业银行 2016 年年报整理而得。

(二) 董事会成员履职情况

根据相关规定,董事会例会每年需召开四次以上(每季度至少一次),董事应当投入足够时间履行职责,每年亲自出席 2/3 以上的董事会会议,因故不能出席可书面委托同类别其他董事代为出席。董事会会议可以通过现场会议进行,也可以通过通信表决的形式进行。18 家商业银行均满足会议次数要求,其中浦发银行召开的董事会次数最多,达19次;浙商银行会议次数降幅最大,从2015年的19次减少到了6次,恒丰银行会议次数增加5次,为最大增幅。中国银行和民生银行亲自出席率均达98.1%,为各银行最高;招商银行、农业银行、渤海银行、邮储银行出席率也超过了95%,光大银行董事亲自出席率最低,为84.7%。独立董事出席率方面,工商银行、建设银行、中国银行、兴业银行、华夏银行、广发银行均为100%。平安银行和恒丰银行未披露董事出席董事会情况。中国银行、招商银行、民生银行两项出席率均超过95%,从整体来看,董事履职情况较好。如表3-4所示。

表3-4　　　　　　　　董事履职情况

银行名称	董事会次数	现场会议次数	董事亲自出席率（％）	独董亲自出席率（％）
工商银行	8	—	93.0	100.0
建设银行	7	—	92.0	100.0
农业银行	14		95.0	92.2
中国银行	11		98.1	100.0
交通银行	8	6	88.2	83.3
招商银行	12	3	96.7	95.8
中信银行	11	6	89.1	96.9
民生银行	14	—	98.1	95.0
浦发银行	19	8	92.4	94.1
兴业银行	7	7	89.7	100.0
光大银行	11	8	84.7	83.3
华夏银行	11	6	90.3	100.0
平安银行	9		—	78.6
广发银行	12	—	93.8	100.0
浙商银行	6	5	87.1	83.3
渤海银行	12	—	96.7	93.0
恒丰银行	17	4	—	—
邮储银行	10	—	96.5	91.7

资料来源:根据各商业银行2016年年报整理而得。

(三) 信息披露情况

兼具真实性、全面性、时效性的信息披露能增强银行业的金融机构透明度，有助于消除投资者、社会公众与公司两方信息不对称的情况，维护金融市场的公开、公平、有序竞争。商业银行有将信息披露的内容制成年报的义务，年报也是银行公司过去一年信息的集中反映。相比非上市银行只需按照银监会的信息披露指引制定年报，上市银行的年报披露需满足证监会相关规定的要求。

除兴业银行的年报申请延迟于2017年4月29日发布外，其他上市银行均按照银监会《商业银行信息披露办法》于会计年度结束4个月内完成年度报告并进行披露。在内地与香港同时上市的9家银行因信息披露需要满足两地监管要求，披露项目更多，内容更详尽。部分银行年报的格式与往年相比改变较大。整体来看，上市银行年报内容更加全面，格式也越发规范。

未上市的银行年报披露时间则相对靠后，广发银行、渤海银行、恒丰银行均在2017年4月末才公布年报。但对比2016年恒丰银行7月21日才发布年报，渤海银行2016年只公开年报摘要的情况，可以认为未上市银行对信息披露的重视程度也越来越高。如表3-5所示。

表3-5　　　　　　全国性商业银行年报披露情况

银行名称	年报披露时间	财务报表附注项目数
工商银行	2017年3月30日	51
建设银行	2017年3月30日	64
农业银行	2017年3月29日	53
中国银行	2017年3月31日	56
交通银行	2017年3月28日	59
招商银行	2017年3月25日	61
民生银行	2017年3月30日	44
兴业银行	2017年4月29日	50

续表

银行名称	年报披露时间	财务报表附注项目数
浦发银行	2017年3月31日	49
中信银行	2017年3月22日	61
平安银行	2017年3月16日	51
光大银行	2017年3月30日	48
华夏银行	2017年4月29日	46
浙商银行	2017年3月13日	41
广发银行	2017年4月28日	46
恒丰银行	2017年4月28日	52
渤海银行	2017年4月24日	42
邮储银行	2017年3月28日	47

资料来源：各商业银行2016年年报。

（四）社会责任履行情况

全国性商业银行都十分重视社会责任的履行，在支持实体经济、助力改善民生、建设生态文明、推进公益事业方面积极作出贡献。18家商业银行除渤海银行与恒丰银行外均发布了2016年社会责任报告，纷纷落实《社会责任工作基本规定》，规范社会责任信息采集渠道、披露方式及工作内容；浙商银行发布了上市以后的第一份社会责任报告，对其发展有里程碑意义；工商银行连续入选恒生可持续发展指数成分股，并应邀参加全球报告倡议第五届全球大会，推进社会责任国际交流。

1. 紧跟国家战略布局，积极服务实体经济

国家"十三五"规划、供给侧结构性改革以及长江经济带、京津冀一体化、"一带一路"等战略布局对于商业银行既是回馈社会的压力，又蕴藏着商业机遇。中国银行家们紧跟大局，紧密配合国家政策的同时也着眼于公司本身的发展，在支持经济社会转型方面作出了重大贡献。

中国银行在构建"一带一路"金融大动脉上依然处于全国领先地位。截至2016年末,中国银行在"一带一路"沿线共跟进境外重大项目约420个,在19个"一带一路"沿线国家设立分支机构,项目总投资额超过4000亿美元。2014~2016年,中国银行完成对"一带一路"沿线国家各类授信支持近600亿美元。除此之外,中国银行还成功举行了"一带一路"国际金融交流合作研修班和"海上丝绸之路国家经贸合作对接会"。

工商银行根据国家区域发展战略规划,结合区域信贷政策执行情况,在原京津冀协同发展、"一带一路"、长江经济带三大支撑带区域信贷政策的基础上,印发了《关于支持重点城市行城市功能提升领域融资业务的意见》《京津冀协同发展区域信贷政策》,引导相关分行重点投向交通一体化、产业升级转移、环保治理、文化旅游、医疗教育和住房等领域的重点项目,推动京津冀和长江经济带产业协同发展,促进产业升级转移。截至2016年末,工商银行境内中西部地区贷款余额41326.5亿元,同比增长7.6%。同时,工商银行围绕供给侧结构改革主线,主动对接"三去一降一补"等重点任务,建立信贷增量与存量并轨管理新机制,确保收回移位再贷资金投放到实体经济的重点领域和薄弱环节;2016年实际新投放的贷款超过3万亿元,其中存量到期收回移位再贷约2.2万亿元,运用"信贷+非信贷""股权+债权""表内+表外"等方式服务企业多元化金融需求。截至2016年底,债券承销、股权融资、资产交易、金融租赁、委托贷款等非信贷融资余额近2.5万亿元。在规范服务收费的基础上,对部分业务减免收费,通过免收服务费等手段向个人和企业让利150亿元,其中为小微企业降低成本70亿元。

部分银行开展了行业性退出,严控"两高一剩",在支持供给侧改革和产业结构调整的基础上,对风险较高、总体资产质量较差的批发行业,产能过剩、面临较大调整压力的钢铁煤炭等行业,市场分化严重的房地产行业中经营状况不佳、市场竞争力不强、产能落后的授信客户，实施主动退出。

2. 发展绿色信贷，推动经济绿色转型

为促进银行业金融机构发展绿色信贷，2016年银监会充分发挥监管引领作用，与人民银行等七部委联合印发指导意见明确绿色信贷的主要发展方向，建立绿色信贷评价机制，要求主要银行业机构根据《绿色信贷实施情况关键评价指标》自评并聘请第三方机构核查自评情况，鼓励银行业积极支持产业结构调整和转型升级。

截至2016年底，21家主要银行业机构（包括国家开发银行、各政策性银行）绿色信贷余额7.51万亿元（其中节能环保项目和服务贷款余额5.81万亿元；节能环保、新能源、新能源汽车等战略性新兴产业贷款余额1.70万亿元），较年初增长7.13%，占各项贷款的8.83%。各行绿色信贷余额不断攀升，助力经济绿色转型（见表3-6），大银行得益于自身的体量优势，在绿色信贷投放上具有优势，不管是绿色信贷余额总量还是占贷款总额的比例，规模大的银行都要高于规模小的银行。

农业银行从自身出发，积极开展绿色转型，截至2016年底，农业银行电子渠道交易笔数占总交易笔数的比重达到96%，较2015年同期上升3%；绿色信贷贷款余额达6494.32亿元，同比增长1063亿元；总行本部办公人均用电量、燃气量均减少明显，环境绩效优秀，被第一财经网评为2016年最佳绿色金融银行，21世纪经济网则将绿色金融创新银行奖评给了农业银行。

2016年，华夏银行成功申请世界银行京津冀大气污染防治融资创新项目转贷项目（Program for Results, P4R）。该项目作为国务院《大气污染防治行动计划》和《京津冀及周边地区落实大气污染防治行动计划实施细则》的配套项目，由华夏银行作为国内唯一的合作银行，和世界银行共同提供不少于等值9.2亿元的资金，为京津冀区域能效、可再生能源、大气污染防控领域项目提供项目融资支持。通过引入低成本的国际金融组织资金，按照世界银行有关流程开展工作，将进一步提高华夏银行绿色金融能力。在实现自有资金获得正常收益的同时，为能效、可再生能源和大气污染防控领域提供低于市场平均价格的融资。

表3-6　　　　　　　　全国性银行绿色信贷情况　　　　单位：亿元、%

银行名称	绿色信贷余额	贷款总额	占贷款总额比例
工商银行	9785.60	130568.46	7.49
建设银行	8892.21	117570.32	7.56
农业银行	6494.32	97196.39	6.68
中国银行	4673.00	99733.62	4.69
交通银行	1611.05	41029.59	3.93
中信银行	254.78	28779.27	0.89
民生银行	138.23	24615.86	0.56
光大银行	493.76	17952.78	2.75
华夏银行	453.50	12166.54	3.73
平安银行	590.34	14758.01	4.00
广发银行	85.19	7909.38	1.08
浙商银行	6.63	4594.93	0.14

资料来源：根据各商业银行2016社会责任报告整理而得。

3. 落实普惠金融，布局精准扶贫

根据银监会《关于2016年推进普惠金融发展工作的指导意见》，商业银行应该把机制改革作为发展普惠金融的关键，畅通普惠金融服务路径，增强普惠金融服务功能，让改革发展成果惠及更多群众。具体应着眼于三个方面：支持农业供给侧结构性改革，着力提升小微企业金融服务水平，努力提高金融精准扶贫效率。

根据银监会统计，截至2016年末，基础金融服务已覆盖54.2万个行政村，覆盖率为95%，农村基础金融服务覆盖率进一步提高。银行业金融机构涉农贷款余额28.2万亿元，比2016年初增加2.4万亿元，

同比增长7.1%，实现了涉农信贷增长的目标。全国小微企业贷款余额26.7万亿元，占各项贷款余额的24.1%。小微企业贷款增速比各项贷款平均增速高0.8个百分点；小微企业贷款余额户数1361.1万户，同比增加38.5万户；小微企业申贷获得率93.6%，同比上升0.8%，实现小微企业金融服务"三个不低于"目标，除此之外，2016年全国银行业金融机构已推出银税合作产品共900个，累计为小微企业节约利息成本约10亿元。全国银行业金融机构扶贫小额信贷余额1658亿元，支持建档立卡贫困户402万户。扶贫项目贷款余额802.7亿元；全国303个贫困区县设立有固定网点的村镇银行，各银行业金融机构通过网点、机构或流动服务覆盖的贫困县行政村15.6万个，基础金融服务贫困村覆盖率92.9%。

中国农业银行积极通过金融产品创新寻求普惠金融深化，在贫困地区，设立了15个"三农"产品创新基地；向一级分行转授贫困地区特色农业信贷产品创新权，对政府增信扶贫贷款业务执行差异化政策。邮储银行成立三农金融事业部，开启服务农户、服务现代农业新篇章，截至2016年底，内蒙古、吉林、安徽、河南、广东五家第一批试点分行三农金融事业分部均已挂牌成立。

4. 推进公益事业，帮扶弱势群体

公益事业是企业回馈社会的重要途径。各大银行积极开展各项社会公益事业，以金融力量贡献社会和谐永续发展。

中国银行发挥国际力量，把海外的企业请进来，引入国外的客户和公益资金，对接"北四县"[①]的产品销售和公益慈善事业。中银香港与黄廷方慈善基金、霍英东基金等香港机构联合，为"北四县"设立助学奖教基金2000万港元，以基金方式运作，每年投资收益用于助

---

① 中国银行在陕西咸阳（永寿县、长武县、旬邑县、淳化县，简称"北四县"）扶贫的地名简称。

学奖教。2016年9月11日，中国银行与NBA中国向"北四县"各县分别捐赠一块NBA标准室外篮球场，让当地青少年有机会体验篮球运动的快乐。

2016年，中信银行积极减免服务费用，降低和调整收费标准，在减免储蓄卡年费、小额账户管理费等费用的基础上，手机银行、个人网银渠道实现境内转账手续费"全免单"。细化助盲服务，中信银行营业网点均配备了盲文密码键盘、盲文业务指南，设置爱心座椅、快速办理窗口。考虑到方便特殊客群人士办理业务，特意将爱心座椅设置的距离与爱心窗口缩近。贴心老年服务，继续针对老年群体客户专门开通幸福年华卡业务，并为持卡老年人提供了金融、假币识别、防止诈骗方面的知识讲解，还为老年客户到网点办理业务准备了老花镜、轮椅、爱心座椅等便民服务设施。

2016年7月，浦发银行启动"逐梦萤火虫"西部地区儿科医护人员进修百人计划，资助西部地区100位基层儿科医护人员在北京、上海优秀儿科医院学习和进修两年。截至2016年底，首批40名西部儿科医护人员已开始在首都儿科研究所附属医院、上海市儿童医院进修。

三、风险管理

2016年，银行业总体呈现稳健运行态势，资产负债保持稳定增长，盈利继续增加，上市银行风险抵御能力保持稳定，拨备较为充足，整体风险可控。不良贷款率整体仍处于上升趋势，但大部分上市银行的逾期贷款率已经得到控制；企业面临经济形势和经济转型带来的经营压力，违约概率加大，增加了银行的信用风险；利率放开带来的利率风险依然持续存在。

(一) 流动性覆盖率达标

根据银监会 2015 年 9 月对《商业银行流动性风险管理办法(试行)》进行的修改,商业银行的流动性覆盖率在 2016 年底要达到 80%,以完成 2018 年底前达到 100% 的目标,在过渡期内鼓励有条件的银行提前达标,提前达标的银行鼓励其继续保持 100% 以上的流动性覆盖率。从表 3-7 中可以看到,18 家全国性商业银行均达到规定的 80% 的要求,其中工商银行、建设银行、农业银行、中国银行、交通银行、招商银行、浙商银行、恒丰银行、渤海银行、邮储银行均提前达到 100% 的标准;广发银行在 2015 年底流动性覆盖率超过 100% 的情况下未能保持,2016 年下降到了 80.03%,需要引起对流动性的重视(见表 3-7)。

表 3-7　　　　　全国性商业银行流动性覆盖率达标情况

银行名称	工商银行	建设银行	农业银行	中国银行	交通银行	招商银行	民生银行	兴业银行	浦发银行
流动性覆盖率(%)	139.75	120.27	139.8	117.17	111.85	114.59	88.42	85.91	84.3
银行名称	中信银行	平安银行	光大银行	华夏银行	广发银行	浙商银行	恒丰银行	渤海银行	邮储银行
流动性覆盖率(%)	91.12	95.76	86.56	86.37	80.03	130.49	124.29	107.12	128.19

资料来源:根据各商业银行 2016 年年报整理而得。

2014 年 4 月银监会核准工商银行、农业银行、中国银行、建设银行、交通银行、招商银行实施资本管理高级方法,这 6 家银行实施资本管理高级方法后到 2015 年底平均资本充足率较权重法上升 0.65 个百分点左右,2016 年实施资本管理高级管理办法的银行中,民生银行、招商银行、中国银行、交通银行资本充足率仍保持上升,但工商银行、农业银行、建设银行资本充足率均出现不同程度的下滑。资本管理高级方法是否具有足够的激励作用仍存在疑问,但它确实给监管提供了方便。

（二）各类风险管理重点与机制

截至 2016 年末，大型银行和绝大多数股份制银行都已经建立起全面风险管理体系，董事会、监事会、高级管理层、员工共同参与，对集团所有机构、业务、经营流程中所承担的各类风险进行识别、评估、计量、监测、控制、报告。大型银行长年的积累使其风险管理体系相对成熟，股份制银行经过数年发展风险管理体系也逐步完善。

各行风险管理的具体情况从信用风险、市场风险、操作风险、其他风险四个方面来分析。

1. 信用风险

信用风险是指借款人或交易对象不能按事先达成的协议履行义务而导致损失的潜在可能性，也包括由于借款人的信用评级和履约能力变动导致其债务的市场价值发生变动所引起的损失可能性。信用风险表现为以下形式：违约风险、交易对手风险、信用迁移风险、信用事件风险、可归因于信用风险的结算风险等。

2016 年，面对复杂严峻的信用风险管控形势，多家银行扎实推进信贷结构调整，服务实体经济，加大对国家战略重点领域和经济薄弱区域的支持力度；强化基础管理和长效机制建设，管理层分布式督导，落实信贷主体责任，加大风险化解力度；稳定业务增长，守住信贷风险底线。

公司类信用风险方面，大型银行对处置不良资产十分重视。建设银行全力处置不良资产，实现效益提升。开展现金回收专项活动，充分挖掘贷款重组潜力，持续提升批量转让现金回收率，处置结构大幅优化。创新处置手段，成功发行 3 期不良证券化产品，涵盖对公、个贷和信用卡。邮储银行针对小企业金融业务，充分利用机构优势，有效发挥分支行长分层走访制度、贷前会商制度的作用。全面实施资产质量预警管理，开展矩阵式管理防范产品风险，动态推动授权调整，持续引导分行及时压缩、推出风险产品。

个人类信用风险方面，各家银行密切关注个人住房贷款。工商银行密切关注房地产市场变化情况，加强个人住房贷款成数区域差异化管理，建立健全区域、项目、客户差别化利率定价机制，增强个人住房贷款风险定价能力；加强房地产企业、按揭项目、合作机构和借款人准入管理，严格首付款真实性审核，严防各种形式的假按揭、零首付以及虚假交易骗贷风险；严选个人商用房贷款合作项目，提高个人商用房贷款首付款比例要求，强化阶段性担保管理。中国银行继续严格执行差别化的个人住房贷款政策。

资金业务信用风险的管理方面，各行进一步完善资金业务信用风险监测分析机制，根据国际国内金融市场走势主动及时调整优化投资组合结构，保持政府类债券和优质信用债投资力度，缩短信用债投资期限，加大产品创新力度，努力降低债券投资组合的信用风险。

2. 市场风险

市场风险是指因市场价格（利率、汇率、商品价格和股票价格等）发生不利变动而使本集团表内外业务发生损失的风险。上市银行面临的市场风险主要是利率风险和汇率风险。利率风险是指利率水平、期限结构等要素发生不利变动导致银行账户整体收益和经济价值遭受损失的风险。2016 年，中国人民银行继续实施稳健的货币政策，全年降低法定存款准备金率一次，降幅为 0.5 个百分点。汇率风险是指汇率水平不利变动使银行财务状况受到影响而导致的风险。2016 年，国际市场主要货币和大宗商品价格波动较为剧烈。人民币兑美元汇率持续贬值，全年贬值幅度为 6.39%，英国脱欧、美国大选及美联储加息等外部事件频发。在这些背景下，上市银行面对复杂的市场环境，有必要加强市场形势分析与预判，不断提升市场风险和银行账户利率风险管理水平。

农业银行于 2016 年启动银行账户利率风险系统建设项目，通过引入成熟系统的高效计算引擎,丰富了利率风险计量工具,提高了利率风险计量的准确性和及时性。广发银行制定并下达 2016 年市场风险限额,根据董事会审定的年度风险偏好以及金融市场业务 2016 年交易策略,制定以 VaR 限额、止损限额为基本限额,敏感性(DVO1、Vega、Delta)限额为补充限额的市场风险限额体系,根据业务发展需要及市场变化,及时调整市场风险限额。工商银行不断深化集团市场风险并表管理建设,持续提升集团市场风险管理与计量水平,进一步完善市场风险管理制度体系,深入推进机构分类管理与精细化管理;加强市场风险限额管理,优化限额管理方案,强化限额管理方案,强化限额监控分析;持续推进全球市场风险管理系统(GMRM)境外延伸,加强系统在风险计量、限额监控及压力测试等发面的核心应用。

3. 操作风险

操作风险是指由不完善或有问题的内部程序、人员、系统或外部事件所造成损失的风险。上市银行可能面临的操作风险主要包括七大类:内部欺诈,外部欺诈,就业制度和工作场所安全,客户、产品和业务活动,实物资产的损坏,IT 系统,执行、交割和流程管理。

中国银行和平安银行均致力于深化提升操作风险管理三大工具——操作风险与控制自我评估(RCSA)、关键风险指标(KRI)、损失数据收集(LDC)的运用深度、覆盖广度及实施效果,稳步提升操作风险识别、评估、监测、预警、整改能力,积极防范和化解各类操作风险,支持业务健康发展。

恒丰银行加强合规文化引领,统一合规经营主基调。2016 年是恒丰银行的"合规教育年",全行以《恒丰银行员工违规违纪行为处分办法》(内部称为"恒丰小法")宣传贯彻为主线,全行各层面结合业务和风险特征,"条块结合"开展培训,明确了包括监管专家"公开课"、一把手"合规课"、公检法"案例课"以及"合规在我心中"征文比赛、"恒丰小法"知识竞赛在内的 10 余项规定动作,以及高风险领域红线、底线课程培训为核心的 30 多项自选动作。通过形式多样的培训宣导，树立"合规立行、合规兴行"的理念，统一了全行合规经营主基调，从思想认识层面入手，从源头筑牢操作风险防范基石。

4. 其他风险

商业银行还面临流动性风险、信息科技风险、声誉风险、国别风险等风险，严格遵循监管部门相关规定，监控并及时处理这些风险，对公司的稳定和发展有重要意义。

2016 年，建设银行围绕全行转型发展战略，持续健全完善声誉风险管理体系和机制。组织开展声誉风险全面自查工作，深入排查各业务、产品、服务流程风险点，不断强化基础管理；编制声誉风险管理系列教程，将声誉风险培训纳入各业务条线、分支机构及各级员工的培训中，强化全员风险意识；主动回应媒体关切问题，与利益相关方及社会公众有效沟通，有效维护了企业的良好形象和声誉。

中国银行开展国别风险评级年审，对国别风险敞口实施限额管控，建立"年度报告＋季度监测＋重大风险事项报告"的国别风险监测报告体系，定期发布国别风险分析报告，更新国别风险检测表，及时评估国别风险重大风险事项影响，发布风险提示，对潜在高风险及敏感国家和地区实施差异化管理。

（三）风险管理的效果

2016 年，在全球经济增速放缓，企业偿债能力下降等因素的影响下，我国银行业资产质量承受较大压力。尽管通过国际比较，我国银行业的不良资产水平仍然处于世界各银行的低位。资产质量相对平稳，但我国银行业资产质量拐点尚未出现，当前经济稳定运行压力仍然较大，实体经济面临的困难仍然较多，"三去一降一补"持续推进，"僵尸企业"重组退出，部分企业的债务风险暴露可能还会有所增加。商业银行不良资产处置的压力依然很大，切不可因短期数据走稳而掉以轻心。逾期贷款率、不良贷款率等资产质量指标值得持续关注,特别是要高度警惕房地产去库存过程中的风险防范,并关注不良贷款向中西部地区转移的趋势。

国有五大行中,农业银行不良贷款率最高为2.37%,较2015年末减少了0.02个百分点,工商银行、中国银行、交通银行的不良贷款率分别为1.62%、1.46%、1.52%,分别较2015年末增加了0.12个、0.03个、0.01个百分点,建设银行不良贷款率为1.52%,较2015年末减少了0.06个百分点。

从表3-8的数据中可以看到五大行的不良贷款率与2014~2015年的大幅增加相比,农业银行、建设银行止住颓势,小幅减少了增加度;工商银行、中国银行、交通银行虽然不良贷款率仍有上升,但上升幅度减缓。从不良贷款新增净额来看,2016年五大行累计增加842亿元,相比2015年累计增加2393亿元减少明显,不良贷款余额增幅均控制在20%以下,控制成效卓著。大银行消化不良贷款的举措成效明显,但工商银行、农业银行的拨备覆盖率大幅下降。

股份制银行逾期贷款控制成效明显。招商银行、民生银行、兴业银行、光大银行、华夏银行、平安银行、广发银行、恒丰银行逾期贷款率均下降;但除光大银行外,其他股份制银行不良贷款率均有增加,渤海银行、恒丰银行不良贷款余额增幅超过50%,浦发银行、浙商银行超过40%,对不良资产的管理仍不能放松,并且要考虑覆盖贷款损失的拨备覆盖率大幅下降的问题。

表3-8 全国性商业银行资产质量情况 单位:%

银行	2016年				2015年				2014年			
	逾期贷款率	不良贷款率	拨备覆盖率	拨贷比	逾期贷款率	不良贷款率	拨备覆盖率	拨贷比	逾期贷款率	不良贷款率	拨备覆盖率	拨贷比
工商银行	2.7	1.6	136.7	2.2	2.8	1.5	156.3	2.4	1.9	1.1	206.9	2.3
建设银行	1.4	1.5	150.4	2.3	1.7	1.6	151.0	2.4	1.4	1.2	222.3	2.7

续表

银行	2016年				2015年				2014年			
	逾期贷款率	不良贷款率	拨备覆盖率	拨贷比	逾期贷款率	不良贷款率	拨备覆盖率	拨贷比	逾期贷款率	不良贷款率	拨备覆盖率	拨贷比
农业银行	2.8	2.4	173.4	4.1	3.1	2.4	189.4	4.5	2.1	1.5	286.5	4.4
中国银行	2.2	1.5	162.8	2.4	2.0	1.4	153.3	2.6	1.5	1.2	187.6	2.7
交通银行	2.4	1.5	150.5	2.3	3.0	1.5	155.6	2.4	2.4	1.3	178.9	2.2
招商银行	2.1	1.9	180.0	3.4	2.9	1.7	179.0	3.0	2.1	1.1	233.4	2.6
中信银行	3.5	1.7	155.5	2.6	3.0	1.4	167.8	2.4	3.5	1.3	181.3	2.4
民生银行	2.7	1.7	155.4	2.6	3.9	1.6	153.6	2.5	2.7	1.2	180.2	2.1
浦发银行	3.0	1.9	169.1	3.2	2.6	1.6	211.4	3.3	1.9	1.1	249.1	2.7
兴业银行	2.2	1.7	210.5	3.5	2.7	1.5	210.1	3.1	2.3	1.1	250.1	2.8
光大银行	3.5	1.6	152.0	2.4	4.1	1.6	156.4	2.5	3.5	1.2	180.5	2.2
华夏银行	2.4	1.7	158.7	2.7	4.0	1.5	167.1	2.6	2.4	1.1	233.1	2.5
平安银行	4.5	1.7	155.4	2.7	4.1	1.5	165.9	2.4	4.3	1.0	200.9	2.1
广发银行	3.8	1.6	151.1	2.4	5.1	1.4	151.5	2.2	4.7	1.0	170.4	1.8
浙商银行	1.6	1.1	259.3	3.4	1.8	1.0	240.8	3.0	1.6	0.9	292.9	2.6
渤海银行	3.2	1.7	181.6	3.1	2.8	1.4	205.2	2.8	1.1	1.2	204.6	2.5
恒丰银行	3.3	1.8	170.3	3.0	3.9	1.5	177.5	2.6	3.4	0.9	266.6	2.5
邮储银行	0.8	0.9	271.7	2.4	0.0	0.8	298.2	2.4	0.0	0.6	363.5	2.3

资料来源：根据各商业银行年报整理而得。

相比2015年大部分银行关注类贷款迁徙率大幅增长，2016年全国性商业银行的关注类贷款迁徙率增长幅度不大或大幅下降。五大行中，农业银行最高为24.9%，邮储银行仅为13%，这对于大银行的风险控制是利好数据；股份制银行中，兴业银行、浦发银行、招商银行关注类贷款迁徙率超过50%，可能会引发不良贷款的上升。如表3-9所示。

表3-9　　　　　全国性商业银行贷款迁徙率　　　　　单位:%

银行	2016年				2015年				2014年			
	正常	关注	次级	可疑	正常	关注	次级	可疑	正常	关注	次级	可疑
华夏银行	4.8	21.0	65.8	13.5	5.7	34.2	94.9	31.1	2.8	35.8	96.7	26.8
民生银行	5.2	22.5	61.0	38.8	4.6	27.2	23.7	52.0	3.1	16.7	12.3	14.6
平安银行	7.1	37.6	43.8	71.1	6.9	29.1	49.4	85.3	4.7	20.2	55.7	98.3

续表

银行	2016年				2015年				2014年			
	正常	关注	次级	可疑	正常	关注	次级	可疑	正常	关注	次级	可疑
兴业银行	3.6	63.7	87.0	16.6	3.7	53.0	87.3	35.9	2.3	42.2	93.8	20.5
中信银行	2.1	28.9	55.4	43.7	2.7	59.7		41.4	3.2	30.2	58.2	38.2
浦发银行	7.2	50.2	73.1	67.6	5.2	49.4	31.1	50.7	3.4	46.3	71.9	12.9
光大银行	3.3	26.8	62.2	25.7	4.3	30.3	86.6	25.0	4.1	26.7	64.0	28.8
农业银行	3.0	24.9	89.2	9.6	5.0	18.3	86.9	10.4	3.6	5.0	42.5	10.1
招商银行	3.7	42.4	75.9	49.1	5.1	42.2	55.6	30.1	4.1	25.5	64.6	36.6
交通银行	2.8	24.6	50.0	33.7	2.5	27.3	32.1	21.8	2.6	24.4	52.6	18.9
中国银行	3.1	19.4	36.7	44.3	2.2	22.1	48.3	46.3	1.9	9.9	42.4	46.9
建设银行	2.6	21.2	77.0	26.2	3.1	20.6	84.7	17.6	2.7	10.2	78.3	15.7
工商银行	3.4	23.5	36.8	7.4	4.4	29.6	38.9	10.5	2.7	17.2	37.4	5.2
邮储银行	1.6	13.0	88.4	80.3	2.2	6.5	87.9	81.9	1.8	3.8	92.7	91.5
渤海银行	2.1	35.1	40.6	7.9	6.7	69.1	100	73.3	5.0	77.6	77.1	93.3

资料来源：根据各商业银行年报整理而得。

整体来看，2016年银行业风险控制成效明显，整体情况稳中向好，从监管指标来看，中国银行业整体资本充足率和拨备覆盖率远高于监管水平，风险可控，但指标水平整体下移，风险值得警惕。

四、信息技术

计算机与互联网的发展既对银行业的传统模式发起了挑战，又对银行业在处理同时发生的大量交易、实时的风险控制、用户行为分析方面提供了便利，可以说信息技术是银行创新发展的重要动力来源。中国人民银行2016年度银行科技发展奖获奖结果能在一定程度上反映各家银行总体信息技术水平。以获奖总数为标准对各家银行进行排名，前五名分别是民生银行、工商银行、农业银行、中国银行、光大银行。

但是获得一等奖的全部是大型银行，即工商银行、农业银行、中国银行和交通银行四家银行，建设银行虽然没有获得一等奖，但获得二等奖数目与工商银行并列第一。从奖项层次来看，获得一等奖、二等奖数目较多的仍是四大国有银行，但从奖项数目来看，股份制银行的科技水平已经迎头赶上，并不弱于四大行，民生银行、光大银行、兴业银行、浦发银行在奖项总数排名中名列前茅（见图3-4）。

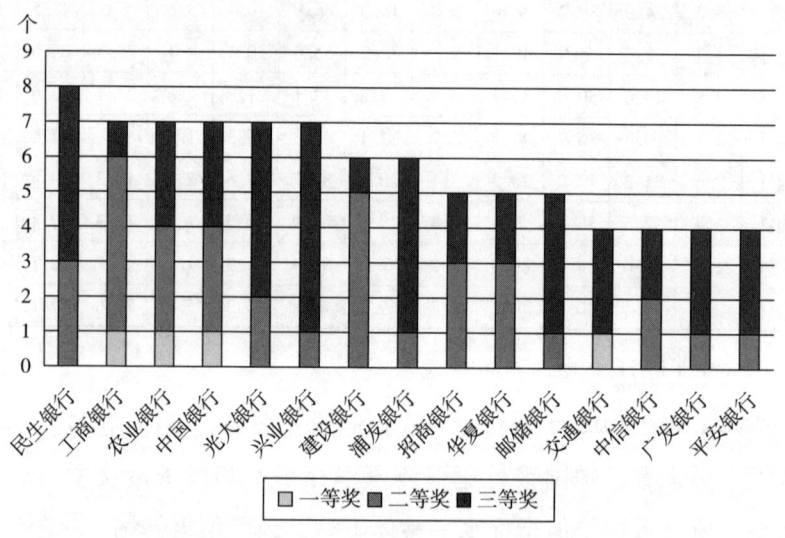

资料来源：中国人民银行。

图3-4　2016年银行科技发展奖统计

随着中国人民银行印发《中国金融业信息技术"十三五"发展规划》，银行业确立了"十三五"期间金融业信息技术工作的发展目标，主要包括：金融信息基础设施达到国际领先水平、信息技术持续驱动金融创新、金融业标准化战略全面深化实施、金融网络安全保障体系更加完善、金融信息技术治理能力显著提升。

以这个目标回顾并评估2016年各大银行在信息技术上的成果，能看到银行业与信息技术的结合正走在正确方向上。

农业银行加快推进"信息化银行"建设，互联网金融三大平台主体功能全部投产,大数据建设取得新突破,信息科技的综合服务能力得到增强。民生银行打造新型交易银行业务平台,研发推广了招标通、市场通、跨行宝、e 支付等新型支付结算产品,推动了交易银行业务转型提升,2016 年度银行科技发展奖中的获奖项目"面向公司业务营销支持的大数据挖掘应用与应用"也是可应用于基础设施建设的软科学。

中国银行以"普惠金融"为目标,以金融创新为手段努力打造多层次民生消费金融服务体系,大力拓展卡户分期、爱家分期、现金分期等特色分期业务,创新推出"一证贷"汽车分期产品。持续优化"中国银行信用卡"官方微信、"缤纷生活"手机 APP 等线上服务功能,丰富"聪明购"和优惠商户平台增值服务内容,创新推出二维码等移动互联支付产品。

光大银行关注技术安全性。作为最早实现数据大集中的商业银行,光大银行安全运维和科技支撑能力处于国内先进水平。光大银行也积极进行科技创新机制建设,推出人脸识别、光速观察、医保移动支付平台、员工掌上通等多个创新项目。

兴业银行结合金融创新与安全管理,取得了长足进步。首家完成增值税管理系统部署并实现开票行为与逐笔业务挂钩;指纹身份认证管理系统实现柜员登录、主管授权、机具管理等统一指纹认证;风险预警管理系统实现风险客户预警功能;个人人民币结算账户分类管理项目较快满足监管账户分类管理要求;"黄金眼"精准排查异常贷款 100 亿元,该项目入围 Gartner 全球数据分析 2016 最佳创新案例;风控搜、黑名单、核贷宝等内控产品访问量同比增长 3 倍。积极探索新兴技术的金融应用,确立"兴业大脑"规划建设目标。继云计算、大数据之后,着手探索人工智能、区块链等具有颠覆意义的信息技术。目前已组建区块链技术研究小组,筹备成立人工智能实验室,不断结合业务需求,探索业务应用场景。其中,区块链技术已应用于合同防篡改管理,人工智能已应用于部分风险识别领域,智能投顾已完成原型开发，具有公司特色的厅堂服务机器人也完成原型设计，未来投入实际应用后，将全面提升公司的智能化经营与管理水平。

随着信息化程度的不断提高，银行对信息科技的依赖程度日益加大，但对信息系统稳定运行的要求也更加严格，信息系统出现的任何细小问题，都可能造成巨大损失和声誉风险。商业银行应该紧跟全球银行业信息技术革命的浪潮，按照"十三五"发展规划的要求，推动银行业数据中心迈上更加安全、高效的新台阶，促进我国商业银行在新的经营环境和市场格局中锻造出新的核心竞争力。

五、人力资源

2016年，各家银行在实行人力资源策略时，普遍侧重于员工技能的提高与员工结构的优化，根据未来发展战略，通过一系列培训计划和激励措施培养和激励优质人才进而丰富人才储备。通过分析可以发现，各家银行更加注重员工质量的提高，员工结构高知化进一步加强，业务技能和研发能力均有所提高。

（一）人力资源概况

1. 员工数量和结构

银行的数量很大程度上取决于银行的规模和网点的分布情况。银行员工数量主要取决于银行规模与银行业务发展情况，尤其是网点分布情况。国有商业银行由于自身资产规模较大，分支结构数目众多，网点分布广泛，因而，在员工数量上要超过股份制商业银行。股份制银行员工总数虽然较国有商业银行还有一定差距，但近年来一直保持高速增长态势。2016年，农业银行以496698名员工高居榜首，工商银行、建设银行和中国银行紧随其后。股份制银行的员工普遍小于国有商业银行,其中,渤海银行、浙商银行、恒丰银行等银行的员工规模最小(见图3-5)。

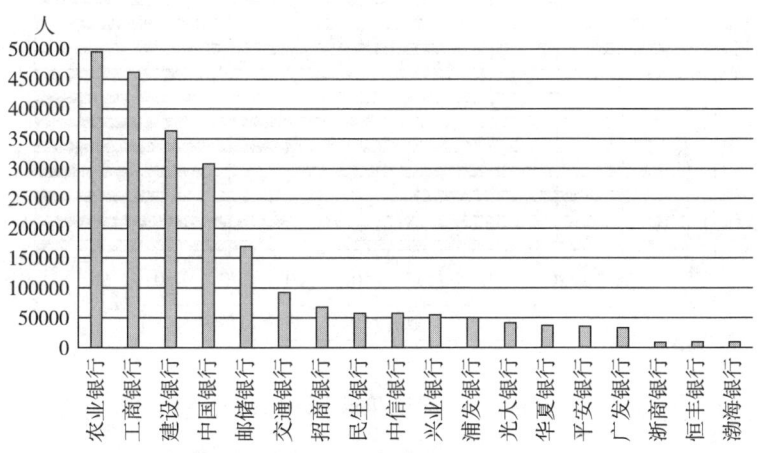

资料来源:根据各商业银行2016年年报整理而得。

图3-5 2016年银行员工规模

在银行的员工结构中,管理人员比例反映了管理者管理的员工数量以及控制能力(见图3-6)。随着管理人员占员工总数的比例增加,在一定程度上,管理层对银行的控制能力和管理能力也在随之增高。

在取得有效数据的银行中,招商银行、农业银行、工商银行、交通银行和中国银行的管理层比例最高,而浦发银行、平安银行和兴业银行的管理层比例最低。当然,在管理效果相同的情况下,管理层人数越少,管理层占员工总数的比例越小,说明管理效率越高。

在银行员工的基本情况中,员工素质可以通过员工学历结构及其高低水平来反映。一般而言,员工学历水平越高,员工整体素质就越高。从数据上来看,近几年,银行的学历结构高知化趋势不断加强,高学历员工比例不断提升。得益于相对稳定的工作环境,相对丰厚的收入待遇,银行业对高校毕业生始终具有较强的吸引力,从而使银行业就业门槛相对较高。本科及以上学历已成为入职银行的敲门砖,并

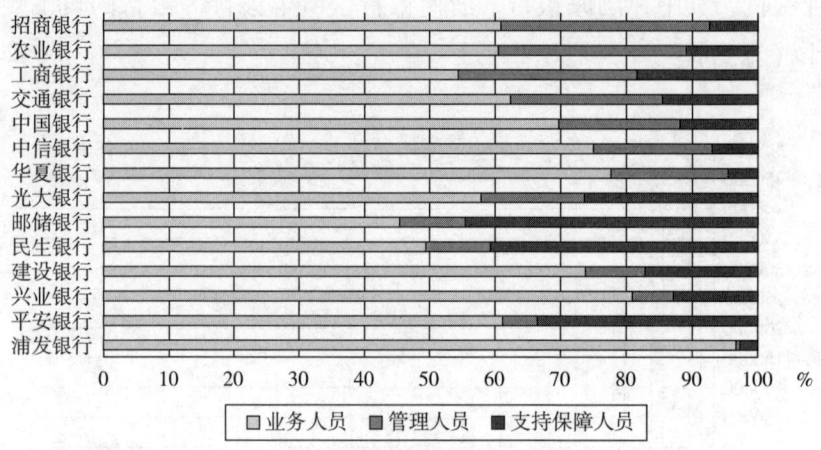

图 3-6 2016 年银行员工比例

且研究生及以上学历正在成为未来银行业的招聘趋势。

2016 年，各家银行员工结构中研究生及以上学历的比例进一步提升，高学历员工不断增加。股份制银行的学历水平整体较高，本科及本科以上学历员工比例明显高于国有商业银行。在取得有效数据的银行中，恒丰银行研究生及以上学历员工比例最高，达到 20.71%（见表3-10）。

表 3-10   2016 年银行人员构成（按学历）   单位：%

	硕士及以上	本科	专科及以下
农业银行	4.9	44.3	50.8
工商银行	5.6	49.9	44.5
建设银行	7.86	56.61	35.53
中国银行	8.28	62.78	28.94
交通银行	11.15	68.61	20.24
招商银行	16.9	69.2	13.9
兴业银行	14.83	73.31	11.86
中信银行	17.46	69.68	12.86
浦发银行	13.84	64.21	18.8
光大银行	12.98	68.97	18.05

续表

	硕士及以上	本科	专科及以下
平安银行	81.02		18.98
广发银行	9.91	65.15	24.94
恒丰银行	20.71	66.32	12.97
浙商银行	17.94	67.18	14.88
渤海银行	16	64.45	19.55
邮储银行	4.88	57.54	37.59

资料来源：根据各商业银行2016年年报整理而得。

2. 员工费用

人均员工费用反映了银行的员工成本，是银行成本控制的主要指标之一。一方面，人均员工费用越高说明人均员工薪酬越高，更高的员工福利可以激励员工更高的工作效率；另一方面，过高的员工费用说明成本控制能力不高。2016年，在人均员工费用上，浙商银行以52.75万元排名第一，此外，人均员工费用超过40万元的还有招商银行、民生银行和浦发银行。中信银行、光大银行、平安银行、华夏银行和渤海银行等股份制银行的人均员工费用也均超过30万元。总体看来，股份制银行的人均费用高于大型国有商业银行，人均员工费用普遍为30万~50万元，而大型国有商业银行的人均员工费用则普遍为20万~30万元，其中，交通银行以28.13万元排名第一。股份制银行近几年高速发展，对人员投入较大，且逐年上升（见图3-7）。

员工费用占营业收入的比例是反映银行薪酬福利水平的重要指标。如图3-8所示，大部分银行的这一指标介于10%~20%，其中农业银行的这一指标超过了20%，达到了22.04%，而兴业银行与渤海银行的员工费用所占比例较低，未来存在增加员工薪酬福利的空间。

员工费用占营业支出的比例反映了营业支出中人力成本的比重，也反映了人力资源使用效率的高低（见图3-9）。2016年，仅平安银

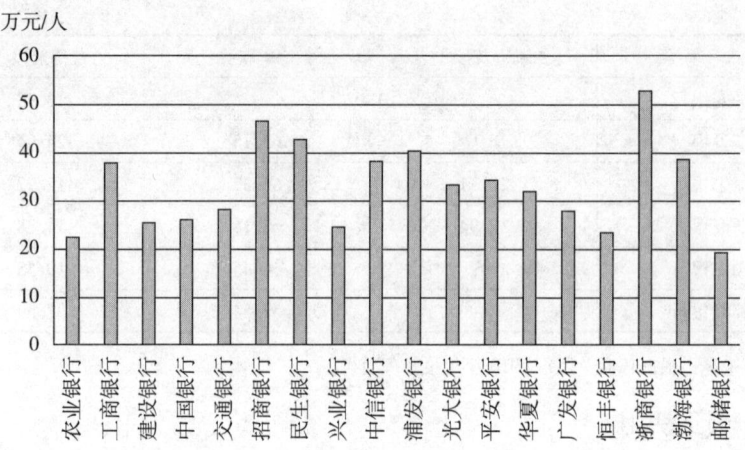

资料来源：根据各商业银行2016年年报整理而得。

图3-7　2016年商业银行人均员工费用

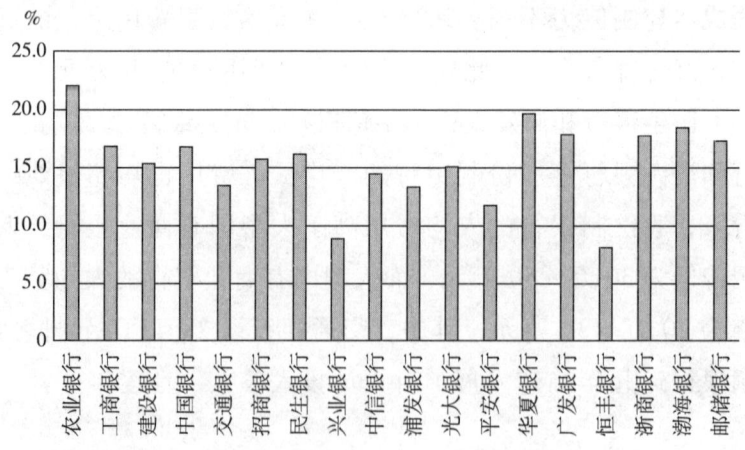

资料来源：根据各商业银行2016年年报整理而得。

图3-8　2016年银行员工费用占营业收入比例

行的员工费用占营业支出比超过了40%，而恒丰银行和兴业银行的占比未达到20%，其他银行的这一指标介于20%~40%。

第三部分　2016年全国性商业银行核心竞争力评价报告

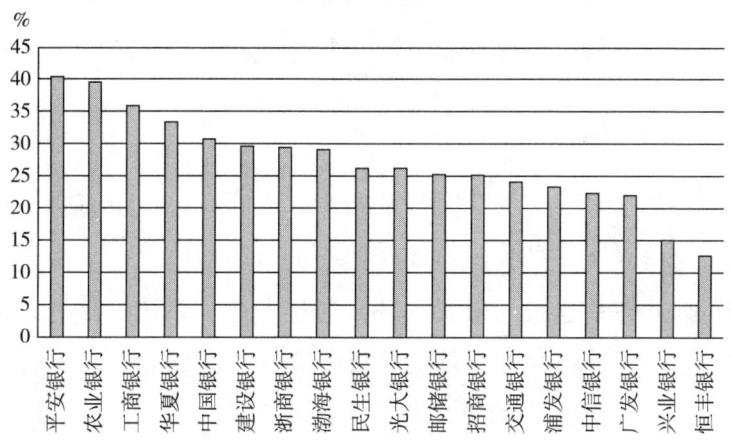

资料来源：根据各商业银行2016年年报整理而得。

图3-9　2016年银行员工费用占营业支出比例

3. 员工效率

人均营业收入是反映员工生产效率的基本指标。如图3-10所示，从2016年的数据来看，股份制银行人均营业收入普遍高于四大国有商业银行。所有银行的人均营业收入均超过了100万元，其中浦发银行

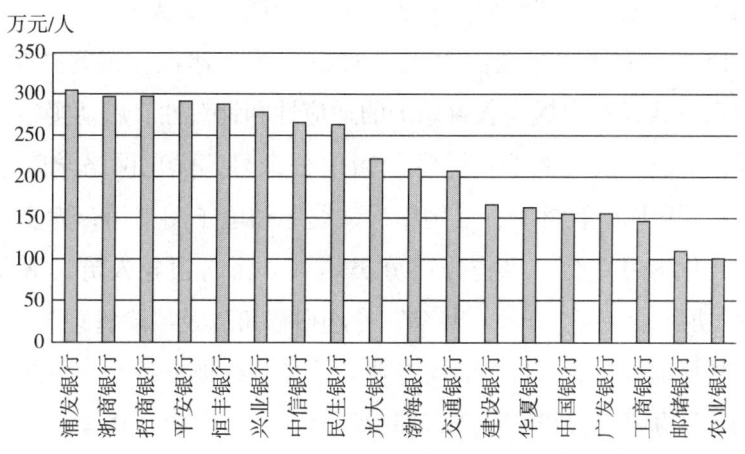

资料来源：根据各商业银行2016年年报整理而得。

图3-10　2016年银行人均营业收入

101

以人均304.35万元居于榜首,而农业银行人均营业收入最低,为人均101.88万元。我国全国性商业银行的人均营业收入为164.10万元/人。

(二) 员工培训

优秀的员工素质是一家银行长期竞争力的核心,因而建设和完善人才储备与培养体系是我国各商业银行的重要战略之一。而员工培训则是银行人才体系建设的重要一环,通过专业和系统的培训,员工可以学习专业知识并提高业务能力。近年来,我国商业银行充分重视培训工作在其人才培养中的重要作用,不断加强员工培训的投入力度。2016年,它们开展了形式多样、内容充实的培训工作。

2016年,工商银行围绕全行改革发展战略和转型升级新要求,深入推进"工银大学"六大体系建设,全面开展培训工作创新,拓展教育培训工作的崭新领域,推行培训和实战相结合的模式,实现对专业人才的统筹规划、系统推进。构建务实高效的移动学习体系,加强对经营战略和业务产品的及时传导。开展行业专项资质认证优化工程,强化专业资质与员工业务授权、岗位聘任的全面挂钩。全年共完成各类培训5.1万期,培训509万人次,人均受训9.63天。

2016年,农业银行全面深化"农银大学"建设,拓宽办学思路,创新培训方式,着力提高教育培训的适应性和针对性。启动实施名师培养工程,上线"农银大学e课堂"微信公众号,优化网络学院培训内容,丰富课程库、教材库、案例库、试题库和电子图书馆,为全行员工搭建多元化学习平台。实施分层分类培训,面向领导人员,举办践行"创新、协调、绿色、开放、共享"专题研修班以及风险管理与"三农"业务境外培训等高端项目。面向专业人才,持续推进各专业条线岗位职业轮训,举办投资银行、资产管理、跨境金融、银租合作等新兴业务示范培训。面向基层骨干,制定《岗位资格考试管理办法》,开展25个专业序列、17.2万人次的员工岗位资格考试,以考促学促用。

2016年,建设银行强化金融专业知识能力的培养,紧密围绕全行转型发展重点领域开展专题培训,现场培训、网络培训相结合,提升全行员工全面推进转型发展的能力素质和业务水平。2016年全年共举办现场培训28215期,培训158.1万人次。网络培训34.8万人,学习网络课程800.3万人次(课次)。

2016年,中国银行坚持以人为本,高度关注员工诉求,积极探索符合自身企业文化和经营管理需要的人力资源管理模式。不断加强教育培训,鼓励员工到一线、海外锻炼,培养复合型、国际化、专业化人才,拓宽员工职业发展空间。分期举办境外当地优秀员工行史国情教育培训班。积极鼓励员工到基层和艰苦地区干事创业。同时,中国银行继续积极服务国家战略,面向菲律宾成功举办"一带一路"国际金融交流合作研修班。开展重点培训项目,提升员工在风险内控与不良化解、人民币国际化、京津冀一体化发展、互联网金融、利率市场化、绿色信贷等方面的专业胜任能力。2016年,中国银行内地商业银行机构共举办各类培训班68122期,培训员工2725361人次。

中小型股份制银行对员工培训同样重视,它们将培训课程和培训计划与银行自身特点相结合,按照各自银行的发展战略制订培训方案。

2016年,中信银行围绕发展战略和中心工作,分层分类开展人才培训与开发工作。加大新任分行高管、主要业务条线负责人和总行中层管理人员的培训力度,深入开展国际化人才、储备类人才和内训师培训。"中信大讲堂"培训形式凸显特色,渐成品牌。2016年中信银行共举办各类培训6137期,参训63.31万人次。网络学院累计213.4万人次在线学习,举办网络考试284场。"中信银行大学"微信平台实现全员覆盖,上线微课120门,组织考试33场,参加考试8万人次。加强党校教育和培训,在面授学习的基础上,以网络党校为主体,全行党员人均在线学习31.3小时。在风险、零售、运营条线举办了5场岗位资质认证考试,共有30196人次参考。

2016年,民生银行高度重视员工培训,全行培训工作以"聚焦、精准、自主、多维"为指导思想,围绕战略转型与业务发展需要,不断充实培训内容,丰富培训形式,深入挖掘员工自主参与培训的驱动力,全面推进培训管理的制度化、流程化、数字化建设,提升培训投入产出效率。2016年共举办各类培训项目4287个,累计参训146万余人次,组织6场内部岗位资格考试,累计6.6万人次参加考试。

光大银行以提升培训实效为目标,积极探索新型培训手段,不断提升全行培训经费的投入产出率;继续推进"阳光讲台"内训师培养项目,2016年共培养内训师150名,开发制作精典案例微课程近150门;认真梳理并完善现有课程体系,目前 E-Learning(网络教育平台)课件503门,新开发制作移动微课程212门,搭建完成"阳光 e 课堂"移动学习平台;继续开展中高级管理人员培训项目,积极推进海外人才和校招新员工培养计划,开展各类专题业务培训项目;按照"总行培训中心集中管理、分行与部门分级分类实施"的培训管理模式,2016年共组织管理类、业务类、产品类等各类培训项目6686期次,参训人员372561人次,其中高管人员培训达1717人次。

(三)限薪政策

国有商业银行高管的限薪政策持续发挥作用,从而出现了高管工资低于中层管理人员的情况。同时,一些股份制银行高管的薪酬也出现了不同程度的下降。

2016年的数据显示,中小银行高管薪酬基本都高于大型国有商业银行。其中平安银行的高管平均年薪(已发部分)超过了150万元,除渤海银行外,其他股份制银行的高管平均年薪都在35万元之上,国有商业银行的高管平均年薪均在35万元以下。国有商业银行中,建设银行高管平均薪酬最高,为34.5万元。2016年高管平均薪酬排名前五位的银行分别为:平安银行、民生银行、浙商银行、招商银行和中信银行，这几家均为股份制银行（见图3-11）。在薪酬水平上，中小银行比国有商业银行更有竞争力，这也是中小银行更能吸引高端人才的地方。同时，薪酬的延期支付是体现银行风险特征的重要做法，多家公司年报都强调了完善薪酬延付制度，健全风险管控机制，加强薪酬激励在风险管控中的约束导向。

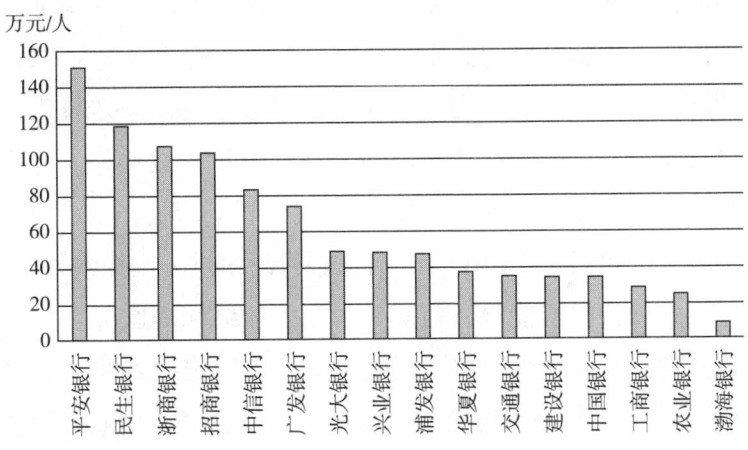

注：只包括了已经发放的薪酬部分，没有剔除部分高管在报告期内离职的因素。
资料来源：根据各商业银行2016年年报整理而得。

图3-11 2016年全国性商业银行高管平均薪酬情况（已发部分）

六、产品与服务

（一）创新能力

产品和服务创新能力是商业银行转变竞争发展方式以及持续提高综合金融服务能力的重要内容，同时是获取竞争优势不可或缺的因素。银行业面临的经济形势愈发复杂，来自外部的压力愈发沉重，全国性商业银行纷纷投入到银行业务和产品的创新探索中,并积极尝试开拓银行业务新领域。2016年,中国银行业的积极创新体现出以下特点:(1)"互联网+"模式的广泛应用。商业银行借助移动互联网、社交媒体、数据挖掘与大数据分析等新技术,积极提高与客户接触互动的频率,提高客户经营效率,更好地分析用户需求与习惯。随着银行对互联网金融的不断探索沉淀,银行从最初的搭建互联网移动平台,逐渐转变为对技术创新、功能优化、跨界合作等方面的追求。(2)服务于货币国际化。2016年,随着"一带一路"建设的进一步推进,各大银行积极支持"一带一路""走出去"等国家重大战略,大力推动中国企业加快融入全球产业链,积极拓展海外机构布局。(3)加速推进智能化和科技金融创新。2016年,各大银行纷纷进一步探索智慧银行,在网点引入各种新型智能设备机具,采用智能终端等服务客户的新载体,有效提高了业务受理效率,同时也满足了客户对方便快捷服务的要求。(4)更细分市场,拓展多元化渠道。商业银行在业务创新的持续推进下,更注重对市场的细分和发展差异化特色业务,更重视客户体验,强调便利性。(5)推进银行发起的产业基金和PPP模式创新。(6)与资本市场相关的创新。随着金融脱媒的加快,银行的对应之道就是适应资本市场的发展,推出与之配套的金融产品。

2017年,中国金融创新论坛公布了最新的中国金融创新奖获奖名单,共分为最佳金融创新奖、对公业务"十佳金融产品创新奖"、零售业务"十佳金融产品创新奖"、十佳互联网金融产品创新奖、十佳财富管理创新奖和十佳家族信托管理创新奖等奖项。全国性商业银行的获奖情况见表3-11。

表3-11 2017年中国金融创新奖获奖情况

全国性商业银行	最佳金融创新奖	十佳金融产品创新奖					合计获奖数量
		对公业务	零售业务	互联网金融	财富管理	家庭信托管理	
招商银行	●	●●	●	●	●	●	7

续表

全国性商业银行	最佳金融创新奖	十佳金融产品创新奖					合计获奖数量
		对公业务	零售业务	互联网金融	财富管理	家庭信托管理	
建设银行	●	●	●	●	●	●	6
浦发银行	●	●	●	●	●		5
工商银行	●						4
平安银行		●	●	●			3
兴业银行				●			3
交通银行	●	●					2
浙商银行			●				2
邮储银行			●	●			2
中信银行			●			●	2
农业银行			●	●			2
民生银行		●					1
华夏银行		●					1
光大银行			●				1
广发银行			●				1
恒丰银行				●			1
中国银行				●			1

招商银行获得奖项数目排名第一，其次为建设银行。其中，招商银行的创新集中于对公业务上，在此领域有两个创新项目获奖。招商银行和建设银行创新领域较为全面，另外的6个奖项均有覆盖。获得全国性商业银行最佳金融创新奖的银行还有工商银行、交通银行和浦发银行。农业银行和中国银行作为两家没有获得最佳金融创新奖的国有商业银行，分别只获得2个和1个奖项，获奖数量排名中下。

从整体来看，国有商业银行依靠自身规模优势和资源优势，积极尝试业务创新与产品创新，取得了较好的成绩。但股份制银行的创新能力也提升迅速，成绩斐然，并不弱于国有商业银行。在排名前五的6家银行中，有4家股份制银行。而且，股份制银行除了在对公业务和零售业务等传统商业银行业务领域内有突出的创新外，在互联网金融领域和财富管理领域也有积极的尝试,充分展示了股份制银行在各领域的创新能力和创新精神。

(二) 品牌管理

商业银行的品牌作为一种无形资产,是依托知识和能力的创造性优势,一个强大的品牌体现了银行雄厚的实力、先进的管理、广泛的客户基础和良好的服务水平。相较于汇丰银行、花旗银行等外资银行,中国的商业银行品牌管理还需要长期积淀提炼,在银行业服务同质化越来越严重的情况下,各家银行已经开始依托自身优势和市场细分特色,不断推出有自身特色的产品和服务,提升商业银行的生命力和发展前景。

2016年,面对金融新需求和金融科技的飞速发展,各家银行在继续发展和推广原有特色服务产品的同时,主动把握新趋势,积极创新,不断推出新的产品形式和服务模式,力求提高市场影响力,创造新的客户市场,带动业务持续增长。工商银行继续保持世界领先大银行地位,近几年重点围绕治理结构、管理体制、经营体制、信息技术等领域谋划和推进改革创新举措。创建了互联网金融、大数据与人工智能、云计算、区块链与生物识别等"七大创新实验室",着力推动 e-ICBC 互联网金融发展战略,建设了"融 e 行""融 e 购""融 e 联"三大平台。到2016年末,"融 e 行"开放式网络银行平台用户达2.53亿户,网络融资新增1057亿元,成为国内最大的网络融资银行。同时,工商银行的国际化、综合化经营格局不断完善,境外网络扩展至42个国家和地区,国际竞争力和市场形象进一步提升。

中国银行是中国国际化和多元化程度最高的银行,在中国内地及51个国家和地区为客户提供全面的金融服务。2016年,中国银行依然加速推进国际化战略,进一步提升海外机构利润,跨境人民币结算量和清算量继续保持全球同业第一。大力支持建设"一带一路"金融大动脉，积极为国内"走出去"企业在沿线国家的并购、投资提供信贷支持。

建设银行的造价咨询业务是其独具特色和品牌优势的中间业务产品，伴随其长期从事固定资产投资和代理财政职能而衍生和发展形成，至今已有62年历史。建设银行36家一级分行具有住房和城乡建设主管部门颁发的工程造价咨询甲级资质。2016年内新增财险和造价咨询公司，非银行和泛金融牌照领先同业。2016年，建设银行推出了全球现金管理、智慧场景应用等新型商业模式，创新客群细分体系和经营方法论，推出"龙支付"，打造全场景支付结算新优势，智慧型银行功能不断释放。

农业银行的品牌特色之一就是服务"三农"，2016年，农业银行继续巩固和扩大"三农"和县域业务阵地，强化和提升"三农"和县域优势。农业银行建设的"农银e管家"平台，有效利用"惠农通"工程已有的服务点和电子机具等资源优势，完善"工业品下乡"和"农产品进城"双向流通电子商务服务体系。截至2016年末，"农银e管家"平台商户规模共计70.34万户，较上年末增长392.9%。同时，继续强化"双创"和小微企业金融服务，小微企业贷款增加1154亿元，增速连续8年高于全行平均水平。

民生银行2016年初制定了"做强公司银行、做大零售银行、做优金融市场"的主要经营策略，在资产证券化领域取得领先优势。2016年，民生银行的信贷资产证券化业务发行规模213.51亿元，发行量在银行间市场股份制商业银行中位列榜首；研发推广了招标通、市场通、跨行宝、e支付等新型支付结算产品，推动了交易银行业务转型提升。推进"托管+"业务模式创新，全力打造"非凡资产管理"品牌，截至2016年末，理财产品存续规模增幅34.89%，增速位于行业前茅。

招商银行的品牌特色之一是在零售金融业务中的同业领先地位。2016年，零售业务税前利润同比增长23.8%，占公司业务线条税前利润的 53.62%。零售客户基础不断夯实，零售管理客户总资产余额较上年末增加 7809 亿元，增量创历史新高。在以零售金融为主体的同时，招商银行还打造了以公司金融、同业金融为支撑的"一体两翼"业务体系。公司金融和新客户经营渐趋深入，基础客群拓展效率大幅提高；同业金融率先推出同业存款电子化交易，继续保持跨境人民币同业来往业务领跑优势。2016 年，招商银行继续贯彻"轻型银行"经营理念，通过资源优化配置推动结构调整，提升盈利，资本节约效果明显。

七、市场影响力

（一）传统业务

1. 资产规模

截至 2016 年，银行业金融机构总资产为 232.2 万亿元，同比增长 15.8%，增速比上年同期上升 0.1 个百分点。就资产规模而言，四大国有商业银行仍然处在第一梯队且规模远超其他 13 家全国性商业银行。其中，工商银行以 24.13 万亿元的资产规模雄居首位，其市场份额也达到 10%，其后的建设银行也首次突破 20 万亿元大关，达到 9% 的市场占有率。农业银行和中国银行分别以 19.57 万亿元和 18.15 万亿元的资产规模居于第三名、第四名，在金融机构总资产中的占比分别为 8.43% 和 7.81%。前十名中其余的 6 家商业银行分别是交通银行（8.40 万亿元）、邮储银行（8.26 万亿元）、兴业银行（6.09 万亿元）、招商银行（5.94 万亿元）、中信银行（5.93 万亿元）和民生银行（5.90 万亿元），这 6 家银行占金融机构总资产的比重分别为 3.62%、3.56%、2.62%、2.56%、2.55% 和 2.54%（见图 3-13）。

资产增速方面，由于轻型银行的不断推进，全国性商业银行的增速普遍放缓，四家大型银行中仅建设银行超过了10%，增速达到14.24%，中国银行的增速最慢，仅有7.92%。其他全国性商业银行的增速普遍快于四大行。增速领先的是浙商银行，达到31%的水平，第二名的民生银行也呈现30%的增长。其次是光大银行（26.90%）、交通银行（17.43%）、平安银行（17.80%）以及华夏银行（16.61%）（见图3-12）。

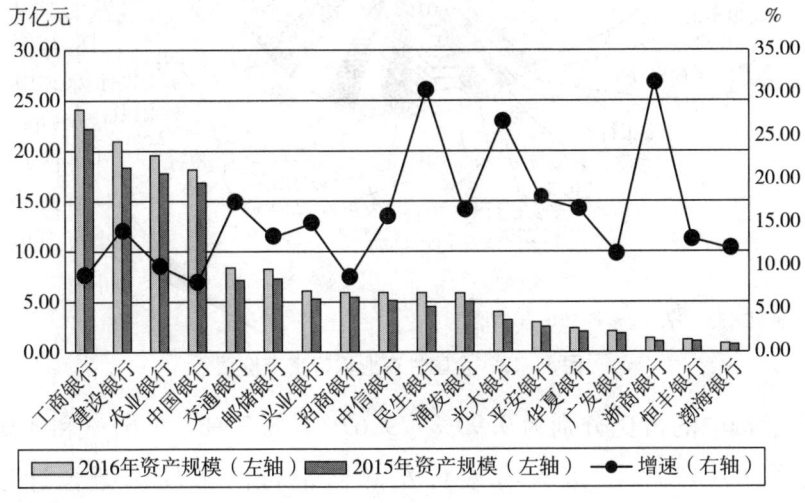

资料来源：各商业银行2016年年报。

图3-12　全国性商业银行资产规模及增速

2. 存款规模

存款作为银行重要的传统业务和主要资金来源之一，在一定程度上可以反映出银行的市场影响力。2016年末，全国金融机构人民币各项存款为155.2亿元，同比增长11.27%，增速放缓。从存款规模来看，第一名仍然是工商银行，为17.83万亿元，占金融机构存款总额的11.5%，与上年基本持平，建设银行、农业银行、中国银行、邮储银行和交通银行的存款总额分别为15.40万亿元、12.04万亿元、12.94万亿元、7.29万亿元和4.73万亿元（见图3-14），在金融机构

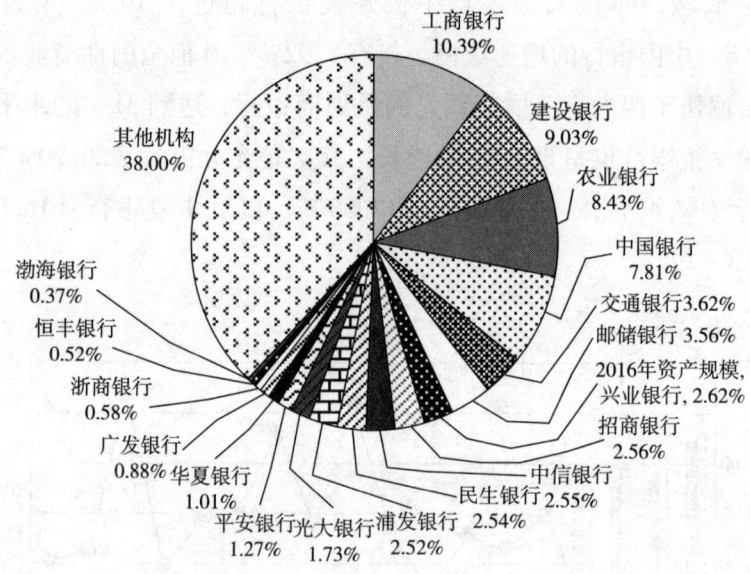

资料来源：各商业银行 2016 年年报。

图 3-13　全国性商业银行资产份额

存款总额中的占比分别为 9.90%、9.67%、8.32%、4.69% 和 3.04%（见图 3-15）。五家大型银行及邮储银行的市场份额合计达到 47.08%，市场占有率与上年差别不大，依然保持着较强影响力，只有交通银行的占比有所下降。其余各家股份制银行的占比均不超过 3%，12 家股份制银行占比合计 15.10%，较上年有所下滑。

存款增速方面，国有大型商业银行的表现好于股份制银行，增速均在 10% 左右。其中工商银行增速达到 9%，创 3 年来最好成绩；邮储银行的表现更加亮眼，增速达到 15.56%，建设银行也达到了 12.96%。股份制银行的增速呈现两极分化状态，增速较快的依然是浙商银行和恒丰银行，分别为 42.68% 和 25.82%。值得注意的是，广发银行的存款出现了下滑，主要是由于负债结构调整、压缩高成本负债的原因。浦发银行和华夏银行的增速也较低，分别是 1.62% 和 1.25%。

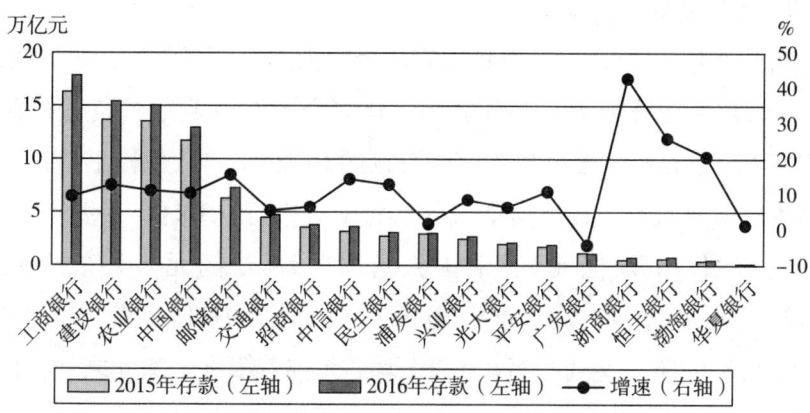

资料来源:各商业银行2016年年报。

图3-14 全国性商业银行存款规模及增速

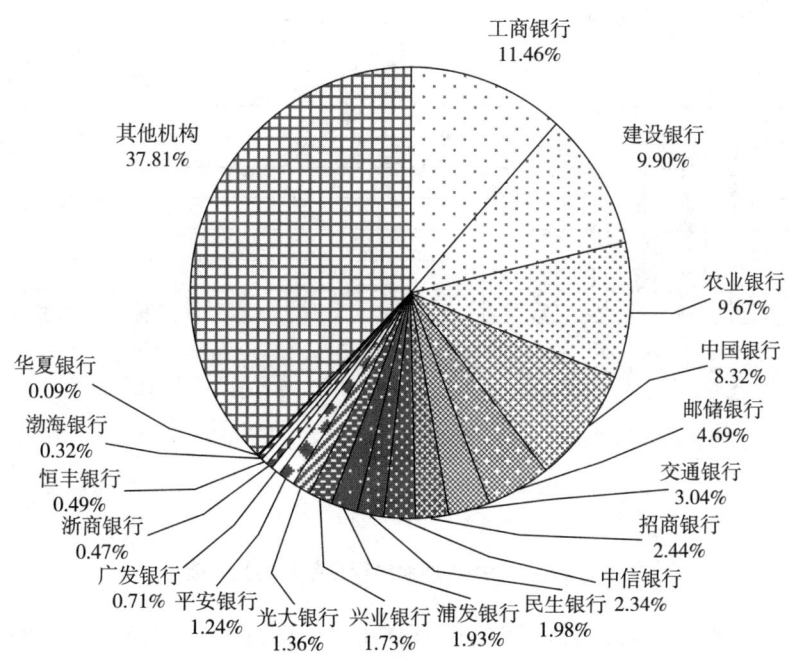

资料来源:各商业银行2016年年报,《中国银行业监督管理委员会报告2016年》。

图3-15 全国性商业银行存款

3. 贷款规模

截至2016年末,人民币各项贷款余额为112.06万亿元,同比增长12.8%,比年初增加12.71万亿元,其中全国性商业银行贷款总额达到71.77万亿元,占金融机构贷款总额的67.33%。从规模上看,四大行仍然占据前四名,其规模排名分别为工商银行(13.06万亿元)、建设银行(11.76万亿元)、中国银行(9.97万亿元)和农业银行(9.72万亿元),四大行的市场占有率分别为11.65%、10.49%、8.90%和8.67%。交通银行以4.10万亿元排名第五。除此之外,仍有6家商业银行贷款规模均超过2万亿元,分别为招商银行(3.26万亿元)、邮储银行(3.01万亿元)、中信银行(2.87万亿元)、浦发银行(2.76万亿元)、民生银行(2.46万亿元)和兴业银行(2.08万亿元)。如图3-16所示。

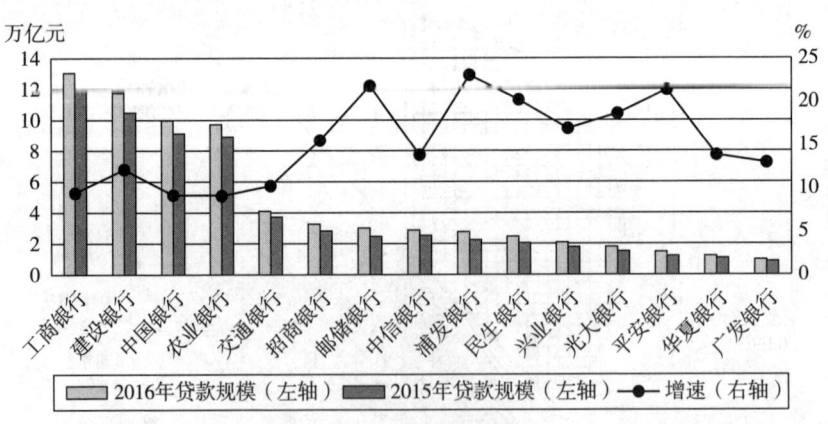

资料来源:各商业银行2016年年报。

图3-16 全国性商业银行贷款规模及增速

贷款增速方面,股份制银行整体好于四大行。四大行中,建设银行表现亮眼,增速达到12.13%。而工商银行、中国银行和农业银行分别为9.41%、9.16%和9.08%,不及上年。值得注意的是,邮储银行增速达到21.80%,贷款规模突破3万亿元,这是邮储银行资产中贷款相对较少的缘故。交通银行增速达到10%,好于上年。其他股份制银行中除广发银行(12.93%)、华夏银行(13.79%)和中信银行(13.81%)以外,均达到15%以上的增速。恒丰银行和浙商银行依然是增速最快的银行,分别达到35.76%和22.02%。如图3-16所示。

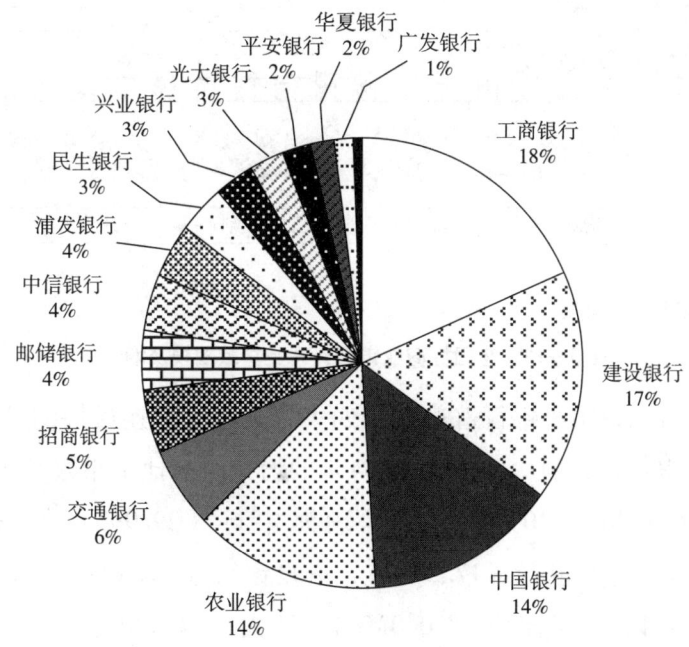

资料来源:各商业银行2016年年报,《中国银行业监督管理委员会报告2016年》。

图3-17 金融机构贷款份额

公司类贷款方面,规模在大银行和中小银行中差距较明显,四大行规模遥遥领先。工商银行依然以8.14万亿元雄居首位,中国银行规模其次,达到6.56万亿元,建设银行和农业银行分列第三名、第四名,贷款规模分别达到5.86万亿元和5.37万亿元。第五名交通银行的规模为2.61万亿元,依然远高于其他银行。全国性股份制银行公司类贷款规模破万亿元的有5家,依次是中信银行(1.76万亿元)、浦发银行(1.59万亿元)、招商银行(1.51万亿元)、民生银行(1.24万亿元)、兴业银行 (1.2万亿元)(见图 3-18)。

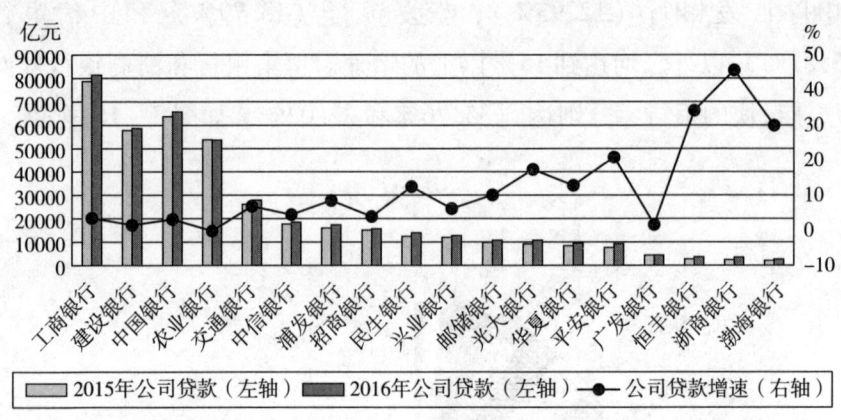

资料来源:各商业银行 2016 年年报。

图 3-18 全国性商业银行公司类贷款规模及增速

增速方面,中小银行普遍快于四大行。其中增速最快的是浙商银行和恒丰银行,分别达到 46% 和 34% 的增速。其他中小银行中,有 6 家银行增速超过 10%,分别是渤海银行 (29.9%)、平安银行 (20.84%)、光大银行 (17.29%)、华夏银行 (12.76%)、民生银行 (12.40%) 以及邮储银行 (10.03%)。四大行增速相对缓慢,工商银行和中国银行在 3% 左右,建设银行为 1.51%,农业银行的贷款出现负增长,同比下降 0.19% (见图 3-18)。

个人贷款规模方面,建设银行在近年来的迅猛发展中,2016 年个人贷款首次超过工商银行,成为"个贷第一行"。个贷规模的前四名分别为建设银行 (4.2 万亿元)、工商银行 (4.4 万亿元)、中国银行 (3.4 万亿元) 和农业银行 (2.2 万亿元)。贷款规模超过 2 万亿元的仅有这 4 家,超过一万亿元的银行有 3 家,分别是邮储银行 (1.58 万亿元)、招商银行 (1.54 万亿元) 和交通银行 (1.1 万亿元)。增速方面,由于零售业务和轻型银行战略的推进,各家银行的个人贷款业务呈现高增速增长的态势,其中渤海银行增速最快,达到 78%,主要得益于产品创新、深耕客户群与产品定制。浦发银行的个人贷款增速也达到65%。增速超过30%的银行有兴业银行（46.6%）、中信银行（43.1%）和浙商银行（39.9%）。四大行的个贷增速也保持在20%以上，其中建设银行保持25%的高速发展（见图3－19）。

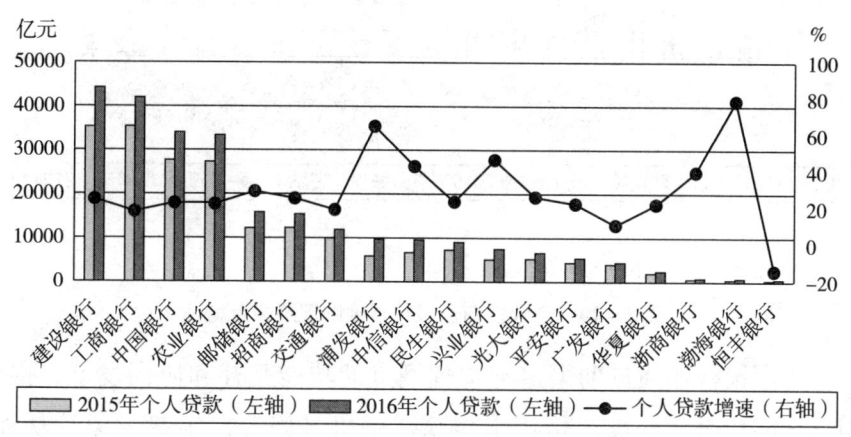

资料来源：各商业银行2016年年报。

图3－19　全国性商业银行个人类贷款规模及增速

票据贴现方面，2016年各银行的票据贴现业绩良好，与上年相比均有提升。其中四大银行的规模分别为工商银行（7199亿元）、农业银行（5699亿元）、建设银行（5121亿元）和中国银行（2982亿元）。除此之外，超过1000亿元规模的银行增至四家，分别是邮储银行（3490亿元）、民生银行（1658亿元）、招商银行（1545亿元）和交通银行（1266亿元）。增速方面，广发银行、恒丰银行和民生银行均有较快发展，分别达到了223%、157%、109%（见图3－20）。

4. 网点情况

在互联网金融的冲击下，实体营业网点受到了前所未有的冲击。2016年，银行业网点在控制网点数量的情况下，通过轻型网点概念来提高覆盖率，对于先用网点的建设，则增加了更多的金融科技元素，强调线上线下融合，更注重客户体验和服务质量。

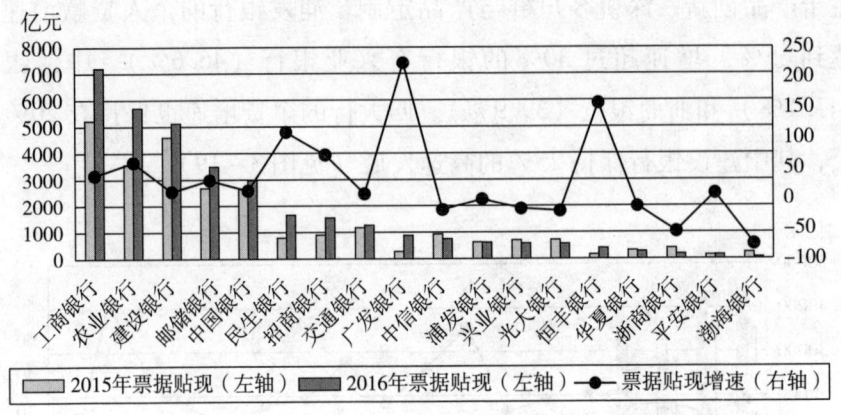

资料来源:各商业银行2016年年报。

图3-20 全国性商业银行票据贴现规模及增速

工商银行加强自助渠道与物理网点的功能互补和协同发展,推广网点智能化服务,投产信用卡申请、手机号修改、年费减免等功能。建设银行分类打造旗舰网点、综合网点和轻型网点,推动智能柜员机等创新服务。农业银行持续推进"四个一批"(增设一批、瘦身一批、迁址一批、做强一批)网点优化工程,对近1800家低效网点实施"瘦身",在12000多家网点推广了标准化转型,激发网点经营活力。在县域地区新建离行式自助银行1000多家,新覆盖空白乡镇400多个,县域金融服务触角进一步延伸。中国银行除了试点投产智能柜台和电子化印章系统等金融科技服务外,继续深化国际化战略,在海外继续拓展网点,目前已经覆盖"一带一路"沿线19个国家,并推进海外信息系统整合美洲批次等重要项目。

交通银行在2016年下半年启动"网点服务模式创新项目",压柜分流,增强交叉销售能力、有效分流业务量。招商银行的人脸识别技术应用于手机银行、可视柜台、柜面、ATM四个渠道,比对总次数达4074万次,以客户为中心打通线上智能服务与线下网点及客户经理服务流程,实现线上线下融合、人与机器融合,推动零售服务体系向互联网转型。华夏银行重点向小微企业、个人客户转变，推进营销机制和营销队伍建设。广发银行以"捷算通"为抓手，推动网点阵地经营，拓宽获客渠道，并在业内首创 VIM，提供便民服务。民生银行进一步推进自助银行，推进自助银行向销售服务渠道转型。平安银行推出智能化爱新客 3.0 版分层分流平台一期，结合大数据平台，累计向网点推送潜力私财客户 10.2 万名，极大地提高了营运效率。浦发银行全面推进"spdb+"互联网平台建设，推出集团统一新版门户网站，实现门户网站、网上银行网站和信用卡网站的"三网合一"，通过移动营销服务和微信公众号支付等多项金融服务贯穿线上线下消费场景。兴业银行持续推进集中作业、远程授权，启动柜面无纸化并上线柜外清项目，优化柜面作业流程及效率，存量网点柜员工作量下降 25%。中信银行加强网点差异化经营模式，积极探索无人智能、出国金融、贵金属、幸福年华（老年）、咖啡网点等新业务。渤海银行致力于推进网点转型，提升社区银行建设经营水平，通过社区银行节假日主题营销、"仲夏夜暑期电影巡展""添金健步行"等系列活动，深度挖掘社区资源，激活社区银行产能，社区银行产能贡献度显著提升。

在网点数量方面，邮储银行凭借其自身邮储业务的优势，网点居于首位，2016 年末邮储银行共拥有 39927 家营业网点，远超其他全国性商业银行，目前其网点已经覆盖大陆所有城市和 98% 的区县地区，但 80% 的营业网点为代理机构，也大大节约了相应的管理成本。除此之外，四大行仍然占据优势，组织结构也相当复杂，总行、一二级分行、一二级支行和营业部的组织结构，再加上广泛分布于乡镇的微型网点，其规模都远超其他股份制银行。四大行中，农业银行有 23695 家营业网点，居于五家大型银行首位，农业银行在 2016 年主要是发挥县域优势推进覆盖率，并不断深化零售战略。紧接着是工商银行，截至报告期，工商银行已设立 16429 家网点，第四名和第五名分别是建设银行和中国银行，分别有 14956 家和 11556 家网点。这里需要指出的是，由于统计数据只考虑境内网点数量，像中国银行这样以国际化综合化为战略的银行，其网点数量不能直接反映市场影响力。交通银行位居第六，营业网点只有3285家，但与其他中小银行相比，仍然有一定竞争力。兴业银行网点数首次突破2000家，部分原因是由于其社区银行发展较快。其他全国性商业银行中网点超过1000家的银行的共有6家，分别是浦发银行（1843家）、招商银行（1819家）、中信银行（1424家）、民生银行（1119家）、光大银行（1119家）和平安银行（1072家）（见图3-21）。

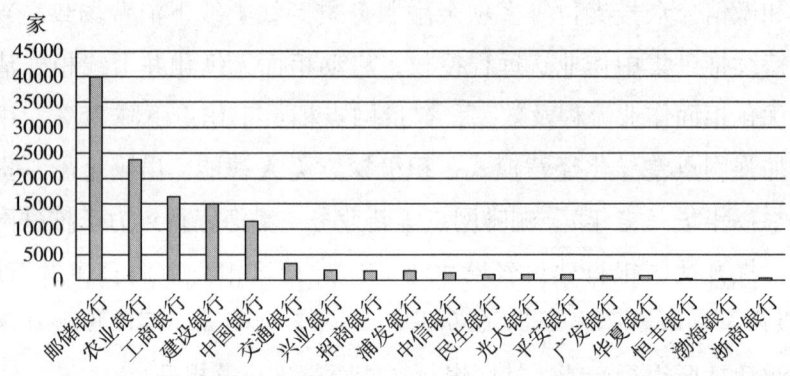

资料来源：各商业银行2016年年报。

图3-21 全国性商业银行网点数量

（二）战略性业务

1. 信用卡业务

信用卡是银行重要的中间业务之一，同时也是一项会直接面向个人消费者的常用业务。随着社会经济的发展，人们使用信用卡的次数和频率在不断增加。因此，信用卡的累计发行量和增速在一定程度上反映银行的影响力。从累计发卡量来看，工商银行以1.2亿张发卡量位居第一，体现出其绝对优势。随后，建设银行（9407万张）、招商银行（8031万张）、农业银行（6863万张）、中国银行（5933万张）

和交通银行（5073万张）依次位于第二名至第六名（其中中国银行为有效累计发卡量）。招商银行2016年新增信用卡1000万张，使其总量排名跃居第三位，成为股份制银行中唯一一家信用卡累计发行量进入前三的银行，并且其有效流通的信用卡也达到4550万张，可见其信用卡市场影响力之大。在新增卡量方面，建设银行位于第一位，达到1333万张，体现出建设银行2016年在个人业务方面的影响力显著提升，新增卡量超过1000万张的还有3家银行，分别是招商银行（1114万张）、工商银行（1109万张）、农业银行（1025万张）（见图3-22）。

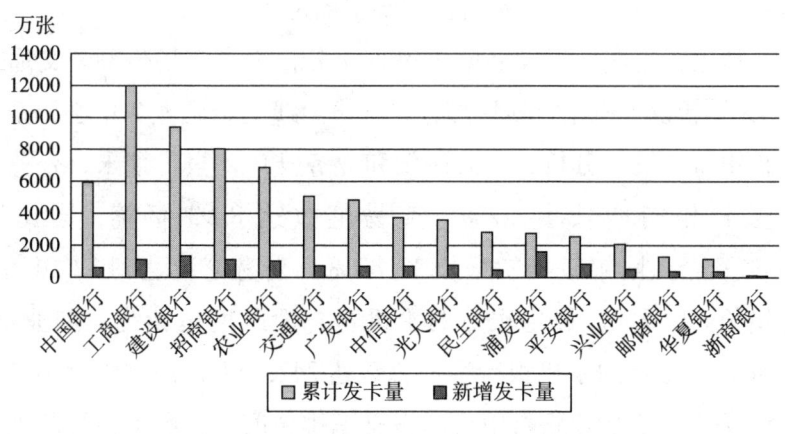

资料来源：各商业银行2016年年报。

图3-22　全国性商业银行信用卡发卡量及新增卡量

2. 电子银行业务

金融科技的发展为银行转型提供了新的可能，近几年来，电子银行的业务丰富多样，且形式多变，不断覆盖各个生活领域，手机银行、远程银行、短信银行、微信银行等都极大地提升了用户体验和效率，也为银行节省了大量的资金和人员。2016年，各家银行在电子银行业务上继续创新，通过与第三方手机公司合作推动线上支付活动；通过提供多元化线上服务来增加客户黏性。因此，电子银行业务已经成为各家银行提升影响力的重要平台（见图3-23）。

根据各商业银行2016年年报，四大行中，建设银行在电子银行方面表现耀眼，其中手机银行用户突破2亿户，增长22%，增速和总额都在四大行前列。除此之外，手机银行交易量高达30.55万亿元，增长98.16%，微信银行用户关注数达5324万户，均为同业顶尖。农业银行在网络金融方面也表现突出，手机银行用户数达到1.6亿户，同比增长20%。四大行中市场规模较小的是中国银行，2016年中国银行手机银行交易金额达到6.84亿元，相比2015年增长了32.14%，手机银行客户数达到了9439万户，同比增长18.02%，但总体来看，相比于其他银行，四大银行依然占据主要市场份额。

其他银行也在积极发展电子银行业务，抢占市场份额。交通银行在2016年新设手机银行项目部，并升格为线上金融业务中心，全面负责手机银行的策略分析、产品研发和业务推广。报告期末，企业网银客户数较年初增长14.32%，交易笔数达8.93亿笔，同比增长55.57%；个人网银较年初增长12.43%，交易笔数达到32.01亿笔，同比增长52.72%。民生银行的手机客户活跃度也始终在同业前列，2016年民生银行的手机银行客户总数达2475.14万户，比上年末增长572.57万户，在中小银行中市场占有率排名前三。民生银行的电子银行业务渠道替代率在2016年达到99%，在全国性银行中位列第一。

招商银行在2016年大力建设以手机为中心的零售业务轻平台，并推出了招商银行APP5.0新版本，完成了121项重大优化，开启智能理财新时代。报告期内，手机用户数量同比增长53.89%，达到1958万户。手机渠道累计交易45.69亿笔，同比增长80.95%；累计交易金额达14.17万亿元，同比增长54.02%。其中，手机银行交易笔数7.35亿笔，同比增长37.38%，交易金额12.10万亿元，同比增长51.25%，手机支付交易笔数38.34亿笔，同比增长92.66%，交易金额2.07万亿元，同比增长72.50%。这极大地提升了招商银行在电子银行方面的市场影响力。

平安银行在网络金融方面也有突出表现，2016年手机用户数量提高87%，达到2609万户，位于中小银行前列。这与平安银行的业务创新是不可分开的，其明星业务"口袋银行"在2016年采取敏捷开发模式，截至报告期末，口袋银行累计用户数2609.68万户，较年初翻倍增长。

广发银行的电子银行渠道服务支持力度进一步提升，线上渠道销售规模占比增长明显。电子银行渠道已经成为广发银行个人理财的主要销售渠道，累计实现银行理财销售额5124.75亿元，约占个人理财消费总额的90%，其中手机银行理财产品销售额达到1133.23亿元，同比增长49.54%；全年电子银行实现信用卡分期金额484.76亿元，同比增长27.61%。电子银行在提升客户黏度方面成效显著。

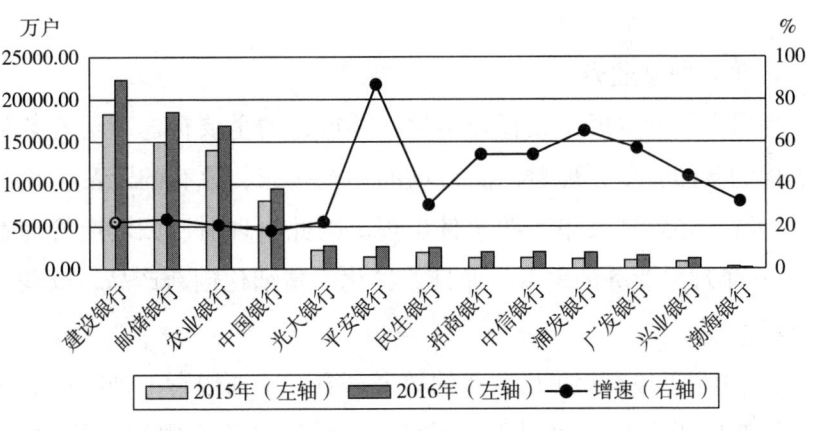

资料来源：各商业银行2016年年报。

图3-23 全国性商业银行手机银行客户数量及增速

表3-12列示了各家银行电子银行柜台渠道替代率，体现了电子银行建设和应用的程度。可以看出，几乎所有银行在2016年替代率都达到了90%以上，其中，民生银行的电子银行替代率达到99.28%，第二名的建设银行为97.82%，招商银行和兴业银行分别以97.79%和

96.16%的水平分列第三名和第四名。

表 3–12　　　　全国性商业银行电子柜台渠道替代率　　　　　单位:%

银行名称	电子银行柜台渠道替代率
民生银行	99.28
建设银行	97.82
招商银行	97.79
兴业银行	96.16
中信银行	96.00
农业银行	96.00
浙商银行	95.91
浦发银行	92.49
工商银行	92.00
交通银行	91.42
中国银行	90.74

资料来源：各商业银行 2016 年年报。

3. 个人理财业务

理财产品的发展是银行轻型化、零售化的重要标志。随着各类金融机构的激烈竞争，理财产品市场的逐渐扩张，原有的野蛮生长已经难以为继，导致"飞单"等事件出现。因此将理财回归资产管理本质是 2016 年理财业务的重点，通过差异化、精细化创新产品，以获得更多市场份额。

从 2016 年各家年报已公布的数据来看，工商银行的理财产品业务余额依然居于首位，达到 2.7 万亿元。随后是招商银行和建设银行，分别为 2.38 万亿元和 2.13 万亿元。理财产品业务余额超过 1 万亿元的还有 6 家银行，分别是广发银行（1.83 万亿元）、农业银行（1.63 万亿元）、中国银行（1.51 万亿元）、民生银行（1.43 万亿元）、光大银行（1.36 万亿元）和中信银行（1.03 万亿元）。

招商银行在 2016 年的理财业务存续量超过 2 万亿元，可见其市场影响力之大。主要是通过加大净值型产品创设及发行力度，以引导客户选择风险收益特征与自身投资偏好相符合的理财产品,并将产品的收益和风险真实地传递给客户,截至报告期末招商银行净值型产品余额占理财产品余额的66.35%,较上年提升13个百分点。建设银行2016年在个人业务上同样表现迅猛。理财产品余额2.13万亿元,较上年新增5074.66亿元,增幅31.36%（见图3-24）。

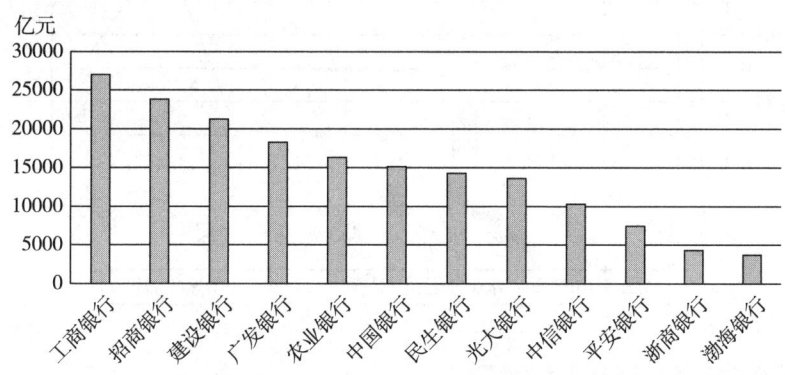

资料来源:各商业银行2016年年报。

图3-24 全国性商业银行理财产品存续规模

4. 国际结算业务

国际结算业务对整个银行业务来说,风险小、成本低、利润高、技术含量成分高。从整体来看,国际结算业务领域从业人员和信贷资源占比不高,但是,其利润却在银行净收入中占据一席之地。近年来,随着"一带一路"和"走出去"战略的推进,国际结算扮演着突出的角色,是体现银行国际化程度的指标之一,因此也是体现银行影响力的重要因素。

在国际结算业务方面,排名第一的是国际化程度最高的中国银行,2016年完成国际结算业务量3.63万亿美元,规模有所下降,但在中国内地机构国际贸易结算市场上,其份额稳居同业首位,对外担保市场份额保持同业领先。工商银行排名第二,报告期内国际结算量达到2.5万亿美元,增速继续放缓。建设银行和农业银行分列第三名、第四名,规模分别达到1.27万亿美元和0.87万亿美元。增速上看，普遍出现负增长状态，统计的银行中只有浙商银行保持40%以上的增长（见图3-25）。

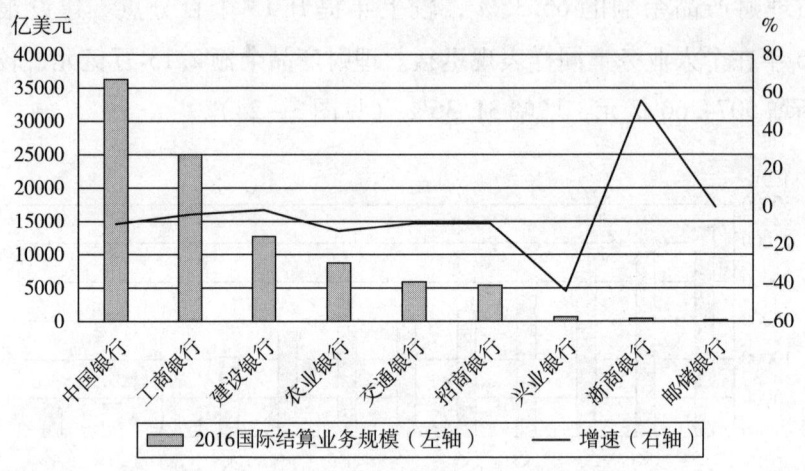

资料来源：各商业银行2016年年报。

图3-25　全国性商业银行国际结算业务规模及增速

5. 资产托管业务

随着银行转型发展，资产托管业务的重要性受到银行的关注。大资管时代，银行面临着互联网金融、直接融资市场发展和社会财富不断积累等机遇，新动能不断加强。另外，资产托管是商业银行涉及领域最广、专业化和综合化经营特征最为明显的中间业务之一，能够带来多方客户资源，成为银行与各金融子行业开展交流与合作的有效平台。资产托管作为"资本节约型"业务，能够带来稳定的中间业务收入和沉淀存款。因此，商业银行应协调资管、投行、销售、托管等业务条线，形成合力，共同拉动商业银行的综合效益。因此各大银行纷纷提出"大资管"或"资管+投行"的战略目标，结合基金、保险、券商、信托、理财、养老金、跨境等市场动向，在产品服务上推陈出新，完善分级营运体系，再造业务流程，加强营运规范化和现代化管理，不断推进银行业托管领域的探索与前行。

工商银行搭建完善的资产托管产品和服务体系，在证券投资基金、保险、银行理财、企业年金等托管领域保持领先地位，并成功获得全国基本养老保险、KSD（韩国预托决济院）托管资格。建设银行在报告期内托管的股票型基金只数市场第一，托管的债券型基金、商品型基金和合格境内机构投资者（QDII）基金的规模均为市场第一，同时正式取得全国社会保障基金托管人资格。招商银行依托互联网金融发展托管业务，在行业内率先采用了基于分布式技术开发的托管系统，极大地提高了业务处理效率及市场响应速度，发布了全功能网上托管银行2.0智能版。

根据银行业协会发布的《中国资产托管行业发展报告（2017）》，截至2016年末，中国银行业资产托管存量规模达121.92万亿元，同比增长39.03%，2010~2016年托管规模平均复合增长率达53.06%；托管资产占金融机构存款总量的比重和占银行业资产总额的比重分别达78.40%、53.89%，呈现逐年上升态势，行业重要性日益凸显。其中排在首位的是工商银行，达到14.1万亿元，另一家资产规模超过10万亿元的是招商银行，达到10.1万亿元。另外，还有4家银行资产规模超过8万亿元，分别是兴业银行（9.4万亿元）、建设银行（9.3万亿元）、农业银行（9万亿元）和中国银行（8万亿元）。从市场占有率看，各银行并不存在巨大差距，排名第一的工商银行在金融机构全部托管资产规模中占比达到12%，排名前五的其他四家银行，市场占有率均超过7%，招商银行、兴业银行、建设银行和农业银行分别为8.3%、7.7%、7.5%和7.3%。

从规模增速来看，银行业的托管资产整体处在一个快速发展的阶段。其中，浙商银行的增速高达360%，恒丰银行增速排名第二，达到95.52%，第三名和第四名分别是邮储银行（85.36%）和华夏银行（66.39%）。除此之外，增速超过50%的还有两家银行，分别是浦发银行（51.8%）和民生银行（51.5%）。四大行的增速普遍慢于其他银行。四大行中增速最快的是建设银行，达到29%，最慢的中国银行仅为16.6%，交通银行和中国银行的增速分别是25.7%和22.3%（见图3-26、图3-27）。

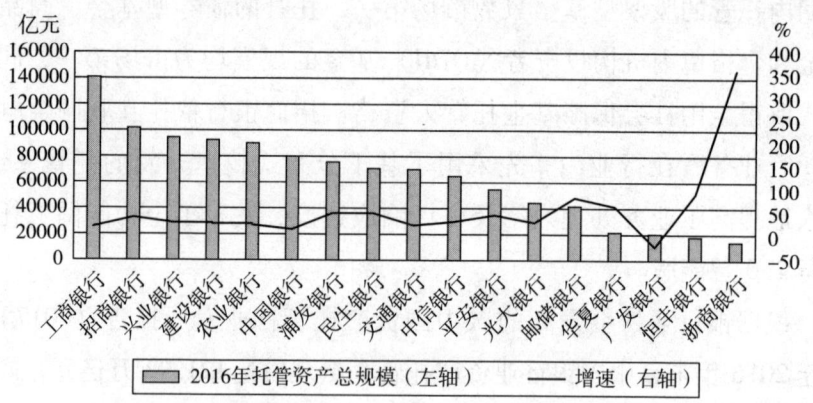

资料来源：各商业银行2016年年报。

图3-26 全国性商业银行托管资产规模及增速

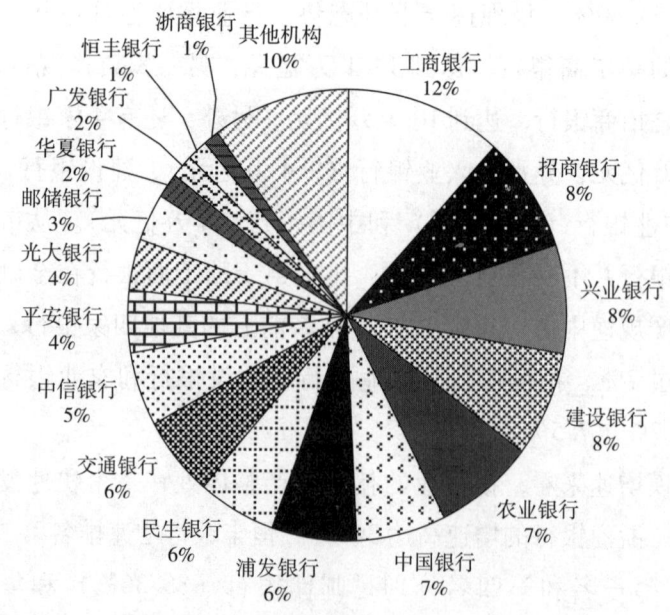

资料来源：各商业银行2016年年报。

图3-27 全国性商业银行托管资产市场份额

6. 债券承销业务

随着金融脱媒的加快、利差的缩小，银行如果固守存贷款业务将面临盈利能力难以为继的局面。随着越来越多的企业走向债券市场融资，银行也在这个领域展开了承销的竞争。除券商以外，这一领域不仅是全国性银行竞争的战略性领域，许多城商银行甚至是农商银行也积极参与进来。

根据银行间交易商协会的统计，2016年银行承销债务融资工具的排名按总额和只数都是建设银行第一，工商银行其次，第三名和第四名分别是兴业银行和中信银行，中国银行和农业银行降到第五名和第六名（见图3-28）。邮储银行虽然已是大型银行，但进入这一市场较晚，所以排名靠后，这也与它既有的客户基础和原有的业务结构有关。

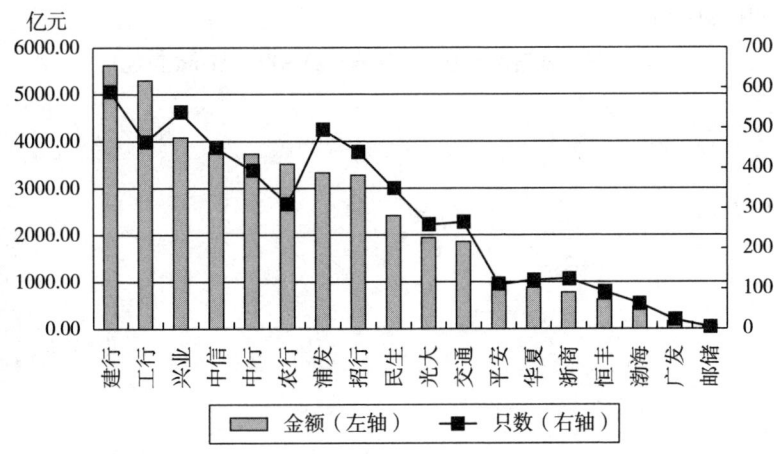

资料来源：Wind。

图3-28 全国性商业银行非金融企业债务融资工具承销情况
（银行间交易商协会数据）

如果将各类债券（加上地方政府债、金融债券以及国际机构债券）统一起来算，排名情况将发生变化。五大行实力明显，排在第一的是中国工商银行。邮储银行的名次也前移了好几位。（见图3-29）。

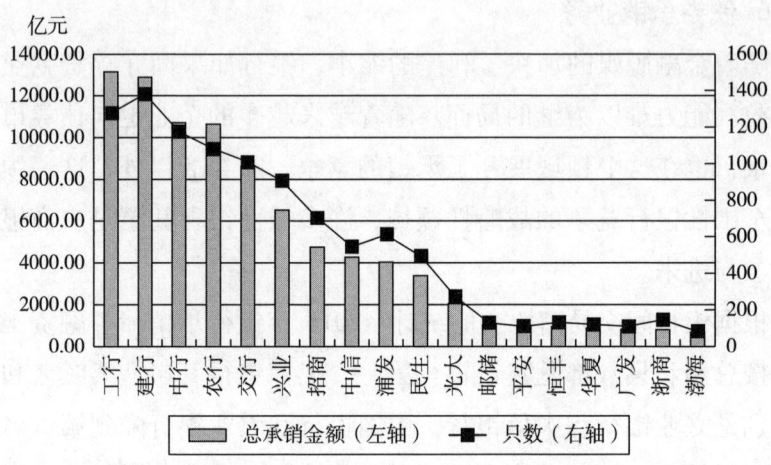

注：除了银行间交易商协会口径的债券外，还包括地方政府债、政策性银行债、非政策性金融债、国际机构债、政府支持机构债等。

资料来源：Wind。

图3-29 全国性商业银行债券承销情况（Wind口径）

第四部分

2016年城市商业银行竞争力评价报告[*]

[*] 本部分由欧明刚、张坤执笔。

一、2016年城商行财务格局

2016年,世界经济延续了复苏态势,我国经济社会保持平稳健康发展,各地区经济在合理区间运行,银行业总体保持稳健。2016年12月30日,全国首家由农村商业银行发起设立的新疆银行正式开业,使2016年底城商行数量达到134家。2016年,城商行资产负债继续保持增长,增速比2015年有所下降,在银行业金融机构中的占比继续提高;2016年底不良贷款继续"双升",但2016年内不良贷款率走势趋于平稳,且低于商业银行平均水平,拨备覆盖率比2015年底有所下降,但拨贷比比2015年有所提升;资本充足率低于商业银行平均水平,但仍然保持良好;各规模区间城商行的流动性均继续保持充足,存款在负债中的占比有所下降;大部分城商行的资本利润率、资产利润率低于商业银行平均水平,但超过半数的城商行净息差、成本收入比高于商业银行平均水平。

(一)资产负债

2016年城商行资产、负债的增速比2015年有所下降,但高于银行业金融机构平均水平。根据银监会统计信息,截至2016年底,银行业金融机构资产总额与负债总额双双突破200万亿元大关,其中资产总额达到232.2万亿元,同比增长15.80%;负债总额达到214.8万亿元,同比增长16.04%。同期,城商行资产总额达到28.2万亿元,比2015年底增长24.52%;负债总额达到26.4万亿元,比2015年底增长24.96%;所有者权益总额达到1.83万亿元,比2015年底增长18.45%,增速连续第二年下降(见图4-1)。

2016年城商行的资产、负债和权益在全部银行业金融机构中的占

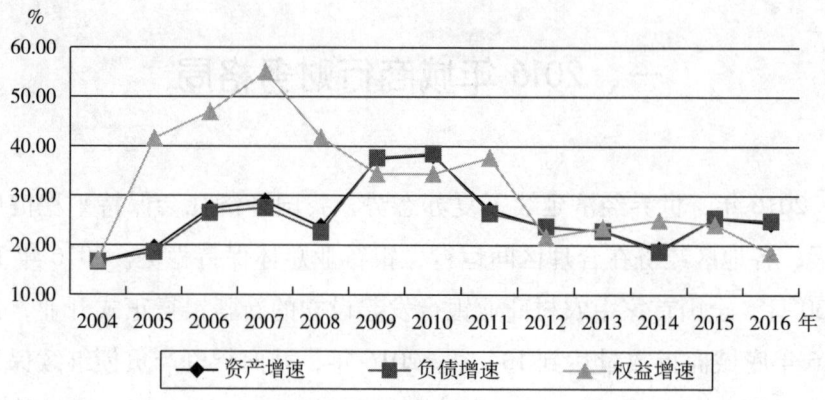

资料来源：银监会2015年报及2016年统计信息。

图4-1　2004~2016年城商行资产、负债及权益增速

比进一步提升。截至2016年底，城商行资产总额在全部银行业金融机构中的占比升至12.16%，比2015年底提高0.78个百分点；负债总额占比升至12.29%，比2015年底提高0.81个百分点；所有者权益总额占比达到10.52%，比2015年底提高0.34个百分点（见图4-2）。

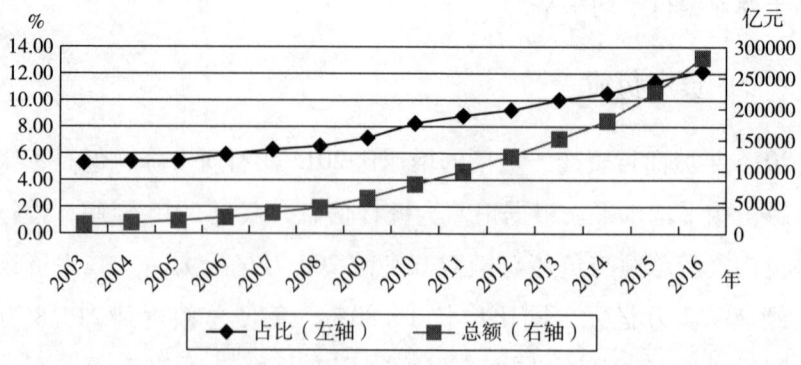

资料来源：银监会2015年报及2016年统计信息。

图4-2　2003~2016年城商行资产总额与其在全部银行业金融机构中的占比

2016年单个城商行平均资产总额和平均负债总额继续保持增长，但增速比2015年略有下降。截至2016年底，单个城商行平均资产总额

突破2000亿元，达到2107亿元，比2015年底增长23.6%；平均负债总额达到1970亿元，比2015年底增长24.0%（见图4-3、图4-4、图4-5）。

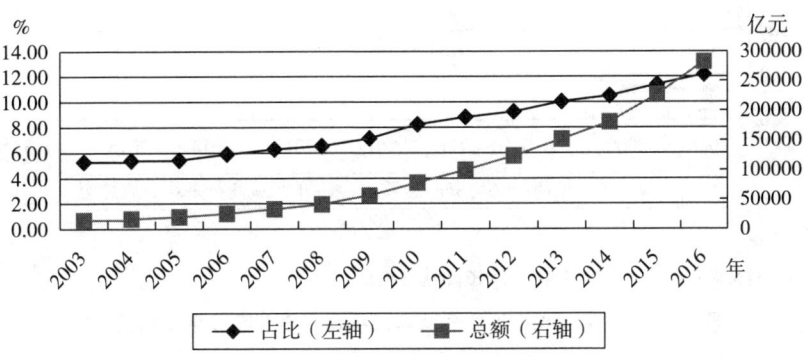

资料来源：银监会2015年报及2016年统计信息。

图4-3 2003~2016年城商行负债总额与其在全部银行业金融机构中的占比

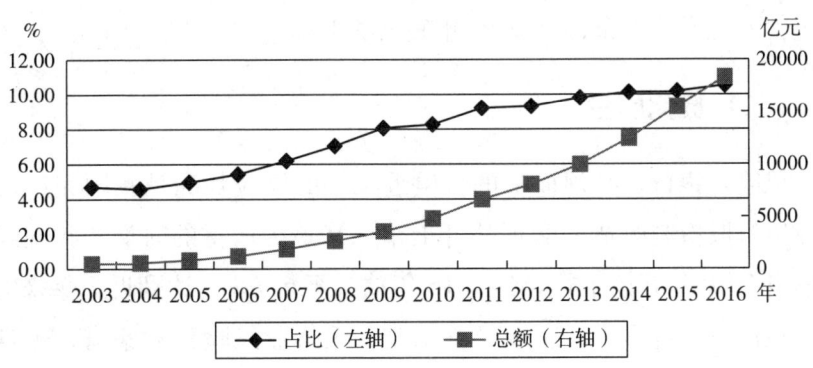

资料来源：银监会2015年报及2016年统计信息。

图4-4 2003~2016年城商行权益总额与其在全部银行业金融机构中的占比

从单个城商行数据看，截至2016年底，资产总额、负债总额超过单个城商行平均水平的城商行数量都是35家，该数字与2015年底保持一致。同期，资产规模超过2000亿元的城商行达到43家，比2015年底增加12家；资产规模超过5000亿元的城商行达到12家，比2015

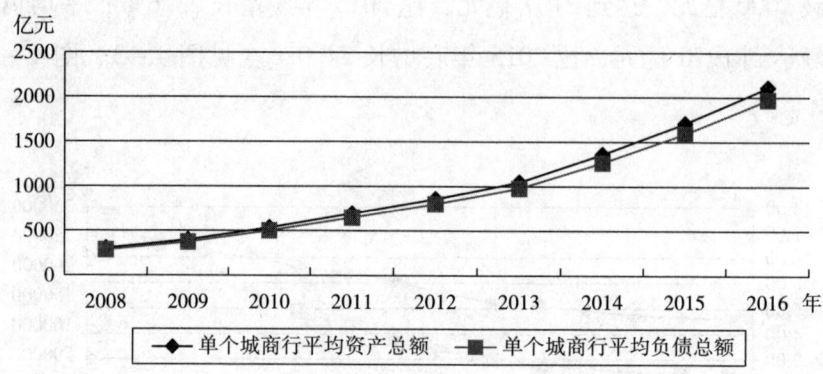

资料来源：银监会2015年报及2016年统计信息。

图4-5 2008~2016年单个城商行平均资产总额及平均负债总额

年底多3家；资产规模超过1万亿元的城商行达到4家，比2015年底增加1家，即南京银行。同期，负债总额超过2000亿元的35家，比2015年底增加10家；超过5000亿元的11家，比2015年底增加1家；超过1万亿元的4家，比2015年底增加1家。

（二）贷款质量

风险是银行业必须面临的，但近几年的风险状况是我国完成国有商业银行股份制改造并实现公开上市以来最为严重的时期。我国经济增速自2010年开始下行，到2016年放缓至6.7%，达到近7年来的低点。经济下行过程中，企业经营困难，银行业风险频频暴露，不良贷款余额和不良贷款率从2012年开始出现"双升"，防范化解金融风险遂成为全社会共同关注的重要课题。2017年全国金融工作会议进一步明确提出"金融安全是国家安全的重要组成部分"，并将防控金融风险作为下阶段三大任务之一。

2016年底，商业银行整体不良贷款余额和不良贷款率相比2015年底仍然是"双升"。但从季度数据看，商业银行整体不良贷款持续"双升"的走势在2016年被打破了。2016年商业银行整体不良贷款余额继续增加,第四季度末不良贷款率为1.74%,尽管这个数据仍然高于2015年底0.07个百分点,但低于2016年第三季度末的1.76%。

2016年底,城商行整体不良贷款余额和不良贷款率相比2015年底也是"双升"。截至2016年底,城商行整体不良贷款率达到1.48%,比2015年底增加0.08个百分点,低于2016年第三季度末0.03个百分点。城商行整体2016年底不良贷款余额达到1498亿元,比2015年底增加285亿元。但从季度数据看,城商行整体不良贷款持续"双升"的走势在2015年就已经被打破了,2015年底城商行整体不良贷款率低于当年第三季度末的水平。此外,城商行整体不良贷款率仍然保持低于商业银行整体的态势(见图4-6、图4-7)。

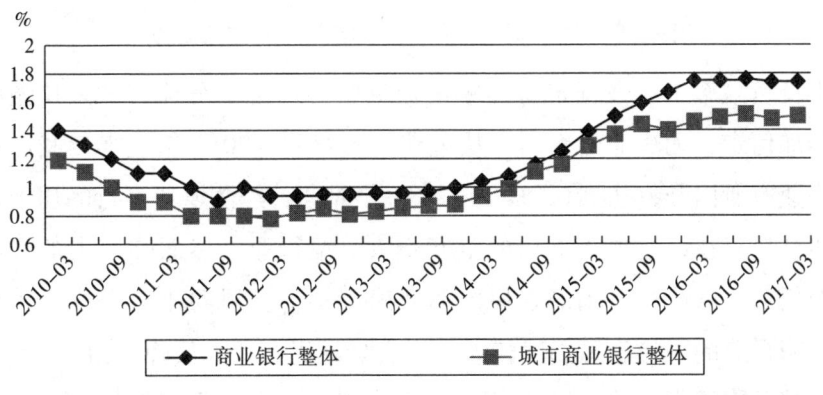

资料来源:银监会统计信息。

图4-6　2010~2017年第一季度商业银行及城商行不良贷款率

过半数的城商行2016年底不良贷款率低于商业银行平均水平。从可获得的数据看,至少40家城商行2016年底不良贷款率高于商业银行平均水平,至少70家城商行2016年底不良贷款率低于商业银行平均水平。

在2015年的城商行竞争力评价报告中,我们指出,2010年以来商业银行不良贷款率季度数据形成了一条"扭曲的微笑曲线"。城商行整

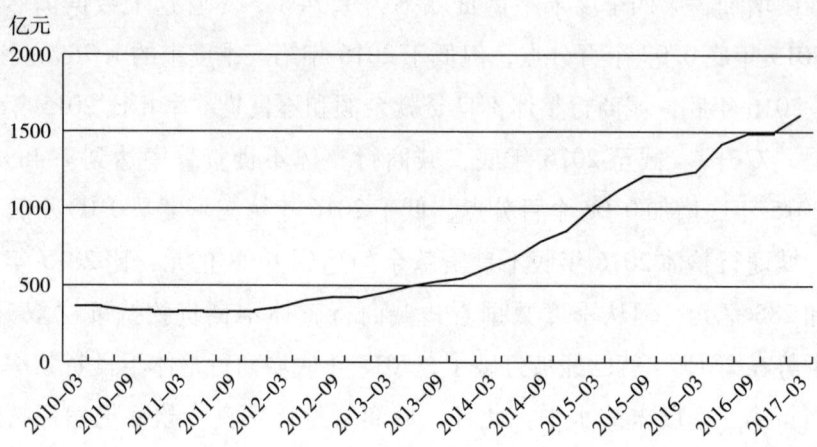

资料来源：银监会统计信息。

图4-7 2010~2017年第一季度城商行不良贷款总额

体不良贷款率年底数据走势与季度数据走势出现了分化，未来这条曲线会如何走，无法准确判断。从近期的形势看，2017年上半年我国经济增速有所回升，达到6.9%。未来一段时期，经济增速下行的压力和可能性还存在，但再向下行的空间不大。银行业仍然面临较大的风险防控任务，房地产市场潜在风险和政府隐性债务风险不容忽视，跨市场、跨行业的风险隐患仍然较大，不良贷款仍有较大反弹压力。

从不同规模区间分组情况看，2016年底三个较大规模区间的城商行不良贷款率均值比2016年底有不同程度的提高。截至2016年末，资产规模大于3000亿元的城商行不良贷款率均值是四个规模区间分组中的最低者，为1.43%，比2015年末提高0.08个百分点。2016年底，资产规模处于1000亿~2000亿元的城商行不良贷款率均值最高，为1.72%，高于2015年末0.14个百分点，也是四个规模区间中唯一一个不良贷款率均值高于可获得数据的全部城商行不良贷款率均值的分组（见图4-8）。

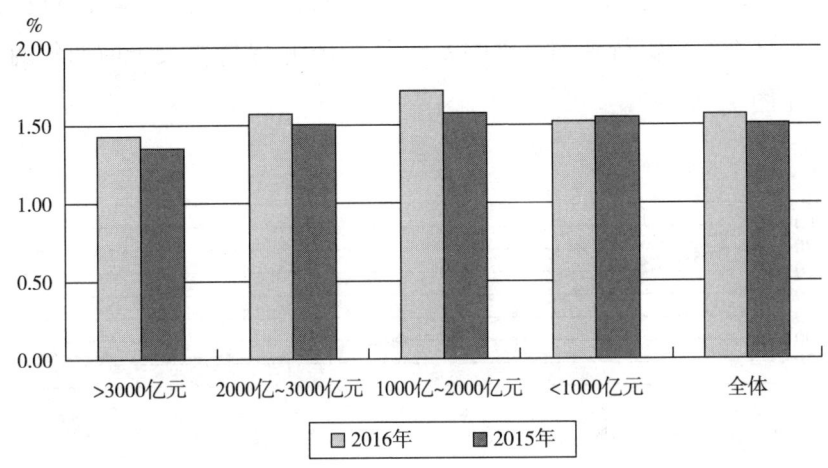

资料来源:《银行家》数据库。

图 4-8　2015 年和 2016 年不同规模区间城商行不良贷款率均值

(三) 抵偿能力

商业银行会计提贷款损失准备,用于抵补来自贷款的预期损失。贷款损失准备的充足性可以通过贷款损失准备充足率、拨备覆盖率和拨贷比等指标描述。根据国内银行业监管要求,商业银行的贷款损失准备充足率不应低于100%,拨备覆盖率不得低于150%,贷款拨备率不得低于2.5%。贷款损失准备充足率没有完整的跨期公开数据。

从整体上看,城商行拨备覆盖率的走势与商业银行类似,且城商行拨备覆盖率要优于商业银行整体。2014 年和 2015 年商业银行拨备覆盖率连续两年都是下降的,2016 年这个下降的势头有所缓解。截至 2016 年底,商业银行整体的拨备覆盖率为178.76%,比 2015 年底降低 4.78 个百分点;2017 年第一季度末的拨备覆盖率比 2016 年第四季度末的数据有所回升。城商行整体拨备覆盖率 2014 年和 2015 年的下降势头在 2015 年第四季度早于商业银行整体两个季度得到了缓解,并且 2016 年四个季度走势趋于平稳。截至 2016 年底,城商行整体拨备覆率为219.89%，比2015年底略降1.38个百分点。此外，城商行拨备覆盖率高于商业银行平均水平的差额在2016年保持在大于前两年的水平（见图4-9）。

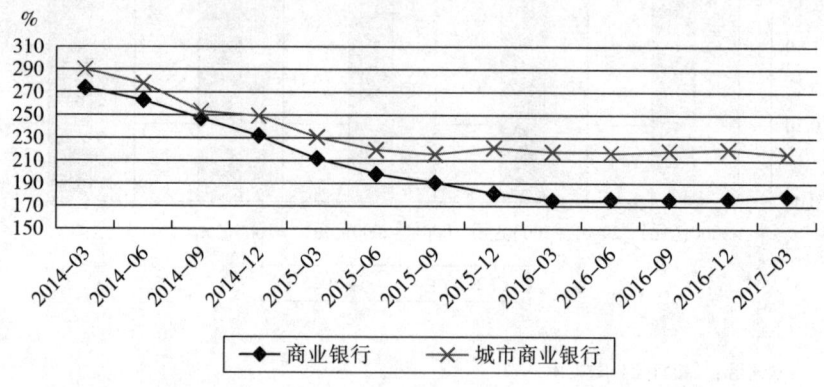

资料来源：银监会统计信息。

图4-9 2014~2017年第一季度末商业银行与城商行拨备覆盖率

从拨备覆盖率看，超过一半的城商行2016年底拨备覆盖率高于商业银行平均水平。从可获得的数据看，至少75家城商行2016年底拨备覆盖率高于商业银行平均水平，至少37家城商行2016年底拨备覆盖率低于商业银行平均水平。分组方面，各规模区间城商行2016年底拨备覆盖率均值都比2015年底有所下降。2016年底，中间两个规模区间的城商行拨备覆盖率均值较低，且低于可获得数据的全部城商行拨备覆盖率均值，其他两个规模区间城商行拨备覆盖率均值较高，且高于可获得数据的全部城商行拨备覆盖率均值。截至2016年底，拨备覆盖率均值最低的是资产规模处于2000亿~3000亿元的分组，为209.90%，最高的是资产规模大于3000亿元的分组，为233.19%（见图4-10）。

从拨贷比数据看，近3年城商行与商业银行整体拨贷比均呈现上升态势，而且城商行拨贷比自2015年第一季度末以来一直好于商业银

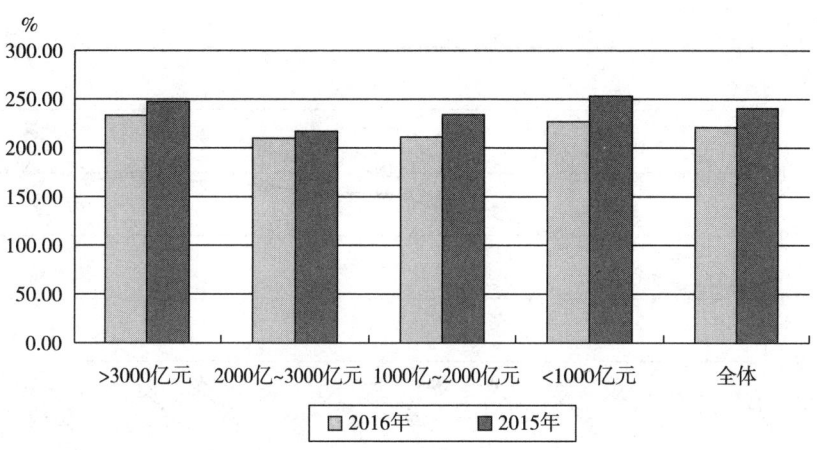

资料来源:《银行家》数据库。

图 4-10 2015 年和 2016 年不同规模区间城商行拨备覆盖率均值

行平均水平。截至 2016 年底,商业银行拨贷比达到 3.08%,尽管比 2016 年第三季度末略降 0.01 个百分点,但高于 2015 年底的水平。同期,城商行拨贷比为 3.25%,比第三季度末下降 0.05 个百分点,但高于 2015 年底 0.15 个百分点。从可获得的数据看,至少 57 家城商行 2016 年底拨贷比高于商业银行平均水平,至少 50 家城商行 2016 年底拨贷比低于商业银行平均水平。分组方面,规模较大的三个分组 2016 年末拨贷比均值都比 2015 年底有所提升。在四个分组中,资产规模大于 3000 亿元的城商行 2016 年底拨贷比均值是 3.08%,是四个分组中的最低者,且低于可获得数据的全部城商行拨贷比均值。资产规模小于 1000 亿元的城商行 2016 年底拨贷比均值与可获得数据的全部城商行拨贷比均值持平。其他两个规模区间分组的拨贷比均值高于可获得数据的全部城商行拨贷比均值(见图 4-11、图 4-12)。

从拨备覆盖率和拨贷比两个指标综合来看,2016 年城商行和商业银行整体各自的贷款损失准备的增速高于贷款总额的增速,并与不良贷款余额的增速保持基本一致。换言之,不良贷款余额的增速高于贷

资料来源:商业银行拨贷比数据来自银监会统计信息,城商行拨贷比数据根据银监会统计信息测算。

图4-11 2014~2017年第一季度末商业银行与城商行拨贷比

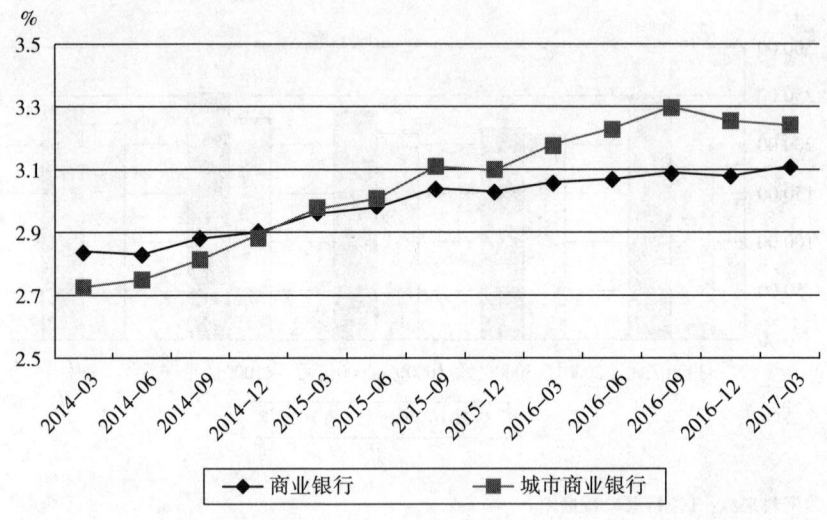

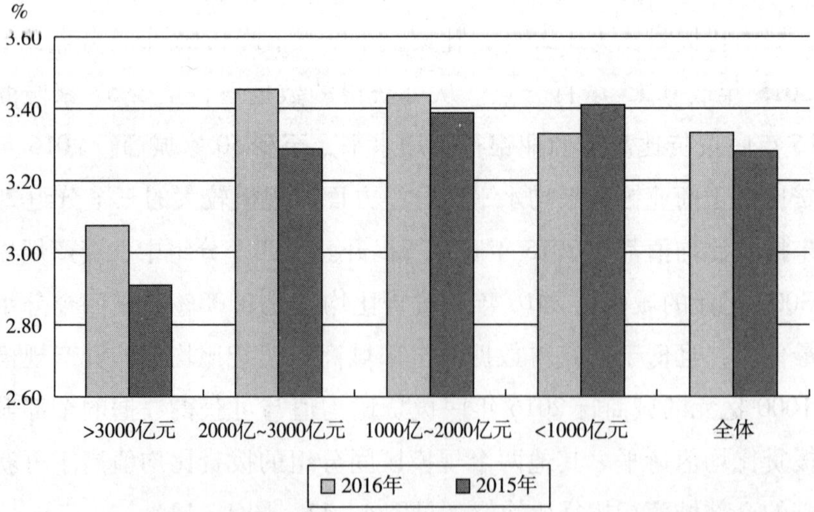

资料来源:《银行家》数据库。

图4-12 2015年和2016年不同规模区间城商行拨贷比均值

款总额的增速。其结果是，拨贷比上升了，拨备覆盖率则保持基本稳定。

（四）资本充足性

资本金的主要作用是抵补非预期损失，并以此建立信誉、支持业务发展。根据目前的资本监管要求，资本金包括符合一定标准的核心一级资本工具、其他一级资本工具和二级资本工具。资本充足性通过核心一级资本充足率、一级资本充足率和资本充足率描述。杠杆率是资本充足率指标的重要补充，杠杆率不能低于4%，大部分城商行没有披露该指标。

2016年，城商行补充资本金的方式主要包括公开上市、发行二级资本债、利润留存、增资扩股等。公开上市方面，天津银行于2016年3月30日实现H股上市，募集资金约为74亿港元，江苏银行、贵阳银行、杭州银行、上海银行分别于2016年8月2日、8月16日、10月27日、11月16日实现H股上市，募集资金合计约255亿元。2017年7月19日，中原银行实现H股上市，募集资金约71亿港元。截至目前，国内共有16家城商行实现了公开上市。另外，2016年11月11日，徽商银行成功在香港发行4440万股境外优先股，募集资金8.88亿美元，股息率为5.50%。二级资本债发行方面，共有郑州银行、齐鲁银行、南京银行、重庆银行、珠海华润银行、长沙银行、兰州银行、河北银行、哈尔滨银行、桂林银行等30家城商行发行二级资本债758亿元，期限都是10年。

从各年横向比较情况看，城商行资本充足率一直低于商业银行平均水平。原因大概有三个：一是城商行资产规模增长速度快于商业银行平均水平；二是大部分城商行补充资本金的渠道比较单一，主要依靠利润留存和增资扩股；三是城商行资产扩张对资本的消耗比较快，这个因素还需要进一步验证。截至2016年底，商业银行核心一级资本充足率为 10.75%，一级资本充足率为 11.25%，资本充足率为 13.28%，均比 2015 年末略有下降。

超过一半的城商行 2016 年底资本充足率低于商业银行平均水平。截至 2016 年底，城商行资本充足率为 12.42%，低于商业银行平均水平 0.86 个百分点，低于大型商业银行 1.81 个百分点。从可获得的数据看，至少 78 家城商行 2016 年底资本充足率低于商业银行平均水平，至少 23 家城商行 2016 年底资本充足率高于商业银行平均水平（见图 4-13）。

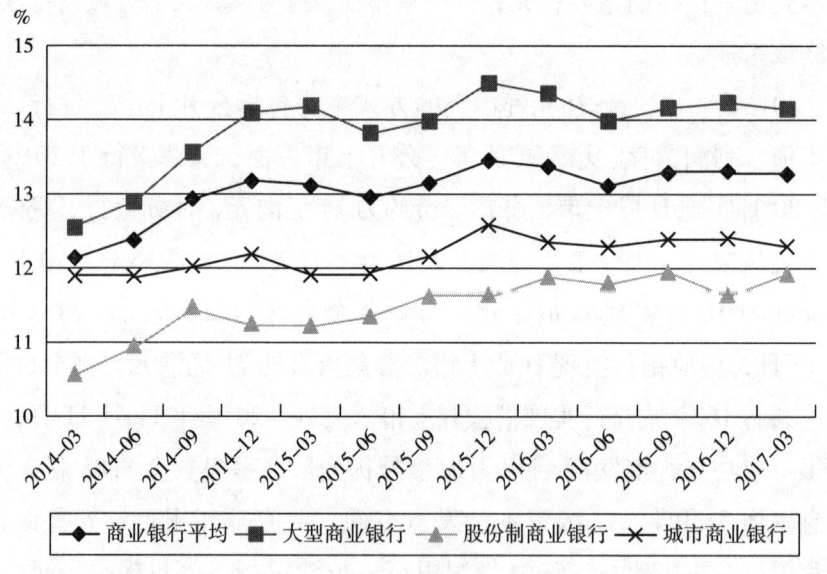

资料来源：银监会统计信息。

图 4-13　2014~2017 年第一季度末商业银行资本充足率

城商行 2016 年底资本充足率比 2015 年底有所下降。从 2014 年以来的走势看，城商行资本充足率基本保持在 12% 上下，2015 年底城商行资本充足率达到最高的 12.59%。2016 年全年，城商行资本充足率都保持在 12% 以上，2016 年第四季度末的资本充足率低于 2015 年底 0.17 个百分点。从分组情况看，四个规模区间分组 2016 年底资本充足率均值都低于 2015 年底资本充足率均值。截至 2016 年，资本充足率均值最低的分组是资产规模大于 3000 亿元的城商行，最高的是资产规模小于 1000 亿元的城商行（见图 4-14）。

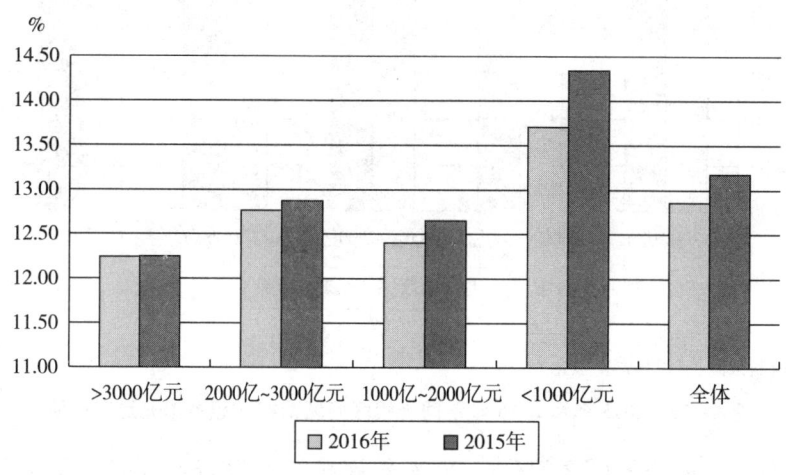

资料来源：《银行家》数据库。

图 4-14　2015 年和 2016 年不同规模区间城商行资本充足率均值

一级资本充足率方面，超过一半的城商行 2016 年底一级资本充足率低于商业银行平均水平。从可获得的数据看，至少 80 家城商行 2016 年底一级资本充足率低于商业银行平均水平，至少 24 家城商行 2016 年底一级资本充足率高于商业银行平均水平。从分组情况看，四个规模区间分组 2016 年底一级资本充足率均值都低于 2015 年底一级资本充足率均值。2016 年一级资本充足率均值最低的分组是资产规模大于 3000 亿元的城商行，最高的分组是资产规模小于 1000 亿元的城商行（见图 4-15）。

核心一级资本充足率方面，超过一半的城商行 2016 年底核心一级资本充足率低于商业银行平均水平。从可获得的数据看，至少 77 家城商行 2016 年底核心一级资本充足率低于商业银行平均水平，至少 39 家城商行 2016 年底核心一级资本充足率高于商业银行平均水平。从分

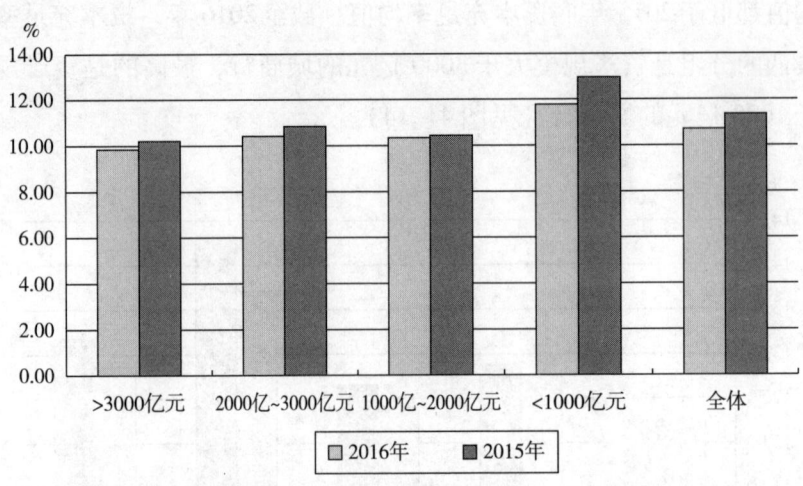

资料来源:《银行家》数据库。

图4-15　2015年和2016年不同规模区间城商行一级资本充足率均值

组情况看,四个规模区间分组2016年底核心一级资本充足率均值都低于2015年底核心一级资本充足率均值。2016年核心一级资本充足率均值最低的分组是资产规模大于3000亿元的城商行,最高的分组是资产规模小于1000亿元的城商行(见图4-16)。

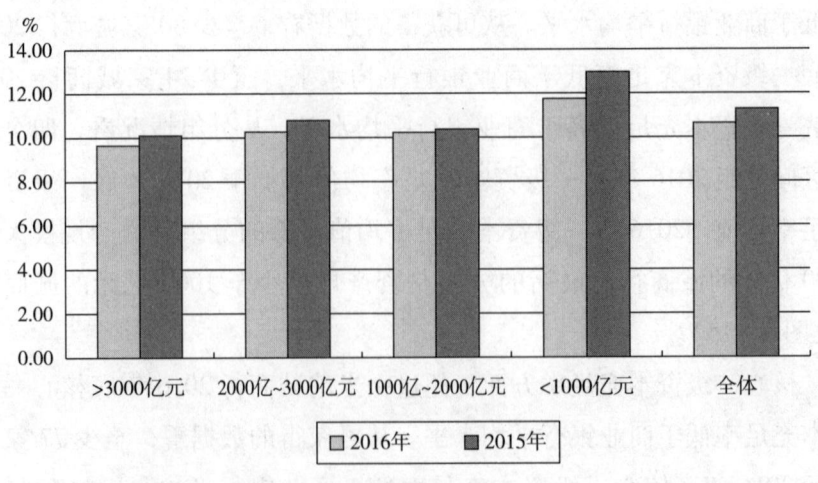

资料来源:《银行家》数据库。

图4-16　2015年和2016年不同规模区间城商行核心一级资本充足率均值

（五）流动性状况

流动性与清偿能力密切相关。特别是在金融危机时期，为履行支付义务而打折出售资产会给商业银行带来损失，严重的会导致商业银行丧失清偿能力，而对清偿能力的担心也会导致或加剧流动性困境或引发挤兑。加强流动性监管是新一轮国际银行业监管改革的重要内容之一。根据《巴塞尔协议Ⅲ》的流动性监管指标实施安排，巴塞尔银行监管委员会各成员需要在2015年引入流动性覆盖率最低要求，并于2019年达到100%，需要在2018年引入净稳定融资比率最低要求。2015年，我国修改了《商业银行法》和《商业银行流动性风险管理办法（试行）》，以流动性覆盖率和流动性比例为流动性监管主要指标，其中流动性覆盖率适用于资产规模大于2000亿元的商业银行。此外，流动性状况还可以通过存贷比、超额备付金率等指标描述。

1. 流动性覆盖率

流动性覆盖率是合格优质流动性资产与未来30天现金净流出量之比。高于100%的流动性覆盖率意味着可以通过出售这些流动性资产来满足特定流动性压力情景下未来至少30天的流动性需求。根据银监会流动性监管要求，我国银行业将比巴塞尔银行监管委员会的要求提前一年即2018年实现流动性覆盖率达到100%以上，2016年底商业银行流动性覆盖率最低需要达到80%，对于过渡期内流动性覆盖率提前达到100%的商业银行，鼓励其流动性覆盖率继续保持在100%之上。截至2016年底，北京银行、江苏银行、宁波银行、杭州银行、华融湘江银行、贵州银行等21家城商行披露了流动性覆盖率，均满足监管要求。除宁波银行流动性覆盖率为83.80%，其余20家城商行流动性覆盖率均高于100%。21家城商行流动性覆盖率均值是165.75%。

2. 流动性比例

流动性比例是流动性资产与流动性负债之比，衡量商业银行的短期偿债能力。近几年，我国银行业整体流动性比例一直保持在较高水平。根据银监会统计信息，2016年前两个季度末，商业银行整体流动性比例保持在48%以上，第三季度末降到年内最低的46.93%，第四季度末回升到47.55%，但比2015年第四季度末略有下降。

过半数城商行的流动性比例高于商业银行平均水平。从可获得的数据看，至少69家城商行流动性比例高于商业银行平均水平，至少40家城商行流动性比例低于商业银行平均水平。

从分组情况看，四个分组城商行2016年流动性比例均值都比2015年底有所下降，资产规模处于1000亿~2000亿元的城商行流动性比例均值降幅最小。2016年底，四个分组城商行流动性比例均值处于50%上下，最低的分组是资产规模处于2000亿~3000亿元的城商行，最高的是资产规模处于1000亿~2000亿元的城商行（见图4-17）。

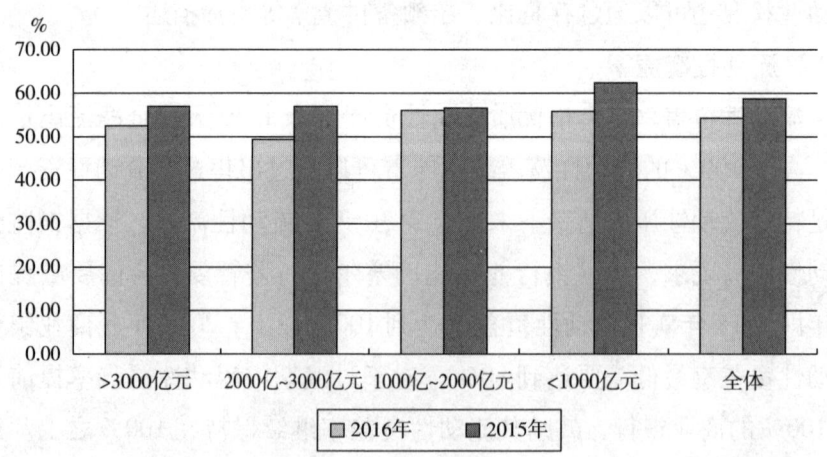

资料来源：《银行家》数据库。

图4-17 2015年和2016年不同规模区间城商行流动性比例均值

3. 存贷比

自2016年第一季度起，银监会将商业银行整体存贷比披露口径调整为境内口径，2016年数据与之前年度数据不可比。从数据上看，

2016年四个季度商业银行存贷比均保持在67%以上,且逐季略有提升,第四季度末存贷比升至67.61%。

绝大部分城商行的2016年底存贷比都低于商业银行平均水平。从可获得的数据看,至少31家城商行存贷比高于商业银行平均水平,至少86家城商行存贷比低于商业银行平均水平。

从分组情况看,三个规模区间分组城商行2016年底存贷比均值低于可获得数据的全部城商行存贷比均值。截至2016年底,存贷比均值最低的分组是资产规模处于2000亿~3000亿元的城商行,最高的分组是资产规模处于1000亿~2000亿元的城商行(见图4-18)。

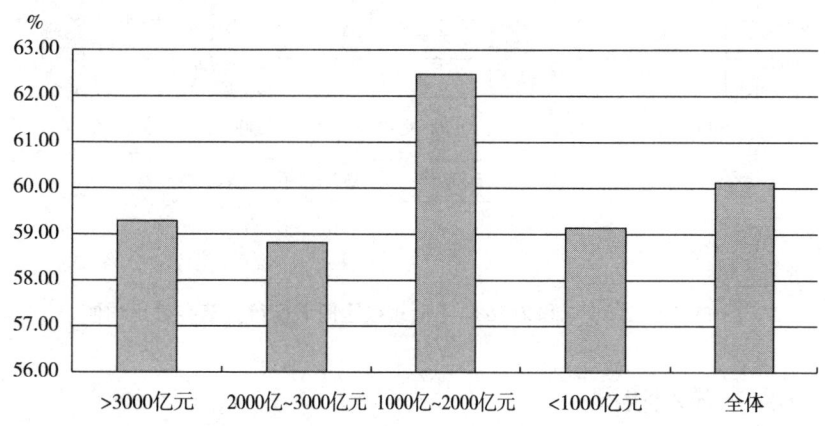

资料来源:《银行家》数据库。

图4-18 2016年不同规模区间城商行存贷比均值

4. 负债存款比

负债存款比是存款总额与负债总额之比。近些年,随着金融脱媒的逐步深入发展,存款在银行业金融机构负债来源中的地位整体上呈现下降走势。从城商行情况看,至少90家城商行2016年底负债存款比低于2015年底负债存款比,2016年底可获得数据的全部城商行负债存款比均值比2015年底水平有所下降,降低至70%以下。

从分组情况看,近两年均表现出同一个现象,即较大规模区间的城商行负债存款比较低。截至2016年底,负债存款比均值最高的是资产规模小于1000亿元的城商行,最低的是资产规模大于3000亿元的城商行。同时,四个分组城商行2016年底负债存款比均值都低于2015年底负债存款比均值(见图4-19)。

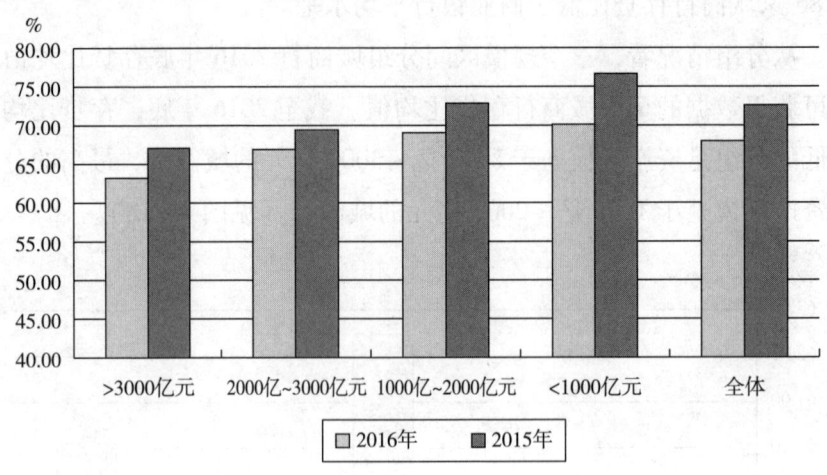

资料来源:《银行家》数据库。

图4-19 2015年和2016年不同规模区间城商行负债存款比均值

(六)盈利状况

盈利状况通过盈利水平和增速、盈利能力、成本收入比和收入结构四类指标来描述。2016年银行业整体利润增速比2015年有所回升,但资本利润率和资产利润率略有下降。大部分城商行的净利润增速高于商业银行平均水平,但大部分城商行的资产利润率、资本利润率低于商业银行平均水平。

1. 盈利水平

2016年超过半数的城商行净利润增速超过商业银行平均水平。2016年商业银行净利润增速比2015年有所回升,2016年商业银行累计实现净利润16490亿元,同比增长3.54%,增速同比上升1.11个百分点。在可获得数据的城商行中,77家城商行2016年净利润增速超过4%,高于商业银行平均水平。在资产规模超过5000亿元的12家城商行中,只有天津银行净利润增速为负,其他11家的净利润增速均高于商业银行平均水平,最高的锦州银行2016年净利润增速达到67.06%。另有至少20家城商行2016年净利润增速是负数。

2. 盈利能力

近几年,商业银行盈利能力整体呈现下行走势。主要原因是不良贷款增加需要计提更多的拨备,利率市场化、市场竞争加剧导致净息差持续减小。2016年商业银行资产收益率和资本收益率延续了2011年以来持续走低的态势。根据银监会统计信息,2016年商业银行平均资产利润率为0.98%,比2015年下降0.12个百分点,平均资本利润率13.38%,比2015年下降1.6个百分点。此外,2012年以来,商业银行净息差也整体呈现下行态势。2016年商业银行净息差2.22%,比2015年下降0.32个百分点,比2012年的2.75%下降了0.53个百分点(见图4-20)。

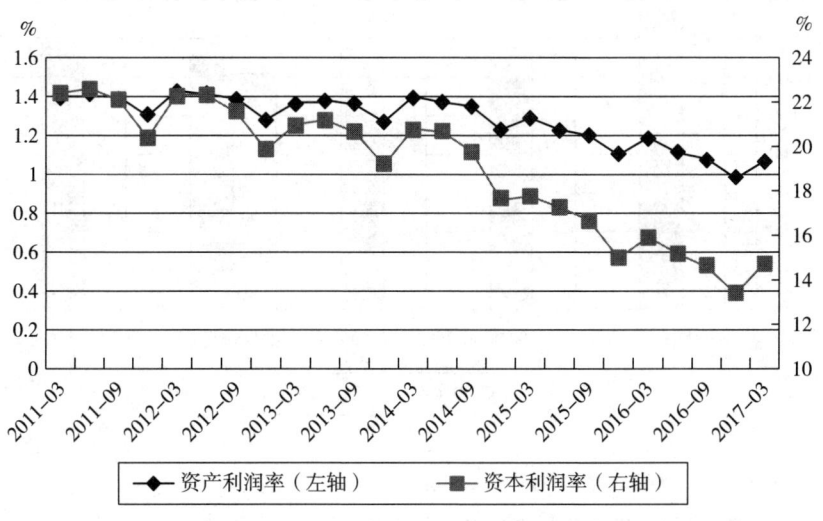

资料来源:银监会统计信息。

图4-20 2011~2017年第一季度末商业银行资产利润率和资本利润率

资本利润率方面,2016年多数城商行资本利润率低于商业银行平均水平。从可获得的数据看,2016年至少49家城商行资本利润率高于商业银行平均水平,至少70家城商行资本利润率低于商业银行平均水平。大部分城商行2016年资本利润率低于2015年。从可获得的数据看,至少36家城商行2016年资本利润率高于2015年,至少84家城商行2016年资本利润率低于2015年。分组方面,四个规模区间分组城商行2016年底资本利润率均值都低于2015年底资本利润率均值。2016年,资产规模大于3000亿元和资产规模处于2000亿~3000亿元的城商行资本利润率均值高于可获得数据的全部城商行资本利润率均值,另外两个分组城商行资本利润率均值低于可获得数据的全部城商行资本利润率均值。2016年,资本利润率均值最高的是资产规模大于3000亿元的城商行,最低的是资产规模处于1000亿~2000亿元的城商行(见图4-21)。

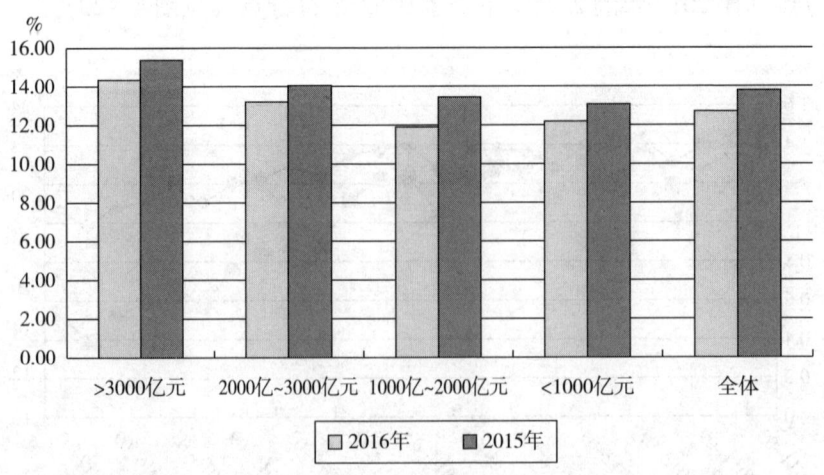

资料来源:《银行家》数据库。

图4-21 2015年和2016年不同规模区间城商行资本利润率均值

资产利润率方面,2016年大部分城商行资产利润率低于商业银行平均水平。从可获得的数据看,2016年至少33家城商行资产利润率高于商业银行平均水平,至少87家城商行资产利润率低于商业银行平均水平。大部分城商行2016年资产利润率低于2015年。从可获得的数据看,至少28家城商行2016年资产利润率高于2015年,至少90家城商行2016年资产利润率低于2015年。分组方面,四个规模区间分组城商行2016年底资产利润率均值都低于2015年底资产利润率均值。2016年,资产规模处于1000亿~2000亿元的城商行资产利润率均值低于可获得数据的全部城商行资产利润率均值,另外三个规模区间分组城商行的资产利润率均值高于可获得数据的全部城商行资产利润率均值(见图4-22)。

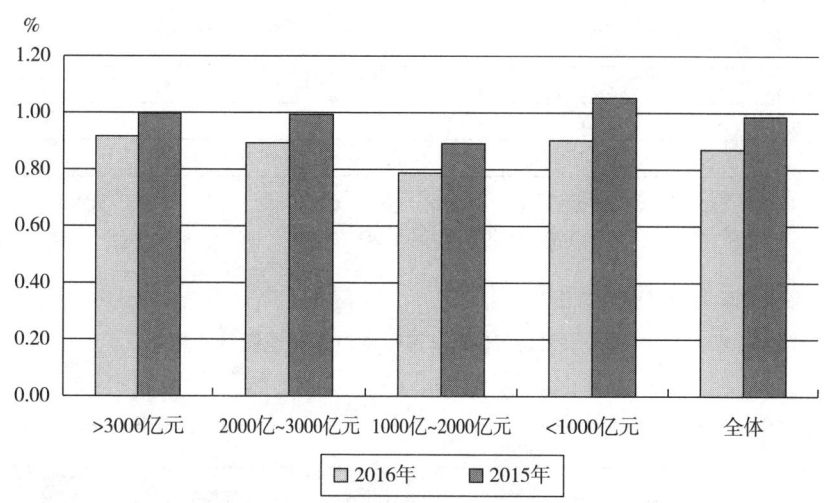

资料来源:《银行家》数据库。

图4-22 2015年和2016年不同规模区间城商行资产利润率均值

净息差方面,过半数城商行2016年净息差高于商业银行平均水平。从可获得的数据看,至少69家城商行2016年净息差高于商业银行平均水平,至少47家城商行净息差低于商业银行平均水平。大部分城商行2016年净息差低于2015年的水平。从可获得的数据看,至少20家城商行2016年净息差高于2015年,至少94家城商行2016年净息差低于2015年(见图4-23)。分组方面,四个规模区间分组城商行

2016年底净息差均值都低于2015年底净息差均值。2016年,净息差均值最大的分组是资产规模处于2000亿~3000亿元的城商行,其次是资产规模大于3000亿元的城商行,最低的是资产规模小于1000亿元的城商行(见图4-24)。

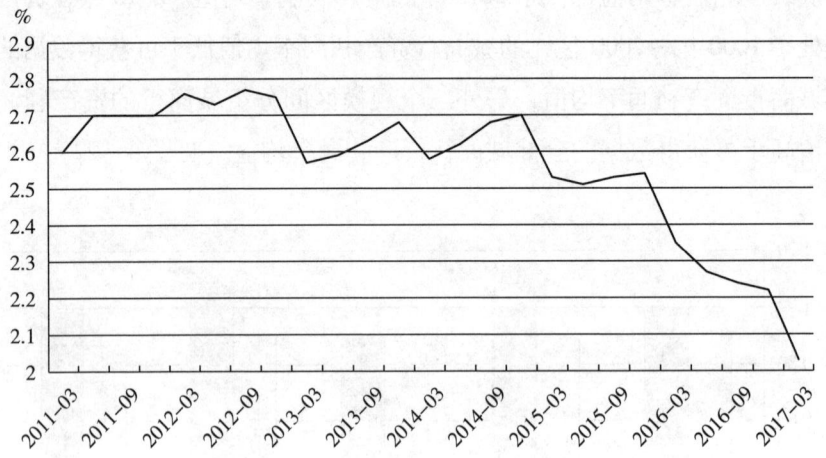

资料来源:银监会统计信息。

图4-23 2011~2017年第一季度末商业银行净息差

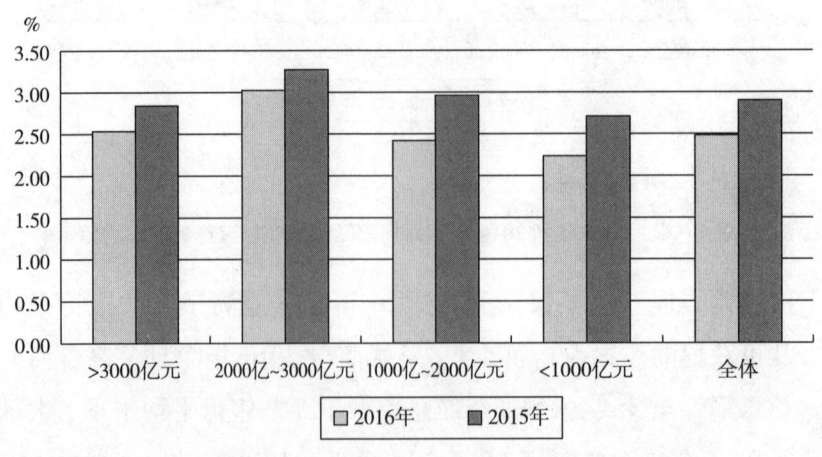

资料来源:《银行家》数据库。

图4-24 2015年和2016年不同规模区间城商行净息差均值

3. 成本控制

成本收入比是衡量商业银行成本控制能力的重要指标。从数据看，2011年以来，商业银行成本收入比整体上呈下降走势，但连年下降的势头在2016年发生了改变。2016年商业银行成本收入比是31.11%，比2015年回升0.52个百分点（见图4-25）。

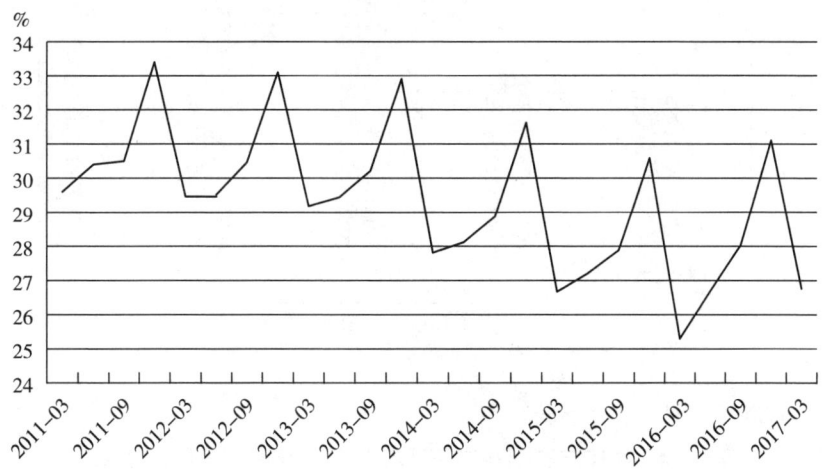

资料来源：银监会统计信息。

图4-25　2011~2017年第一季度末商业银行成本收入比

过半数城商行2016年成本收入比高于商业银行平均水平。从可获得的数据看，至少74家城商行2016年成本收入比高于商业银行平均水平，至少42家城商行成本收入比低于商业银行平均水平。

约半数城商行2016年成本收入比高于2015年的水平。从可获得的数据看，至少66家城商行2016年成本收入比高于2015年，至少50家城商行2016年成本收入比低于2015年。

从分组情况看，2016年资产规模较大的两个分组的成本收入比均值比2015年有所下降，资产规模较小的两个分组的成本收入比均值比2015年有所提升，整体看全部城商行成本收入比均值比2015年有所提升。2016年,成本收入比均值最低的分组是资产规模大于3000亿元的城商行,最高的分组是资产规模处于1000亿~2000亿元的城商行(见图4-26)。

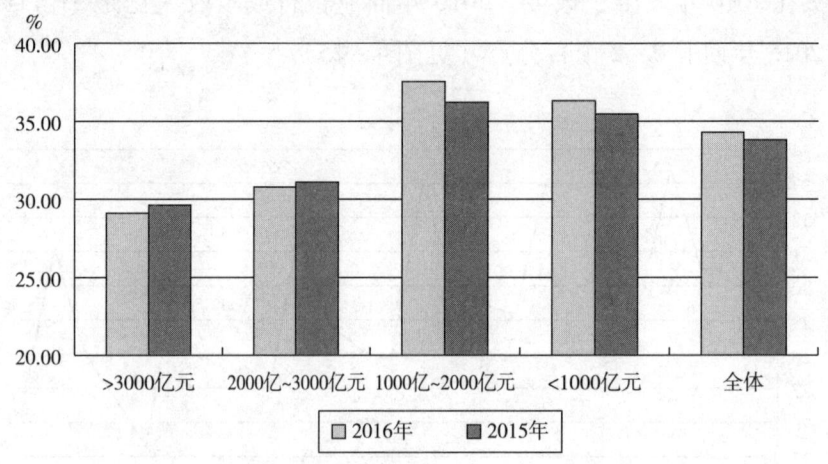

资料来源:《银行家》数据库。

图4-26 2015年和2016年不同规模区间城商行成本收入比均值

在2015年城商行竞争力报告中,我们指出,加强成本管理是银行业应对盈利能力下降的一项重要措施,但成本收入比并非越低越好,一味地压缩开支可能会对长期可持续发展能力带来不利影响。特别是,对城商行来讲,资产规模、业务量、客户数量较小,在科技系统、互联网金融等具有显著的规模经济效应领域的投入难以在更大的规模上、更大的业务量上、更大的客户基础上进行分摊,这些投入所具有的规模经济效应潜力无法得到充分的发挥。城商行需要建立比大型商业银行、股份制商业银行及互联网金融企业更富竞争力的薪酬体系,在业务创新、业务资质的获取方面需要更多的投入。这些能够带来长期效益的工作不能因为短期的成本削减而遭受抑制。当前,国家各类改革措施的效应逐步显现,整个国民经济活力在逐步提升,一个基本的判断是2012年以来形成的经济增速下行通道基本结束,即使进一步向下调整,下行的空间也不大。在困难时期,确实需要"勒紧腰带过日子",但更需要为发展形势好转时的长远发展作准备、打基础、拓空间。

(七) 收入结构

收入结构可以通过利息收入、手续费及佣金收入、投资收益等在营业收入中的占比来描述。利息收入是国内银行业主要收入来源。对规模和业务量相对较小的城商行而言,更是如此。但由于会计处理方法差异,不同商业银行的利息收入占比和投资收入占比不具有可比性。在会计处理上,对于可交易性金融资产、持有到期投资、可供出售金融资产等几类生息资产的利息收入,有的商业银行计入利润表"投资收益"科目,有的商业银行计入"利息收入"科目。

从手续费及佣金收入占比看,商业银行积极拓展收入来源取得了一定成效。近几年商业银行手续费及佣金收入占比整体呈小幅度增加走势。2016年商业银行手续费及佣金收入占比达到23.8%,略高于2015年末(见图4-27)。

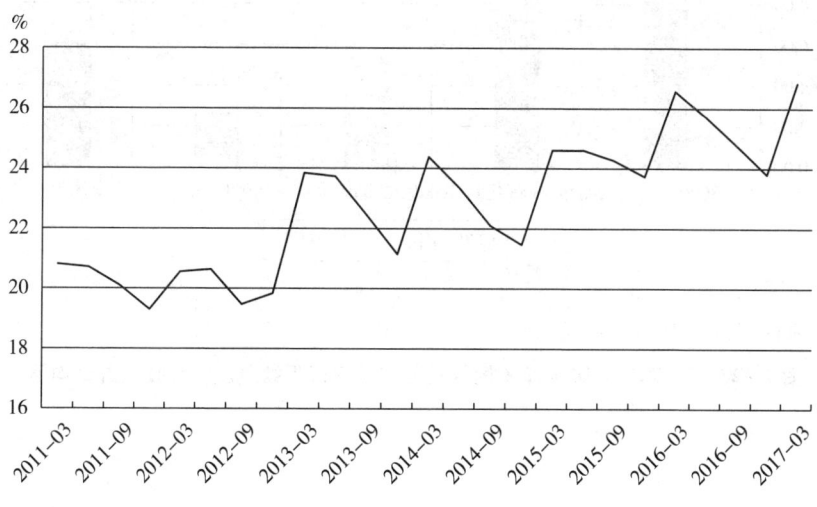

资料来源:银监会统计信息。

图4-27　2011~2017年第一季度末商业银行手续费及佣金收入与营业收入之比

从数据看,绝大部分城商行2016年手续费及佣金收入占比低于商业银行平均水平。从可获得收入结构数据的122家城商行看,120家城商行2016年的手续费及佣金收入占比低于商业银行平均水平,有几家城商行手续费及佣金收入占比是负数。资产规模大于1万亿元的4家城商行手续费及佣金收入占比也都低于商业银行平均水平。

从分组情况看,2016年四个分组城商行手续费及佣金收入占比均值都比2015年有所提升,较大规模区间的城商行手续费及佣金收入占比均值较高。2016年,规模较大的两个分组城商行的手续费及佣金收入占比均值高于可获得数据的全部城商行手续费及佣金收入占比均值,另外两个分组城商行的手续费及佣金收入占比均值低于可获得数据的全部城商行手续费及佣金收入占比均值(见图4-28)。

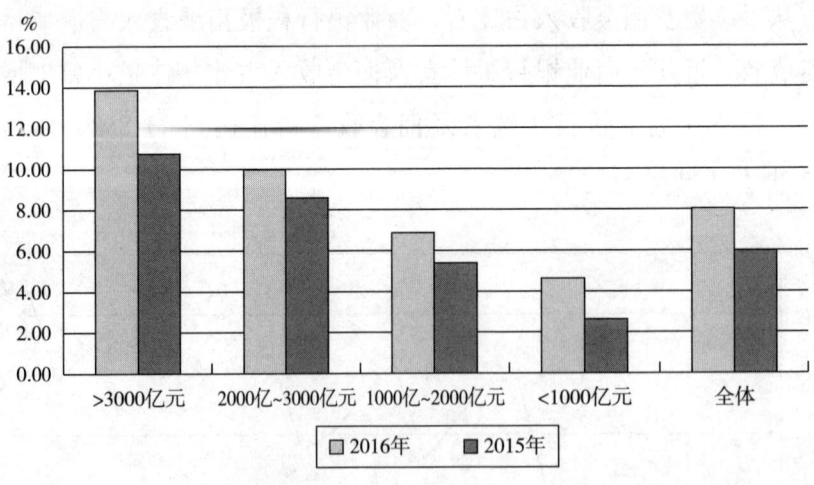

资料来源:《银行家》数据库。

图4-28 2015年和2016年不同规模区间城商行手续费及佣金收入占比均值

二、城商行服务实体及风险管控蓝图

促进银行业提升服务实体经济和供给侧结构性改革的能力和水平，防范化解金融风险是2016年以来银行业改革发展的重要内容。金融与实体经济唇齿相依，一荣俱荣、一损俱损。城商行需要进一步完善自身的审慎经营理念，更加熟悉宏观审慎监管，更加重视合规管理和杠杆管理，大力推进回归本源、专注主业、防控风险，在促进地方经济结构调整和转型发展中巩固自身立足当地、服务实体的定位。

（一）宏观审慎监管

需要加强宏观审慎监管，或者说强化审慎监管的宏观属性，是新一轮国际金融危机给国际社会带来的一个重要警示。金融体系与单个金融机构具有不同的行为特征，个体理性并不总是与集体理性保持一致。从长期看，金融稳定是金融业及其监管部门共同利益所在。但在短期内，一些金融监管措施会对金融机构的经营活动带来一定的约束和限制，逐利的本性驱使金融机构去突破这些约束和限制。回顾金融监管历史，并不是所有的金融监管措施都是科学合理的，有些监管措施在出台当时是科学合理的，但随着实践不断进步，会变得不合理。金融机构可以通过创新，或者说套利，来拓展业务空间、创造新的收入来源。在大部分金融机构看来，套利活动并不会带来严重的问题，但"加总"众多金融机构套利活动之后所形成的宏观行为并不是单个金融机构关注的，也不是它们所能够加以影响或控制的。笔者在另外的研究中曾指出，金融稳定在供给上具有公共产品属性，在消费上具有公共资源属性，存在着供给不足而又被过度消耗的倾向，称为金融稳定"悲剧"。特别是在现代金融体系中，金融机构只需要满足监管要求，并不需要直接为金融稳定负责，维护金融稳定是监管部门的职责所在，这种"分工协作"使维护金融稳定陷入一种较为被动的局面。

宏观审慎监管问题之所以在新一轮国际金融危机中充分暴露出来，主要原因是金融与科技的融合、金融业全球化等导致全球金融业更加紧密地联系在一起。这种相互联系使金融体系的宏观行为更加凸显出来，这种宏观行为具有显著区别于个别金融机构行为的特征。作为对新一轮国际金融危机的反思，国际社会进一步改革了国际银行业监管框架，改革了银行业资本监管协议，引入了杠杆率要求、储备资本要求、流动性监管要求，加强了对系统重要性金融机构的监管，以弥补在宏观审慎监管方面的缺陷和"短板"。

宏观审慎政策以防范系统性风险为主要目标，需要采取宏观、逆周期、跨市场的视角，减缓金融体系的顺周期波动和跨市场风险传染对宏观经济和金融稳定造成的冲击。"管理"的外延要大于"监管"，宏观审慎监管是宏观审慎管理的一个构成部分，宏观审慎管理通过宏观审慎政策实现。作为完善宏观审慎政策框架的重要举措，银监会于2011年发布了《商业银行杠杆率管理办法》，于2012年6月8日发布了《商业银行资本管理办法（试行）》，2014年制定并发布了《商业银行流动性风险管理办法（试行）》。2011年，中国人民银行正式引入差别准备金动态调整机制，其核心内容是金融机构适当的信贷增速取决于经济增长的合理需要及其自身的资本水平。

近几年，国内金融创新日趋活跃和繁荣，资产负债类型更为多样，表外业务获得了快速发展，金融风险形势越来越复杂，防范化解金融风险的压力越来越大。利率市场化改革、人民币汇率形成机制改革等也对宏观审慎管理能力提出了更高要求。从政策效果看，仅盯住狭义贷款越来越难以有效实现宏观审慎政策目标。在此背景下，中国人民银行从2016年起开始推动实施金融机构宏观审慎评估体系（MPA），并将之作为宏观审慎政策框架的重要构成之一。

宏观审慎评估体系（MPA）是原有差别准备金动态调整机制的"升级版"，是更为全面、更有弹性的宏观审慎政策框架。它继承了对宏观审慎资本充足率的核心关注，保持了逆周期调控的宏观审慎政策理念。与差别准备金动态调整机制相比，宏观审慎评估体系（MPA）将单一指标拓展为七个方面的十多项指标，将对狭义贷款的关注拓展为对广义信贷的关注，兼顾量和价，兼顾间接融资和直接融资，由事前引导转为事中监测和事后评估。宏观审慎评估体系（MPA）将信贷增长与资本水平、经济发展合理需要紧密挂钩，具有宏观审慎政策工具和货币政策工具的双重属性，已成为"货币政策＋宏观审慎政策"双支柱的金融调控政策框架的重要组成部分。根据中国人民银行的资料，目前宏观审慎评估体系（MPA）着重从七个方面对金融机构的行为进行多维度的引导。

一是资本和杠杆情况。主要通过资本约束金融机构的资产扩张行为，加强风险防范。重点关注宏观审慎资本充足率与杠杆率，其中宏观审慎资本充足率指标主要取决于广义信贷增速和目标 GDP、CPI 增幅，体现了《巴塞尔协议Ⅲ》资本框架中逆周期资本缓冲、系统重要性机构附加资本等宏观审慎要素，杠杆率指标参照监管要求不得低于 4%。宏观审慎资本充足率是最低资本充足率、储备资本、系统重要性附加资本、逆周期缓冲资本之和的一定倍数。这个倍数是结构性参数，基准值是 1，可根据需要适度上调。在目前使用的计算公式中，除了最低资本充足率、储备资本、目标 GDP 和目标 CPI 增速等共同因素之外，单个金融机构的广义信贷增速、系统重要性参数（主要取决于资产规模）也会影响宏观审慎资本充足率。未来待相关管理标准明确后，还将考虑纳入总损失吸收能力（TLAC）等指标。

二是资产负债情况。适应金融发展和资产多元化的趋势，从以往盯住狭义贷款转为考察广义信贷（包括贷款、证券及投资、回购等），既关注表内外资产的变化，也纳入了对金融机构负债结构的稳健性要求。银行表内资金运用绝大部分已经纳入广义信贷范围。在 2016 年的 MPA 评估中，银行广义信贷的范围包括贷款、债券投资、股权及其他投资、买入返售资产以及存放非存款类金融机构款项等资金运用类别（不含存款类金融机构之间的买入返售）。此外，近年来银行表外理财业务增长较快，其投向与表内广义信贷并无太大差异，并在一定程度上存在刚性兑付，未真正实现风险隔离，存在监管套利等问题。2017 年第一季度，中国人民银行将表外理财纳入广义信贷范围，以合理引导金融机构加强对表外业务风险的管理。在具体操作上，将表外理财资产在扣除现金和存款之后纳入广义信贷范围，纳入后仍主要对新的广义信贷余额同比增速进行考核和评估。将表外理财纳入广义信贷之后，部分机构的广义信贷同比增速将会提高，与之对应的宏观审慎要求也会相应提高，由此引导金融机构稳健经营。负债方，为了更全面地反映金融机构对同业融资的依赖程度，引导金融机构做好流动性管理，中国人民银行计划于 2018 年第一季度评估时起，将资产规模 5000 亿元以上的银行发行的一年以内同业存单纳入 MPA 同业负债占比指标进行考核。对其他银行继续进行监测，适时再提出适当要求。

三是流动性情况。鼓励金融机构加强流动性管理，使用稳定的资金来源发展资产业务，提高准备金管理水平，并参照监管标准提出了流动性覆盖率的要求。

四是定价行为。评估金融机构利率定价行为是否符合市场竞争秩序等要求，特别是对非理性利率定价行为作出甄别。

五是资产质量情况。鼓励金融机构提升资产质量，加强风险防范。其中包括对同地区、同类型机构不良贷款率的考察。

六是跨境融资风险情况。从跨境融资风险加权余额、跨境融资的币种结构和期限结构等方面综合评估。自 2016 年 5 月 3 日起，全口径跨境融资宏观审慎管理在试点基础上扩大至全国范围的金融机构和企业。2017 年 1 月 13 日，中国人民银行发布《关于全口径跨境融资宏观审慎管理有关事宜的通知》，进一步完善了中国人民银行和外汇局原有的外债管理政策，在当前形势下适当扩大了企业和金融机构的跨境融资空间。同时，中国人民银行可根据宏观调控需要和宏观审慎评估（MPA）的结果设置并调节相关参数，对金融机构和企业的跨境融资进行逆周期调节，使跨境融资水平与宏观经济热度、整体偿债能力和国际收支状况相适应，控制杠杆率和货币错配风险，防范系统性金融风险。

七是信贷政策执行情况。坚持有扶有控的原则，鼓励金融机构支持国民经济的重点领域和薄弱环节，不断优化信贷结构。根据宏观调控需要和评估实施情况，中国人民银行将对评估方法、指标体系等适时改进和完善，以更好地对金融机构的经营行为进行评估，引导金融机构加强审慎经营。

考核对象方面，宏观审慎评估体系（MPA）将银行分为三类：全国性系统重要性机构，如五家大型商业银行；区域性系统重要性机构，一般为各省资产规模最大的城商行；普通银行，含全国性股份制银行、省内非资产规模最大的银行。在某些指标上宏观审慎评估体系（MPA）对三类银行的考核标准有所差别。

考核结果方面，目前宏观审慎评估体系（MPA）关注七大类指标。每一类指标包括一个以上具有代表性的指标，并赋予分数权重。每类指标的总分均为100分，单类指标考核得分90分以上为优秀，60分至90分为达标，60分以下不达标。按照宏观审慎评估体系（MPA）考核得分，金融机构被分为A、B、C三档。七大类指标均优秀的金融机构属于A档。如果在考核中，资本和杠杆情况、定价行为中任意一项不达标，或资产负债情况、流动性、资产质量、外债风险、信贷政策执行中任意两项及以上不达标，则划归C档。既不是A档也不是C档的划归B档。

考核结果运用方面，考核结果处于不同档次的银行会受到不同的激励或约束。目前，A档机构可获得的奖励，包括上浮法定存款准备金利率，优先发放支农支小再贷款再贴现，优先金融市场准入及各类金融债券发行审批等。C档机构受到的约束，包括下浮法定存款准备金利率，提高SLF（常备借贷便利）利率，暂停MLF（中期借贷便利），限制金融市场准入及各类金融债券发行，被调出一级交易商等。B档不享受激励，也不受额外约束。

根据中国人民银行2016年第四季度货币政策执行报告信息，从2016年宏观审慎评估情况看，货币信贷基本保持平稳增长态势，银行业金融机构总体上经营稳健，以资本约束为核心的稳健经营理念更加深入人心，自我约束和自律管理的能力及意识有所提高，市场利率定价秩序等得到有效维护，符合加强宏观审慎管理的预期。

宏观审慎评估体系（MPA）是我国银行业监管和宏观审慎管理的一次重要的尝试和探索。可以预见，未来宏观审慎评估体系将会结合宏观审慎政策及国际银行业监管新理念、国内银行业改革发展新实际，得到持续改进和完善。其一，更多资产类型、负债类型或表外项目会被纳入评估框架。这取决于某个资产类型、负债类型或表外项目对宏观审慎政策目标的影响。金融业创新日趋活跃，创新与套利之间存在着相互重叠的领域。金融危机留下的重要教训之一就是，有些套利活动会削弱监管有效性、给金融体系带来脆弱性。甚至一些监管部门推动的金融创新，比如资产证券化、同业存单，发展过度之后也会对金融体系运行造成一定的不利影响。其二，宏观审慎评估结果的应用范围和力度会逐步扩大。宏观审慎评估体系（MPA）由中国人民银行建立，当前主要应用在中国人民银行政策范围内的存款准备金利率、流动性便利、再贷款、部分业务资质准入等领域。可以预见的是，中国人民银行将会逐步提升宏观审慎评估结果的激励约束范围和力度，以提升宏观审慎监管效力。特别是，随着中国人民银行与银监会之间的监管协调逐步深化，并就宏观审慎监管达成一致，宏观审慎评估结果有可能会被应用到一些银行业监管政策上，比如机构与业务准入、第二支柱监管资本要求、存款保险费及监管介入等领域。其三，随着监管协调全面深化，在整个金融体系的层面就宏观审慎监管达成一致，证券、保险、信托等也将被纳入一套统一而又有差异的宏观审慎监管体系。其中，宏观审慎评估体系以及以其为基础的激励约束措施将是确保达成宏观审慎政策目标的重要保障。其四，未来的宏观审慎评估体系有可能会超出其现有的样子，甚至可能会发生重大的改变。从整个经济社会看，宏观金融稳定的重要性要高于个别金融机构稳定，宏观审慎监管需要纳入金融业的全部重要领域和环节。随着更多金融子行业被纳入，宏观审慎评估体系必须与之相适应，并进行改革和完善。

总而言之，不论宏观审慎评估体系未来会如何发展，它将在加强宏观审慎管理、防范系统性风险、维护我国金融安全方面产生重要的作用。银行业需要熟悉并适应宏观审慎监管，并学会在宏观审慎监管下进行经营管理、改革创新、转型发展。这一点需要给予更加充分的认识。

（二）银行杠杆管理

现代经济的一个基本特征是，经济主体的消费和投资行为是建立在一部分自有资金和一部分外部资金的基础之上的。资金配置或者说资金从盈余方向短缺方集中的过程可以通过市场完成，也可以通过银行完成，市场和银行在不同国家和地区的融资体系中具有不同的重要性。商业银行为了履行自己的职能，一方面从社会吸收存款和其他资金，另一方面将资金运用出去，形成对其他经济主体的债权。

对于任何经济主体，外部资金都是债务。债务以货币契约的形式存在，按期偿付本息是刚性的。但经济主体的资产的价值并不是刚性的，商品、服务、证券的价格会上下波动。商业银行同样面临这样的局面，它们所持有的有价证券、对金融企业和非金融企业的授信的账面价值随时都在发生变动，但债务的偿付义务则是由合同约定的。

刚性债务与弹性资产的组合给经济主体（包括商业银行）的偿债能力带来了不确定性。在商品、服务、证券价格下降时，经济主体的偿债义务并不随之减轻，这会增大偿付压力，导致经济主体陷入流动性危机，更有甚者陷入清偿能力危机，换言之，破产倒闭退出市场。刚性债务负担会加剧流动性危机或清偿能力危机。为了满足偿债义务，经济主体会在商品、服务、证券的价格下降时争相出售，进一步压低商品、服务和证券的价格，商业银行会因为交易对手信用条件的恶化而集体停贷、抽贷。在证券价格急剧下跌过程中出售资产的行为，被称为"火灾受损品拍卖"，会加速市场崩盘。

客观来讲，债务是一项工具，但对债务的运用却是主观的。运用得当可以创造收益，运用不当则会导致危机，所谓"运用之妙，存乎一心"。一方面，谨慎的经济主体会在合理评估自己的短期、长期偿债能力的基础上进行负债。合理负债可以帮助经济主体平滑消费，进行大项目投资，扩大生产或资产规模，利用财务杠杆创造更多的"剩余收益"。另一方面，过度负债会导致脆弱性。这是费雪的"债务—通缩"理论的主要构成之一，也是明斯基所提出的金融不稳定性假说的基础。问题在于，实在难以确定什么是合理负债。经济主体的现金流、收入、资产及负债情况，产品、服务和证券的市场行情，资产的质量，经济周期所处的阶段等因素，都会影响经济主体的承债能力，这些因素相互作用。

杠杆是描述经济主体债务负担的一个重要术语。它可以被用在全球、地区、国家、行业、企业、家庭、个人等多个层面，还可以用于一种业务或一项交易。描述不同主体的杠杆情况的具体指标也各有不同。杠杆可以说是一种工具，本身并无好坏优劣之别，但有高低之分。大致上讲，更多的债务或更少的资本意味着更高的杠杆。

杠杆在金融业是一个基本概念，其对于商业银行是必然且必要的。

商业银行是高杠杆机构，主要是通过吸收存款，即主要是利用杠杆来为个人、家庭、企业和政府提供贷款。它们的杠杆倍数要远高于一些被认为是高杠杆的非金融企业。最早期的银行业是不受监管的，商业银行或通过自身的审慎经营理念，或通过行业自律来约束自己的经营行为。目前以巴塞尔银行监管委员会（BCBS）资本协议为核心的监管框架已为人所熟知，但其开始在全球主要经济体正式实施是20世纪80年代末期。实践证明，仅依靠统一的资本监管，并不能有效约束银行的杠杆。在巴塞尔银行监管委员会（BCBS）2010年12月发布的《巴塞尔Ⅲ：更具弹性的银行和银行体系的全球监管框架》中涉及杠杆率指标的章节提到，银行体系过度的表内外杠杆积累是危机的"根本特征"（Underlying Feature）之一。2011年6月发布的修订版中保留了"根本特征"这一提法。但在2014年1月发布的《巴塞尔Ⅲ：杠杆率框架及披露要求》中，"根本特征"变成了"根本原因"（Underlying Cause）。从工具论的观点看，债务或杠杆都是被动的因素，将它们视为危机根本原因的观点是有待商榷的。

在银行业中，债务合理性与资本充足性是一个问题的两个方面。资本充足性一直困扰着监管部门。监管部门希望银行持有充足的资本，但又不能准确地确定什么样的资本工具是合适的、持有多少量的资本才算是充足的。银行业及其监管部门在一次又一次的银行倒闭和银行业危机中吸取经验，并完善资本充足性监管框架。1988年以前，国际社会并没有统一的资本充足率要求，一些国家和地区曾经采取多个指标，比如存款与资产比、资本与存款比、资本与资产比、资本与风险资产比等，以保障银行体系的资本充足性。同时，国际和区域监管差异造成了全球市场的不公平竞争和监管套利问题，全球化则加剧了问题的严重性。2004年巴塞尔资本协议建立了由最低资本充足率、监督检查和市场纪律"三支柱"构成的监管框架，但在2006年全面实施不久，美国就爆发了次贷危机，并愈演愈烈成为国际金融危机。显然，资本充足率并不能全面准确地刻画银行的杠杆情况，仅仅依靠最低资本充足率要求并不足以促进银行业保持较高的杠杆率。监管部门发现，在很多情况下，银行建立了过度的杠杆，但仍然能保持较好的风险加权资本充足率。

在2010年以来的新一轮国际银行业监管改革中，加强了风险加权资本充足率要求，并引入了杠杆率。杠杆率具有简单、透明、非风险加权等特征。巴塞尔银行监管委员会（BCBS）认为，杠杆率是风险加权资本充足率的"支撑"。从这一提法可以看出，巴塞尔银行监管委员会仍然将最低风险加权资本充足率要求视为其监管框架的基础。我们对此看法表示怀疑。我们认为，这两个指标是"相互补充"的。至少从目前来看，二者难分优劣高下，在二者之间进行的任何排序似乎都缺少充分的理论依据和经验证据。国际银行业监管部门希望通过对这两个指标设定最低要求来实现对银行杠杆情况的控制。我们对此也寄予期望，但依靠风险加权资本充足率和杠杆率两个指标来描述银行的杠杆情况或债务合理性是否充分尚待研究论证和实践检验。

质疑归质疑，现实归现实。在目前的银行业监管框架中，银行需要持有满足特定标准和要求的资本，需要满足特定的风险加权资本充足率和杠杆率要求。关于国内银行业资本监管，我们在2012年城商行竞争力评价报告中已有论述，此处不再赘述。下面，我们来分析银行业的杠杆率监管与杠杆管理情况。

在《巴塞尔协议Ⅲ》中，杠杆率是一级资本净额与经调整的表内资产和表外项目余额之比。根据《巴塞尔协议Ⅲ》，引入杠杆率的过渡安排分为两个阶段：监督监测阶段和并行阶段，前者始自2011年1月1日，后者始自2013年1月1日止于2017年1月1日。过渡期内，最低杠杆率要求设定为3%。银行需要自2013年1月1日起向其监管部门报告杠杆率及其构成，自2015年1月1日起进行公开披露。2014年1月发布的《巴塞尔Ⅲ：杠杆率框架及披露要求》，对衍生品、证券融资交易等敞口的计量方法进行了完善，以适应不同的会计准则，提升杠杆率指标的一致性。目前，巴塞尔银行监管委员会（BCBS）正在就杠杆率的定义和计算方法进行最终的调整和完善，最终将于2018年1月1日起实施。

银监会于2011年6月发布了《商业银行杠杆率管理办法》，将杠杆率定义为"商业银行持有的、符合有关规定的一级资本与商业银行调整后的表内外资产余额的比率"，要求商业银行并表和未并表的杠杆率均不得低于4%，要求系统重要性银行于2013年底前达到最低杠杆率要求，非系统重要性银行于2016年底前达到最低杠杆率要求。在过渡期内，未达到最低杠杆率要求的银行应当制订达标规划，并向银监会报告。2015年1月修订发布的杠杆率管理办法，对承兑汇票、保函、跟单信用证、贸易融资等表外项目的计量方法进行了调整，根据具体项目分别采用10%、20%、50%和100%的信用转换系数，并进一步明确了衍生品和证券融资交易等敞口的计量方法。同时，要求境内外已经上市的商业银行，以及未上市但上一年年末并表总资产超过1万亿元的商业银行应当按季披露杠杆率指标信息，每半年按照规定模板披露杠杆率相关信息；其他商业银行应当至少按发布财务报告的频率披露杠杆率指标信息。中国人民银行推动实施的宏观审慎评估体系（MPA）中所引用的杠杆率指标，参照监管要求不得低于4%。

国内商业银行杠杆率管理办法与《巴塞尔协议Ⅲ》的杠杆率监管框架的基本精神是一致的。针对当前国际社会关于杠杆率的要求，这里点到即止提出三个问题。其一，杠杆率要求是否需要引入逆周期调整机制。不低于3%或4%是否足够控制银行杠杆，以促进银行体系和金融体系的稳健性。如果答案是否定的，监管部门是否需要在繁荣期提升杠杆率要求。其二，是否需要对系统性重要银行提出额外的杠杆率要求。其三，是否需要对杠杆率指标设置进行分层。比如分别设定以核心一级资本净额、一级资本净额、资本净额为分子的最低杠杆率要求。

在国内,"银行去杠杆"或"金融去杠杆"更多的是从金融业内流行起来的,监管部门并未明确提到过这两个词语。4%是对商业银行杠杆率的最低要求。从满足监管要求看,国内商业银行的杠杆率并不高。中国人民银行、银监会等银行业主要监管部门并没有在正式场合提到过要推动"银行去杠杆"或"金融去杠杆"。银监会在2016年、2017年的年度及半年度工作会议通信稿中均未提到推进"银行去杠杆",同样中国人民银行近两年的工作会议也没有提到推进"金融去杠杆"。中国人民银行、银监会更多的是在促进金融业服务实体经济,服务供给侧结构性改革和"去产能、去库存、去杠杆、降成本、补短板"。比如,银监会在多次重要会议新闻稿中提到,要深入开展市场化法治化债转股,积极稳妥推进去杠杆。2017年7月14~15日召开的第五次全国金融工作会议之后发布的通讯稿中提到,"要推动经济去杠杆……要把国有企业降杠杆作为重中之重……"也未明确要推动"银行去杠杆"或"金融去杠杆"。

从债务与GDP之比来看,我国各实体部门的债务都在增长,但债务增长主要来源于非金融部门。根据国际清算银行(BIS)的数据,尽管政府和家庭(含NPISHs)的债务与GDP之比近几年呈现上升态势,但截至2016年末仍然处于50%以下。这个水平在全球范围内比较并不高。2016年底,非金融部门债务与GDP之比为257%,在全球主要经济体中处于中等水平,非金融公司债务与GDP之比为166.3%,私营非金融部门债务与GDP之比为210.6%,私营非金融部门来自银行的债务与GDP之比为157.0%。同期,私营非金融部门偿债比率(DSR)增加到20.1%,换言之,私营非金融部门两成的收入都用于偿还债务(见图4-29)。

国内正式提出推进"去杠杆"是在2015年末。2015年12月召开的中央经济工作会议提出,要在适度扩大总需求的同时,推进供给侧

第四部分 2016年城市商业银行竞争力评价报告

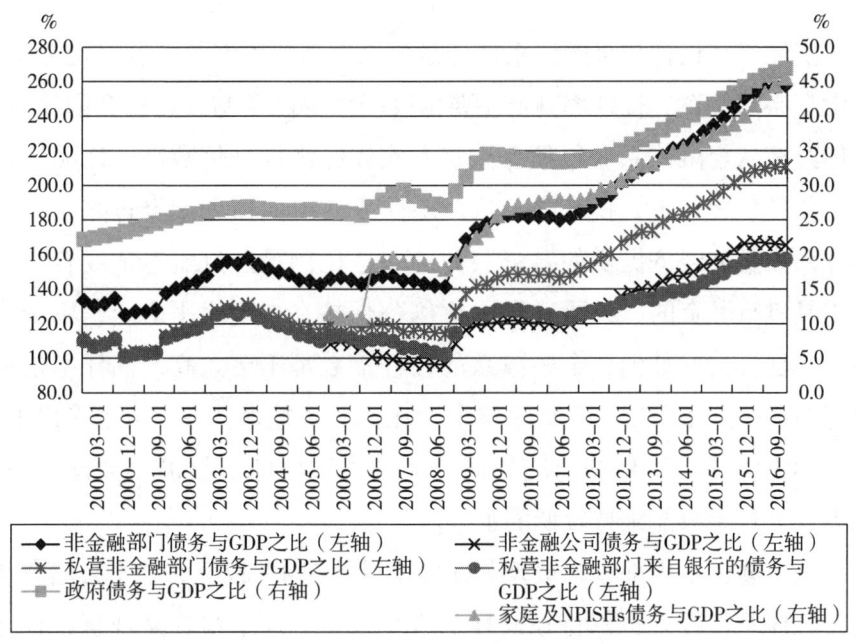

资料来源：国际清算银行（BIS）。

图4-29 不同主体债务与GDP之比

结构性改革，实施好去产能、去库存、去杠杆、降成本、补短板五大任务。2016年5月9日人民日报刊登的《开局首季问大势——权威人士谈当前中国经济》一文中指出，当时经济工作面临的"两难"或"多难"问题的最突出表现是，经济面临下行压力和实体经济高杠杆。从这一观点看，去杠杆应该是去实体经济杠杆。在同一文的另外一处，针对2016年伊始发生的股市汇市动荡，权威人士还提到"……要从整个金融市场的内在脆弱性上找原因。其中，高杠杆是'原罪'，是金融高风险的源头，在高杠杆背景下，汇市、股市、债市、楼市、银行信贷风险等都会上升，处理不好，小事会变成大事。"似乎，金融体系杠杆也不低。严格讲，整个金融体系杠杆高，并不代表金融体系的每个局部，比如银行业的杠杆也高，但也不能排除银行业杠杆高的情况

171

存在。

实体经济杠杆与金融体系杠杆是什么关系？答案是，有一定关系，但没有必然关系。杠杆率高低主要依赖于债务融资与权益资金的比例。实体经济从金融体系获得债务融资，实体经济杠杆倍数高，说明实体经济债务负担过重，换言之，从金融体系获得的债务融资过多了。金融体系为实体经济提供的融资服务的一定比例是通过资本金或合格资本工具进行融资的。只要这个"比例"保持在一定水平之上，不论实体经济杠杆情况如何，金融体系的杠杆倍数都不会太高，杠杆率也可以保持在一定水平以上。如果这个"比例"不能保持在一定水平以上，那么不论实体经济杠杆情况如何，金融体系杠杆倍数仍然会比较高，或者说杠杆率只能维持较低的水平。

就金融体系内部看，银行业杠杆率保持在4%以上，并不必然意味着金融体系杠杆率也保持在同样的水平以上。这个很容易理解，银行业并不是金融体系的全部。非银行金融领域的杠杆情况并不像银行业一样透明，尽管银行业杠杆情况的透明度也不令人满意。

就银行业来看，杠杆率只是对商业银行杠杆情况的整体概述，一个简单、透明的杠杆率数据所展现的杠杆情况并不能反映银行杠杆的全部细节。我们把银行按照监管要求披露的杠杆率称为显性杠杆率，另外还有一个隐性杠杆率。商业银行的隐性杠杆率要高于显性杠杆率。二者之间的差距主要来源于未能被杠杆率管理办法覆盖的业务领域或已经被杠杆率管理办法覆盖但要求不充分的业务领域，包括理财、同业、委外及其他一些表外业务。这些业务是相互交织在一起的。比如，商业银行可以通过发行同业存单筹集资金，并用于购买同业理财产品，同业理财产品可以是同业存单，或者可以进行委外，通过委外还可以购买自己的信贷产品。这是所谓的资金空转的一种形式。在有些领域，商业银行并不承担法律上的偿付义务，但由于所谓"刚性兑付"的存在，商业银行承担着实际的偿付义务。"刚性兑付"问题是我国金融领域的一个重要现象,这一因素在杠杆率管理办法和资本管理办法中都未有充分的考虑和体现。这也是《巴塞尔协议Ⅲ》所设定的监管框架和监管要求不能完全充分适应国内银行业实际情况的重要原因之一。由于"刚性兑付"的存在而产生的隐性债务、隐性风险,无法通过巴塞尔协议Ⅲ的监管指标反映出来。

问题的严重性产生于规模。仅就2017年第一季度被中国人民银行纳入广义信贷范围的表外理财来看,中国人民银行2016年第四季度货币政策执行报告在"将表外理财纳入宏观审慎评估"专栏中提到,截至2016年末,表外理财资产超过26万亿元,同比增长超过30%,比同期贷款增速高约20个百分点。中国人民银行2017年第二季度货币政策执行报告在"促进资产管理业务规范健康发展"专栏中提到,截至2016年末,银行表外理财产品资金余额为23.1万亿元。不管是26万亿元,还是23.1万亿元,规模之大实在是不容忽视。在2016年第四季度货币政策执行报告的专栏中,中国人民银行指出,对表外理财业务的风险还缺乏有效识别与控制。一是表外理财底层资产的投向与表内广义信贷无太大差异,主要包括类信贷、债券等资产,同样发挥着信用扩张作用,若增长过快也会积累宏观风险,不符合"去杠杆"的要求。二是目前表外理财业务虽名为"表外",但交易的法律关系还不够明确,业务界定尚不够清晰,一定程度上存在刚性兑付,出现风险时银行往往表内解决,未真正实现风险隔离,存在监管套利等问题。

这就是为什么国内商业银行的杠杆率保持在4%的监管要求以上,监管部门还是提到银行业存在乱加杠杆的现象。银行杠杆倍数增加主要来源于能够增加隐性杠杆的领域,即资本管理办法和杠杆率管理办法不能充分覆盖的那些业务领域。这也是为什么存在"银行去杠杆"说法的原因。银行去杠杆去的是隐性杠杆。2017年以来,特别是全国金融工作会议召开以来,监管部门将减少银行资金空转、脱实向虚作为促进银行业服务实体经济、防控金融风险的一项重要工作。2017年,银监会提出，要推进银行业回归本源、专注主业。7月17日，银监会党委在传达学习全国金融工作会议精神时，明确提出深入整治乱搞同业、乱加杠杆、乱做表外业务等市场乱象。

在资本管理办法和杠杆率管理办法的覆盖范围以内，杠杆情况受到最低资本充足率和最低杠杆率要求的约束，是比较透明的。目前的问题是，如何管理隐性杠杆？银监会系统正在对银行业乱加杠杆等违规行为进行查处，中国人民银行的宏观审慎评估体系（MPA）在这方面也进行了重要的探索，比如将表外理财、同业存单纳入评估体系覆盖范围。除此之外，这里简要提供几个管理隐性杠杆的思路和方法。其一，采取类似其他表外项目的监管方法，考虑"刚性兑付"因素为不同的业务设计相应的"信用转换系数"，将它们纳入资本管理办法和杠杆率管理办法。比如，对于理财产品、委外，可以按照穿透管理的原则，根据底层资产的性质设计信用转换系数。其二，打破"刚性兑付"，减少商业银行隐性的偿付义务。这些偿付义务在法律上并不由银行承担，但在项目本身发生问题时，偿付却要由商业银行来负担。存量业务是在"刚性兑付"的基础上发展起来的，打破"刚性兑付"意味着投资者要承担更多的风险。随之而来的问题是，是否需要重签合同？投资者是否能够接受？打破"刚性兑付"对商业银行是有利的，但是哪个银行愿意成为"始作俑者"？结局难料，一着不慎，很可能会像孔夫子所说的那样："始作俑者，其无后乎？"更难者在于对金融稳定的认识和看法需要作出调整。其三，限制一些金融业体内循环的业务模式。有些业务发展过度才成为问题。比如，委外业务。委外业务对投资团队力量不足、投研及资产管理能力相对较弱的城商行而言，尤显重要。城商行通过委外，可以借助同业的专业力量，实现更高的收益、更多样化的配置。这些业务可以限制发展，比如设置上限、设置委外投资范围等，但不宜禁止。从服务实体经济、维护金融稳定的角度，有些纯粹为了套利、导致资金"体内循环"并累积金融风险的业务模式可以禁止。其四，提升透明度。建立统一的信息收集、汇总和分析制度，全面、及时、准确了解情况，摸清风险底数。其五，强化流动性风险管理。透明度是影响流动性管理有效性的重要因素。流动性管理不论如何有效，也只是治标之策，可以缓解问题，但无助于解决根本问题。其六，监管政策设计要覆盖全面，尽可能减少会增加金融体系脆弱性的套利活动。比如，制定统一的资产管理业务管理制度。根据一些公开的消息，监管部门正在联合制定资产管理业务管理办法，但目前尚未正式发布。

（三）绿色金融发力

2016年是绿色金融发展历程上的重要一年。2016年8月31日，中国人民银行、财政部等七部委联合印发了《关于构建绿色金融体系的指导意见》，涉及再贷款、绿色信贷、绿色债券、绿色信贷证券化、绿色保险、节能环保企业上市、绿色金融衍生品、绿色发展基金、碳金融等绿色金融产品体系，标志着中国将成为全球首个建立了比较完整的绿色金融政策体系的经济体。在中国的积极争取下，绿色金融被纳入G20议题，并被首次写入G20领导人峰会公报。2016年9月4日到5日举行的G20领导人杭州峰会公报多处提到绿色金融，并明确提出，"为支持在环境可持续前提下的全球发展，有必要扩大绿色投融资。"这是G20引领全球应对环境和气候挑战的重要举措。2017年6月，国务院决定在浙江、江西、新疆等五省（自治区）选择部分地方，建设各有侧重、各具特色的绿色金融改革创新试验区，旨在加强绿色金融政策改革创新力度，探索可复制可推广的经验，推动绿色金融在全国加快落地。

绿色金融顶层设计之所以在2016年形成并提出，是有着深刻的历史和现实背景的，是与我国政府高度重视可持续发展能力密不可分的。改革开放以来，我国经济发展取得了举世瞩目的成就，但资源环境约束日趋强化。为缓解经济发展与人口、资源、环境之间的矛盾，我国持续深入推进经济结构调整，转变经济发展方式，同时越来越多地发挥金融在降低资源消耗、减轻环境压力方面的重要作用。"十一五"规划纲要首次以国家规划的形式，将建设"资源节约型、环境友好型社会"确定为我国国民经济和社会发展中长期规划的一项重要内容和战略目标。2007年7月，原国家环保总局、中国人民银行、银监会联合出台《关于落实环境保护政策法规防范信贷风险的意见》，旨在通过强化环境监管促进信贷安全，以严格信贷管理支持环境保护，加强对企业环境违法行为的经济制约和监督。十七大报告首次提出建设生态文明。"十二五"规划纲要进一步明确提出"绿色发展"，树立绿色、低碳发展理念，加快构建资源节约、环境友好的生产方式和消费模式，增强可持续发展能力，提高生态文明水平。2012年2月，银监会制定并发布了《绿色信贷指引》，要求银行业金融机构从战略高度推进绿色信贷，加大对绿色经济、低碳经济、循环经济的支持，防范环境和社会风险，提升自身的环境和社会表现，并以此优化信贷结构，提高服务水平，促进发展方式转变。十八大报告明确将经济、政治、文化、社会、生态文明建设纳入"五位一体"总体布局。2013年，银监会印发《绿色信贷统计制度》。2014年6月，在环保部的推动下，启动了"银政投"绿色信贷计划试点。2015年1月，银监会、发展改革委联合印发《能效信贷指引》。2015年4月，中国金融学会绿色金融专业委员会成立。2015年9月制订发布的《生态文明体制改革总体方案》，明确提出要建立绿色金融体系。2015年十八届五中全会提出，要牢固树立并切实贯彻"创新、协调、绿色、开放、共享"的发展理念。"五大发展理念"被全面贯彻到"十三五"规划纲要当中。2015年底，发展改革委制定并印发了《绿色债券发行指引》。中国人民银行、证监会、沪深交易所和交易商协会也先后出台了推动绿色债券发行的文件。

把绿色金融纳入G20议题的建议正式提出是在2015年底，并得到了国际社会的广泛认同。绿色金融实践起源于20世纪七八十年代,早起主要由一些国际组织和开发性银行主导,后来逐步得到一些政府、金融业的重视和支持。2015年12月1日,中国正式接任G20主席国。将绿色金融纳入G20议题的建议被2015年12月14日至15日G20财政和中央银行副手会议接受。2016年1月正式成立G20绿色金融研究小组,由中国人民银行和英格兰银行担任共同主席,联合国环境规划署承担秘书处工作。2016年1月25日至26日举行了第一次绿色金融研究小组会议。G20绿色金融研究小组的主要任务是识别绿色金融发展所面临主要障碍,并基于对各国经验和最佳实践的总结,分析并提出可提升金融体系动员私人部门绿色投资能力的可选措施,以促进全球经济的绿色转型。2016年7月,G20绿色金融研究小组向G20财长和中央银行行长会议提交了《G20绿色金融综合报告》。该报告最终提交给了G20领导人杭州峰会,并得到了广泛关注和认可。G20领导人峰会公报明确提到"……绿色金融的发展面临许多挑战……可通过以下努力来发展绿色金融:提供清晰的战略性政策信号与框架,推动绿色金融的自愿原则,扩大能力建设的学习网络,支持本地绿色债券市场发展,开展国际合作以推动跨境绿色债券投资,鼓励并推动在环境与金融风险领域的知识共享,改善对绿色金融活动及其影响的评估方法。"

国内绿色金融实践在2016年也取得了重要的进展。简言之,绿色金融体系是为节约资源、保护环境、促进可持续发展提供投资融服务的机构、产品、制度等金融要素的总和。2016年,我国政府和监管部门对绿色金融的重视程度和支持力度达到了空前的高度,绿色金融大的政策框架初步形成,越来越多的金融机构、各地政府参与到绿色金融实践,绿色产业和绿色企业的融资渠道不断扩宽,碳交易市场和碳金融市场相继出现,推动国内绿色金融向系统化、多样化方向发展。

目前,在国内较为成熟的是绿色信贷和绿色债券。国内绿色信贷实践始于 2007 年。原国家环保总局、中国人民银行、银监会于 2007 年 7 月联合发布《关于落实环境保护策法规防范信贷风险的意见》，要求金融机构严格环境监管和信贷管理。2012～2015 年，银监会又先后出台了《绿色信贷指引》《绿色信贷统计制度》《绿色信贷实施情况关键评价指标》《能效信贷指引》等政策，基本形成了以《绿色信贷指引》为核心的绿色信贷制度框架，对银行业开展绿色信贷的政策界限、管理方式、考核政策等进行了较为明确的规定。银监会每半年组织国内 21 家主要银行业金融机构开展绿色信贷统计工作。近些年，国内绿色信贷规模持续快速增长。绿色债券方面，随着 2015 年以来相关政策的逐步发布实施，兴业银行、农业银行、中国银行、浦发银行、青岛银行等先后在境内外发行了绿色金融债、绿色信贷资产证券化产品，国内绿色债券市场在 2016 年出现爆发式增长。根据中国人民银行副行长陈雨露在 2017 中国金融学会绿色金融专业委员会年会暨中国绿色金融峰会上披露的信息，截至 2017 年 2 月，国内 21 家银行业金融机构的绿色信贷余额达到 7.5 万亿元，占各项贷款余额的 8.8%；2016 年全年共发行绿色债券 2300 亿元，占全球绿色债券发行总规模的 40% 左右，一举成为全球最大的绿色债券发行市场。

在城商行中，江苏银行的绿色金融实践成果最为丰富，特别是创新推出了一系列绿色金融产品并成为第一家采纳"赤道原则"的城商行。国际金融公司（IFC）曾于 2006 年应财政部的要求设计了中国节能减排融资项目（CHUEE）。该项目自 2012 年起向特定省份推广，由国际金融公司（IFC）、中国清洁发展机制基金、财政部及省财政厅共同提供风险分担，支持当地商业银行向合格项目发放贷款。2012 年江苏项目启动后，江苏银行作为江苏省内唯一法人银行，被江苏省财政厅推荐给国际金融公司及中国清洁发展机制基金作为项目合作银行。2012 年 11 月 27 日，江苏银行与国际金融公司就中国节能减排融资江苏项目签署项目协议。江苏银行借助国际金融公司，逐步建立起了环境和社会风险管理体系，同时积极贯彻绿色发展理念，持续推进产品创新，初步形成了一套绿色金融产品体系，包括"能效贷款""合同能源管理公司项目贷款""光伏贷"等特色产品。2016年，江苏银行成立绿色金融事业部，重点支持节能环保、新能源等绿色产业。2016年12月23日，江苏银行董事会通过了采纳"赤道原则"（Equator Principles）的议案，同意采纳赤道原则，并授权经营层在方案总体框架内，根据监管要求，全权负责采纳赤道原则具体工作。2017年1月20日，江苏银行举行了合并重组十周年暨采纳赤道原则新闻发布会，宣布正式采纳赤道原则。根据公开信息，江苏银行2016年末绿色信贷余额达到467亿元，2017年3月末增长到629亿元，对公贷款占比达到12.06%。

赤道原则是一套确定、评估和管理项目融资涉及的环境及社会风险的风险管理框架，也是一套金融行业基准，由国际金融公司和9家跨国银行于2002年10月在自愿的基础上共同开发，正式启动于2003年6月4日。自愿采纳赤道原则的金融机构被称为"赤道原则金融机构（EPFIs）"。2006年1月，国际金融公司正式实施新的环境和社会标准。为了更好地融合利益相关者的建议、确保与国际金融公司绩效标准保持一致，赤道原则金融机构对赤道原则进行了更新，并于2006年7月6日在伦敦发布第二版赤道原则（EPⅡ），项目资本成本门槛从原来的5000万美元降低至1000万美元，并将项目融资咨询服务纳入适用范围。2010年7月1日，赤道原则金融机构共同组建了非公司性质的赤道原则协会，由赤道原则协会负责管理、实施和发展赤道原则。赤道原则协会于成立当年启动了对赤道原则（EPⅡ）的评估，并形成了一系列建议。同时，国际金融公司于2012年1月启动实施了新的可持续框架和绩效标准，这是赤道原则的基础。2011年7月，赤道原则更新工作启动。第三版赤道原则（EPⅢ）于2013年6月4日正式生效，采纳第三版赤道原则的过渡期截止时间是2013年底，不追溯2014

年1月1日以前的交易。第三版赤道原则比第二版的要求更高，除了项目融资、项目融资咨询之外，扩展到了项目相关公司贷款、过桥贷款两类产品。截至2017年9月，全球37个国家的91家金融机构采纳了赤道原则，覆盖了新兴市场70%的国际项目融资。赤道原则金融机构需要在其为项目提供融资相关的内部社会和环境政策、程序和标准中实施赤道原则。

目前，国内共有两家商业银行采纳赤道原则。除江苏银行之外，另外一家是兴业银行。兴业银行于2006年与国际金融公司联合在国内首创推出节能减排贷款，并于2008年10月31日正式采纳赤道原则。兴业银行可以说是国内绿色金融先行者和领先者，是国内绿色金融领域创新最为活跃的商业银行，创造了国内绿色金融领域的多项第一。比如，2006年率先推出国内首个能效项目融资产品，2008年成为国内首家正式采纳赤道原则的商业银行，2014年发行国内首只绿色信贷资产支持证券，2016年落地国内首只绿色金融债。从2015年开始，兴业银行抢抓发展机遇，利用自身优势，提出了打造绿色金融集团的战略，并制定了"两个一万"的集团中期发展目标，即到2020年，集团绿色金融融资余额争取突破一万亿元，服务绿色金融客户数（项目数）突破一万户，并依托集团联动机制建设一流的"绿色金融综合服务提供商""绿色金融集团"。截至2016年末，兴业银行集团绿色融资余额达4943.6亿元，较年初增加940.27亿元；绿色金融客户数7029户，较年初增加1182户；共发行绿色金融债500亿元。国际上将会有越来越多的金融机构采纳赤道原则，希望国内也如此。

发展绿色金融要求金融机构给绿色贷款、绿色债券、绿色信托、绿色租赁、绿色基金、绿色资产证券化、绿色行业企业上市等投"绿色票"或简称"绿票"，要实行绿色票"一票否决制"或"绿票否决制"。这要求对绿色金融进行明确的定义和分类，只有那些真正属于绿色金融的产品和交易才需要投"绿票"。绿色金融的定义和分类需要在国家或全球的层面上制定，由金融机构实施。国际性的定义、分类标准及实施要求往往不具有强制性，国家则可以强制金融机构执行自己的规定。建立一套广泛接受的绿色金融最佳实践标准是一项紧迫的课题和任务。2016年，在绿色金融规范发展方面出现了重要的进展。2016年G20领导人杭州峰会将绿色金融作为一个重要议题，并在公报中多次提到绿色金融。G20绿色金融研究小组向G20领导人杭州峰会提交的《绿色金融综合报告》指出，各国中央银行、财政部、金融监管机构和市场参与者间的国际合作正在加强，并主要集中在知识共享和能力建设领域。比如，国际金融公司旗下的可持续银行网络（SBN）、联合国旗下的责任投资原则（PRI），以及联合国环境规划署（UNEP）设立的金融倡议（FI），均致力于在实践中推动可持续贷款、责任投资和绿色保险；金融稳定理事会（FSB）设立了一个由私人部门主导的工作组，研究如何更好地披露与气候相关的市场信息；国际资本市场协会（ICMA）组织制定了《绿色债券准则》。在国内，七部委联合印发的关于构建绿色金融体系的指导意见，正在引领和指导国内绿色金融体系快速规范发展。

金融机构实施"绿票否决制"的积极性有高低之分，力度有大小之别。以银行业来讲，高度重视、大力发展绿色金融的商业银行需要在经营理念、公司治理、组织架构、人员配备、授信政策、业务流程、贷后管理、风险及合规管理等方面作出改革和完善，将"绿票否决制"融入其中。绿色金融所产生的社会和环境收益并不为开展绿色金融的商业银行所独享，用经济学的学术语言来表达，这里存在"外部性"。商业银行及其客户需要将"绿色"发展理念切实贯彻到自己的经营管理活动中，并作出承诺，不至于看到"入不敷出"而"心生退意，打退堂鼓"。绿色发展理念的贯彻落实及绿色金融发展需要成为董事会的一项重要职责。同时，需要对组织架构进行调整，配备知识结构合理的人员团队，包括设立绿色金融专营部门或绿色金融事业部，专司绿色金融发展的职责。在为客户提供项目咨询时，需要告知客户自己的绿色发展理念、政策、流程和"绿票否决制"，以及客户需要承担绿色发展工作。在项目尽调时，需要依据项目性质、项目的社会和环境风险大小等因素对项目进行分类，分类标准需要专业、明确。赤道原则建议将项目分 A 类、B 类和 C 类三类，其中 C 类项目对社会和环境影响轻微或无不利风险和影响。尽调指引需要对社会和环境风险相关内容作出明确说明，不同类别的项目需要不同程度的环境和社会风险评估审查。尽调人员需要具备社会和环境风险评估能力，在可能和需要的情况下可以考虑建立专门的专家评审机制，或者借助第三方来进行社会和环境风险评估。项目的分类和准入需要符合国家相关的产业和行业政策、节能减排和环境保护政策。对于不同类别的项目，需要制定不同的审批流程，并将相应的审批要求嵌入其中。"绿票否决制"并不是说商业银行不能为所有涉及社会和环境风险、有可能导致资源消耗和环境污染的项目提供融资服务，而是说要根据项目性质和风险情况制订环境保护或资源节约计划，并在计划科学合理的前提下为相关风险项目提供投融资服务。计划需要作为交易合同的一部分。在项目建设和存续期间，商业银行和客户需要在计划执行方面进行定期的评估、报告和完善，以促进环境保护和节约资源。商业银行的贷后管理、风险及合规管理需要纳入社会和环境风险，包括采取客户和项目名单制管理，通过动态及时的追踪、监测和分析，把握客户和项目的社会与环境风险情况。在需要并条件成熟时，商业银行可以考虑建立统一的环境与社会风险管理政策。

乍听起来，绿色金融是金融领域的事，但实则并非如此。绿色金融发展不仅关乎整个社会，也关乎银行的客户。仍以银行业来分析。从社会层面看，如果每家商业银行都积极开展绿色金融，每个客户都积极节约资源、保护环境，那么单独行动所存在的"外部性"问题就可以得到一定程度的缓解，每个经济主体都可以从其他经济主体的行动中获得"收益",从而补偿自己的绿色行为给其他经济主体所带来的正外部效应。这是一种"人人为我,我为人人"的绿色发展格局。从客户的角度看,客户除了要遵守国家的环境法律法规之外,还要在具体项目涉及的社会和环境风险方面作出承诺并制订行动计划。相关的承诺和行动计划需要作为商业银行提供融资服务的条件,并受商业银行和社会的监督。以赤道原则为例,对于被评定为 A 类和 B 类的项目,赤道原则金融机构一是会要求客户开展环境和社会评估,评估文件应包括相应的可以减少、减轻和补偿不利影响的措施。二是会要求客户开发或维持一套环境和社会管理体系(ESMS),并准备一份环境和社会管理计划(ESMP),以处理评估过程中发现的问题并整合为符合适用标准所需采取的行动。当适用标准不能令赤道原则金融机构满意时,双方将共同达成一份赤道原则行动计划(AP),概述根据适用标准,距离符合赤道原则金融机构要求还存有的差距和所需的承诺。三是会要求客户证明,其已经采用合适的方式,持续与受影响社区和其他利益相关方开展了有效的利益相关者参与行动。四是会要求客户设立一套投诉机制,作为社会和环境管理体系(ESMS)的一部分,让客户收集并促进解决对项目的社会和环境绩效的关注和投诉。五是要对客户的环境和社会管理计划(ESMP)、社会和环境管理体系及利益相关者的参与流程文件等评估文件进行独立审查。另外,赤道原则还规定了客户报告的最低要求。从机制上看,对客户的要求是通过赤道原则金融机构来传导的。

推动绿色发展、发展绿色金融,应该说是一个重要趋势,发展前景广阔。2016 年以来,国际社会对绿色金融的重视程度可以说达到了空前高水平,绿色金融进入重要的发展机遇期,我国在绿色金融体系构建方面所进行的开创性的工作成为全球绿色金融发展最重要的构成部分。总体上看,绿色金融发展仍然面临着定义及标准不明晰、外部性、环境风险评估技术欠发达、环境信息披露不充分、绿色项目所需资金期限较长等难题和挑战。但国内绿色金融正在向着逐步解决这些难题和挑战的方向发展，支持绿色投融资活动的税收、补贴和监管措施会不断完善，金融机构和企业的社会责任会进一步加重，环境信息披露要求会持续提升。从建立完善的绿色金融体系的角度看，当前我国绿色金融体系尚处于起步阶段，商业银行是最重要的参与者。未来，绿色金融体系参与主体会更加多样化，证券、保险、信托、基金等金融机构都会参与进来。我们将会看到越来越多的国内金融机构在绿色金融方面作出更多的承诺和行动，绿色金融产品和衍生品也会更加丰富起来，全国性的碳交易市场将逐步启动。希望城商行更加积极地履行社会责任，参与到绿色金融实践中。

第五部分

专家研究

第三篇

マルクス経済学

维护金融安全　助力实体经济
——2017 中国银行家论坛发言摘要

刚刚召开的全国金融工作会议针对当前我国金融业面临的突出问题和金融的重要地位全面部署了今后一段时间内金融业发展的大政方针，强调了金融应当回归本源、服务实体经济、完善金融监管体系、防范系统性风险、维护金融安全、深化金融改革。在决定建立金融稳定发展委员会、完善金融监管体系的同时，全国金融工作会议特别强调相关部门守土有责，这将使未来的金融环境更加协调，金融机构套利空间将趋小。作为中国金融体系的主体，中国银行业理所应当地成为维护金融安全的主体，那些钻监管空子的金融同业游戏、表内外腾挪游戏、影子银行等招数将面临巨大打击，银行业必将寻找新的出路，实现战略转型。这一出路就是更好地服务实体经济，服务实体经济也应当成为金融业的"题中应有之义"。近年来，中国银行业为此也进行了许多探索。然而，服务实体经济并非易事，既需要做好包括信息平台在内的金融基础建设、良好的银行债权人利益保护机制等金融环境，同样也需要银行利用先进的信息技术手段降低信息获取成本、提升银行效率和降低银行风险。服务实体经济，意味着要服务于国家区域和国际战略，服务于"双创"，服务于供给侧结构性改革，服务于经济结构调整，服务于民生战略。

浅谈全国金融工作会议

王松奇

一个部门行业，每五年召开一次全国大会，最高领导人到会讲话、讨论问题、布置工作，放眼中国各行各业，似乎只有金融业才得享如此待遇。

中国金融业的重要性提升是改革开放最重要的经济成果之一。在计划经济时代，一切围绕计划走，银行、货币、信贷都只是服务于计划经济的配角，是财政的附庸，所以金融压制是常态。我记得1984年中国金融学会在合肥召开的年会上，五道口研究生部的十几名硕士生轮流登台发言，主张中国建立和大力发展金融市场，曾被称为炸弹式事件，被美国之音报道，参会的许多老同志都对五道口小同学们的观点进行了严厉的批判。事后，蔡重直把发展金融市场的观点撰写成文发表在《经济研究》上，此后还以此文获得孙冶方经济学奖。这算是早期有关金融重要性问题的一个花絮。

真正让全国人民及各行各业重视金融问题的是于1997年11月17日至19日召开的第一次全国金融工作会议，自此次会议始中国确立了每五年召开一次金融全国会议的规矩。金融行业的重要性已再无争议。

第一次全国金融工作会议的大背景是亚洲金融危机，会议的主导者是时任常务副总理朱镕基。朱镕基在1993年金融出现问题后曾兼任过两年中央银行行长，对金融工作很熟悉。亚洲金融危机由泰铢贬值引爆时，中国金融业也正处于相对脆弱的历史发展时期。当时的主要问题是银行体系坏账率高，银行系统整体不良比率已在30%左右，按照巴塞尔协议银行资本充足率8%的要求，从理论上说，中国的银行业似乎已整体破产。所以，亚洲金融危机袭来时，中国的首要任务是稳定人心、提升信心、防止危机传染，同时要拿出一些具体措施来应对外部冲击。第一次全国金融工作主要确定的危机对策有五点：一是成立四大资产管理公司，处理四大行巨额不良资产；二是中央财政定向发行2700亿元特别国债，补充四大行资本金；三是银行系统取消贷款规模控制，实行资产负债比例管理；四是成立中央金融工委，强化金融分业经营和分业监管，提升证监会地位统一监管证券市场，并决定成立保监会监管保险业；五是撤销人民银行省分行成立9个大区行，据说可以此架构强化货币政策的独立性。

第一次全国金融工作会议开会时，据说主持人朱镕基特别强调对会议内容保密，泄露会议内容将受到严厉惩处。记得会议刚结束时，我曾给老同学郑晖打电话想了解一下会议精神，郑晖的第一句话是："这怎么能在电话里跟你说呢？"现在想来十分有趣。

朱镕基于1998年3月任国务院总理，在初任总理的亮相记者会上曾说要在三年内建成现代化金融体系，可见当年的万丈豪情。当时我坐在电视机前从头到尾看完朱总理的讲话和答记者问，事后还发文对朱总理的三年建成现代化金融体系的提法表示严重怀疑。不知第一次全国金融工作会议的五项具体举措是否是朱总理金融体系现代化蓝图的重要组成部分？

第二次全国金融工作会议于2002年2月5日至7日召开。这次大会还是由朱镕基主导。当时的金融改革举措主要有六点：一是撤销中央金融工委；二是组建中央汇金投资有限责任公司，主导中国国有银行重组上市；三是对工行、建行、中行的股改和上市确定关键支持政策；四是成立国有银行改革领导小组，办公室设在人民银行；五是作出改革农信社的决定；六是酝酿设立银监会，将银行业、信托业监管职能从中央银行剥离出来。这次全国金融工作会议人们短期注意的是撤销中央金融工委。在许多人看来，中央金融工委只是一个特定历史时期的特定产物,当然,它对中国金融业的改革发展也作出过重要贡献。不过,当年的中央金融工委权力实在太大了,国有银行省分行、保险、信托、证券的高管甚至分支机构干部配备都要由中央金融工委决定,而中央金融工委又是由各行各业抽调的许多非金融专业干部组成。中央金融工委撤销后,金融系统高管的生成渠道发生了质的变化。从长远角度看第二次全国金融工作会议的历史性贡献是对工行、建行、中行三大行上市的有力推动。在一个银行主导的金融体系中,国有大银行发展稳定了,金融系统的安全就有了基本保障。

第三次全国金融工作会议于2007年1月19日至20日举行,这次会议是由总理温家宝主导,实质内容大体有:(1)中国农业银行整体改制;(2)国家开发银行推行商业化运作,政策性银行改革实行一行一策原则;(3)成立政府投资公司负责外汇储备的运作;(4)确立发展改革委监管企业债、证监会监管公司债的分工模式;(5)明确提出完善金融分业监管体制机制。从朱镕基主导到温家宝主导,第三次全国金融工作会议与前两次会议的显著区别是,更加凸显了国务院作为总协调机制方面的作用。

第四次全国金融工作会议召开于2012年1月6日至7日,仍然由温家宝总理主导,这次会议是在经历了国际金融危机及中国已跃升为全球第二大经济体之后召开的,温家宝在会上部署了八项工作:(1)金融业要大力提升服务功能;(2)深化金融机构改革;(3)加强和改进金融监管,切实防范系统性金融风险;(4)防范化解地方政府债务风险,将地方政府债务收支分类纳入预算管理;(5)加强资本市场和保险市场建设;(6)完善金融宏观调控体系;(7)扩大金融对外开放;(8)加强金融基础建设。

第四次全国金融工作会议明显缺少实质的改革动作,只是一般地强调一些理念。但关于金融服务实体经济这一重要理念的表述,是对

2008年国际金融危机教训的最成功总结。

第五次全国金融工作会议于2017年7月14日至15日召开。这次会议与前四次大会的显著不同是由总书记主导，并到会做了2个多小时的重要讲话，据现场参会的同志说，在两个多小时的讲话中，总书记时常有脱稿表达的情况。

第五次全国金融工作会议的实际举措似乎只有两点：一是加强党对金融工作的领导；二是决定设立国务院金融稳定发展委员会。至于习近平总书记长篇讲话的核心要点，我认为早在2017年4月25日中共中央政治局以金融安全为主题的那次集体学习之后发表的新闻通稿里已勾勒得清清楚楚了，总共六点：（1）深化改革；（2）加强监管；（3）排查重要金融风险点；（4）提升金融业服务实体经济的能力；（5）提高领导干部的金融工作水平；（6）加强党对金融工作的领导。我们在第五次全国金融工作会议上看到的就是这次政治局集体学习后部署的六项工作的具体化。如总书记讲话中列举的金融八大乱象（国企债务、地方债务、房地产泡沫、影子银行、外部冲击、违法犯罪、杠杆率高和流动性风险）就是排查重要金融风险点的具体化。而"提高领导干部的金融工作能力"到底指的是我们的地方和非金融部门领导干部金融工作能力不强还是指金融系统内领导干部的工作能力尚待提高，我们一时还琢磨不透。但"加强党对金融工作的领导"这个信号倒是一直很明确，并且这一说法还隐含着实际内容：金融机构的党委会和三会一层到底是什么关系？中组部早有文件要求将"党的领导"条款补充进各金融机构的公司章程。所有这些不能不让我们重新学习《邓小平文选》中关于党政分工的一些论述并引发思考。中国金融系统近两年正在掀起监管风暴，从2016年刘士余接任证监会主席后推出的三项措施（打击忽悠式重组、套现式减持和顺畅IPO）到郭树清接任银监会主席后从3月23日到4月10日半个月左右的时间连续出台的八个监管文件，已预示今后相当长一段时期内整治金融乱象将成为金融监管的重点，而整治的最终目标仍然是提高金融体系对实体经济的服务能力。所以，"治乱象、提能力"这六个字可视为第五次全国金融工作会议的灵魂。

（作者系《银行家》杂志主编）

金融有时是"好孩子",有时是"坏孩子"
——兼谈经济与金融的关系

夏 斌

关于经济与金融的关系,实际上讨论的是宏观经济学中的货币金融理论问题。对此,理论界一直存在着争论,核心分歧是,货币是中性的还是非中性的。各学派观点不一,争执不已。从新古典学派到凯恩斯革命,到货币主义的"反革命",又到批评货币主义的"非均衡理论",历史上各学派谁都不服谁,各领风骚数十年,至今没有形成能为各方普遍接受的理论。

如果不从理论角度,而是从世界经济史的实际状况、从历史的发展脉络看经济与金融的关系,有国外学者曾提出,在人类社会2000多年的经济史长河中,推进人类经济活动快速发展的最近200多年,可划为五个阶段,历经五次大的技术革命浪潮。其特征标志是:第一次是以1771年的第一台纺织机器出现为特征的英国产业革命;第二次是1829年开始的蒸汽机和铁路时代;第三次是1875年开始的钢铁、电力、重工业时代;第四次是1908年开始的石油、汽车和大规模生产的时代;第五次是以1971年因特尔公司第一台微处理器,即芯片计算机诞生为标志的信息与远程通信时代的到来。

每次重大的技术革命浪潮,从技术发明、创新到技术扩散,推动经济增长,到出现泡沫,再到泡沫破灭、发生危机,回到经济衰退,经济重整,稳定发展,乃至又出现一个新的技术创新浪潮萌芽,这样一个周期大约是50年。在这样一个从经济低谷时代的技术创新,到经济高涨危机,又到经济低谷,开始新一轮世界范围内的创新的完整过程中，金融起了什么作用？概括看，在技术创新浪潮到经济高涨的时期，往往金融创新十分活跃，一系列创新金融工具的出现推动经济不断发展。当技术创新已经扩散到市场可能的边际时，由于金融的市场制度和监管秩序仍然维持着原来旧有的制度秩序，市场的狂热和金融对经济的"热恋"难以控制，往往就会将经济推向泡沫，甚至发生危机。当经济出现危机和崩溃的时候，金融杠杆开始收缩，开始出现各种分散投资风险，以及各种债务重组的金融创新，此时政府也开始反思教训、整顿金融，完善各种金融法律制度，调整金融监管制度，为下一次经济创新、技术创新浪潮的到来铺垫新的市场秩序。进一步概括，当人类的经济活动进入了货币信用经济以后，从历史上看金融，可以说，金融有时是"好孩子"，有时又是"坏孩子"。

在论及一国具体的金融和经济关系时，我们还必须增加另外一个纬度来看。看清楚在全球范围内200多年的五次技术创新浪潮中，或者说在大的经济长周期过程中，核心国家即霸权国家、中心国家，与非核心国家、外围国家，分别在技术创新、生产力发展的扩散进程、金融手段与工具的创新能力、资金的流动方向上是不一样的，是存在时滞的。在技术创新浪潮中，有时金融作为"坏孩子"发生作用的影响力，在核心和非核心国家，其内容与形式也是不一样的。简单来说，当今核心国家——美国的政策调整，如货币政策的紧与松，美元的升值与贬值，都会对全球经济产生深刻影响。也就是说，非核心国家当初的墨西哥危机、俄罗斯危机，以及亚洲国家的危机等，都与核心国家的货币、汇率政策、经济周期有密切关系。根据以上对200多年经济史的分析讨论，结合今天我们讨论的中国当下的经济与金融关系，能给我们什么启发？我想谈以下五点。

第一，必须认识到，理论是理论，实践是实践，但是实践远远比抽象理论丰富。要处理好经济与金融的关系，简单说，正确的理论描述是，经济是基础，金融是为经济服务的，因此金融滞后发展不行，超前发展也不行。但是，在一定时期内，根据一国所处的经济周期的不同阶段，金融手段是刺激经济促其扩张，还是帮助经济收敛于稳定，这是动态的，是不同的。仅仅基于经济与金融关系的抽象理论，一国是无法制定出切合实际的金融法规制度和监管政策的，而是需要准确把握当时一国经济发展所处的具体发展阶段，抓住阶段性特征和存在的问题。如果是非核心国家，还必须关注核心国家、中心国家所处的技术创新和经济周期的不同历史阶段，其采取什么样的货币汇率政策，对非核心国家的影响力和作用力是怎么样的。

第二，对技术创新、转型升级企业和传统制造业必须要有明确区别对待的金融政策。当今的中国已经是世界第二大经济体，尽管再过10年左右，中国可能成为世界第一大经济体，但是在目前，我国的资本管制并未全部放开，国内的资产泡沫隐患还未消除，人民币不同于美元，尚不能在全球更大范围内配置资产。因此，从金融角度看，中国还远称不上核心国家。在第五次全球范围内的技术创新浪潮中，金融如何消除"坏孩子"的影响，同时发挥好"好孩子"的作用，这的确是一个迫切需要抓紧研究的大问题、新课题。机会难得，机不可失。要求政策研究必须要细，要有可操作性，不能步美国后尘。要认清当前中国经济金融和技术创新在世界中分别所处的地位并不同，必须采取区别对待的金融政策。对加快创新、转型升级的企业、行业，要用足、用好鼓励性的金融政策。

第三，要找准中国当前"脱实入虚"的深刻原因，对症下药。要解决"脱实入虚"的问题，首先要搞清楚，为什么近几年会发生这种情况，原因是什么。仔细分析会发现，在2009年前，甚至在2011年之前，中国经济是超高速的两位数增长，那时投资很旺盛，无论有多少资金都能通过传统的而不是创新的金融产品，直接进入实体经济。金融基本上无暇自娱自乐，金融创新也没有近几年这么紧迫，表外业务和影子银行业也没有近几年发展得这么快。但自2012年以后，经济进入了深度调整,经济增速相对于2007年14.2%的增长,已"拦腰一刀",跌去了一半,进入6%~7%的阶段。特别是到2015年,投资增长进入了个位数阶段。此时的市场表现:一是市场上投资预期减弱,有些理性投资者找不到好的投资项目,"资产荒"盛行,这说明该发展的实体经济接纳不了那么多的资金;二是房市在当时的政策导向下仍是偏重于资产属性,有诱人的投资投机需求;三是那几年政府为了防止经济下滑过快,货币政策一直都是中性偏松的;四是国企改革不到位,地方政府债务约束力差,融资能力极强,再加上全社会道德风险和刚性兑付,因此再多的资金也难以实现市场优化配置,表现为中小企业融资难。在这样的环境下,再加上我们的金融监管跟不上或者说各金融监管机构协调不力,缺乏统一的宏观审慎的监管理念,各自都在拼命鼓励被监管的机构大胆创新,打破分业经营和利率的限制,或者说默认有些"无序的创新"。其最后的结果是,那么多的货币资金绕道逃避监管,创新出各种各样交易结构复杂的金融产品,放大杠杆力。实体经济投资预期不看好,那就进入金融资产属性重的包括房地产市场的各种资产交易、虚拟商品交易。而金融交易结构越复杂,赚钱的层次就越多。

因此,如果归纳分析"脱实入虚"的问题,原因是多方面的。有2013年后实体经济消化不了仍然是两位数增长的货币供应速度问题;有"房子是用来住的"属性未体现、未规范所致,中国经济总体又处于多年形成的被房市所绑架局面。因此,即使有再多的货币供给,资金也不愿流向经济增速下行中的以制造业为代表的实体经济,这就为大量结构复杂的金融产品,逃避相关监管最终"落虚"提供了空间;加上改革不到位,主要经济主体约束力不强。政府监管又不力、滞后,监管成了"市场的尾巴",资金的"脱实入虚"问题更为严重。

第四,在中国当前经济结构处在重大转型的关键时刻,要处理好经济与金融的关系,必须学会辩证认识稳经济和防风险的关系。联系当前中国经济和金融的关系，确实已处于需要突出强调"金融稳，经济才能稳"这样一个局面。这是因为经过前一个周期经济的"超级繁荣"阶段以后，增长速度已从2007年的14.2%降至目前的6.7%以下，面对曾经过多发行而导致的160多万亿元的货币存量，自然要市场出清，去过剩产能，必然会存在金融风险的隐患，这是市场的必然逻辑。因此，防范金融风险是当前中国经济稳定发展中不可回避的主要矛盾。从这个意义上必须强调"金融稳，经济稳"；金融不稳，经济不可能稳。但是反过来要看到，如果经济结构长期不合理，经济自身存在的不少重大的制度性、结构性问题迟迟得不到解决，那么，不管是采取宽松的货币政策还是紧缩的货币政策，不管金融稳不稳，经济都不可能得到稳定增长。因此，在我国当前要处理好经济金融的关系，既要强调金融的重要性，同时也要强调经济自身的重要性。如果实体经济改革不到位，市场不出清，过剩的产能、房地产泡沫不解决，仅靠放松金融，或单纯强调"金融稳经济就能稳"，并不会使资金这个资源在全社会得到有效的配置。也就是说，实体经济改革不到位，金融改革超前了，只能是"自娱自乐"。从某些角度看，中国目前的金融改革并不滞后。

第五，微观金融企业要吸取市场经济史上金融是"坏孩子"的教训。微观金融企业想做"百年老店"，就必须跳出就金融而金融的狭隘视野，要有全局观、经济周期观。2008年国际金融危机已经告诉各国决策者，宏观金融部门要确立宏观审慎管理理念，要有逆周期调控思维。在此我想指出的是，微观金融企业同样要了解逆周期调控思维，认清经济发展的周期性特点，才能加强风险内控管理。如果只图暂时的、一时的利润而"绕道走"，难免会成为接下来的经济泡沫破灭的陪葬品，或者是金融监管部门制度政策调整，或者是金融监管部门不得已采取"亡羊补牢"政策的陪葬品。因此微观金融企业应学点世界金融危机史，应充分认识我们自身从事的金融业是具有天生不稳定性特点的行业。金融"好孩子"与"坏孩子"的功能在历史上是时有替换。只有我们具备一点经济学知识,了解一些金融史知识,才可能具有敏感的嗅觉,在关键时刻当"好孩子"而不是"坏孩子"。如果要想当"坏孩子",投机一把,最终往往是身败名裂。

(作者系国务院参事)

密切关注金融风险，积极维护金融安全

何德旭

2017年的全国金融工作会议对未来5年中国金融的改革和发展进行了全局性规划，会议提出了三大任务，这三大任务恰恰是一个有机的整体。相对于往届而言，本次金融工作会议显得更加重要，除了三大任务以外，也存在理论方面的一些重大突破。例如，习总书记提到的："金融是国家重要的核心竞争力，金融安全是国家安全的重要组成部分，金融制度是经济社会发展最基础的、最重要的基础性制度。"这些表述，都是一些新的概念。我想仅就维护金融安全和金融风险问题谈一点自己的看法。

密切关注金融风险的严峻形势。全国金融工作会议关于中国当前的金融风险有一个基本判断，即总体可控，但潜在的金融风险不容小视，特别是应当高度重视某些风险点与风险隐患。当前我国的金融风险具有"点多面广"的特征，很多风险性的事件都对我国的金融秩序造成了破坏，极大地损害了投资者和消费者的利益。因此，应高度关注我们所面临的金融风险的严峻形势，这也是本次全国金融工作会议上，中央从全局角度作出的判断和概括。

但在实践中，一些地方政府和地方政府的金融管理部门，包括金融工作局、金融管理办公室，还有一些金融机构，并未真正认识到金融风险的严峻形势。它们从本部门或本地区的角度出发，得出了风险点在地方都能够得到比较好的解决，金融风险没有那么可怕的结论。因此，出于这样的认识，有的部门和机构就对自2016年下半年以来相关监管部门所采取的强监管、严监管的做法有一些看法，有一些微词。

我想强调的是，这种认识是从本地方、本部门、本机构的角度作出的判断，具有片面性。前已述及，中央目前强调调控金融风险，强调金融安全，事实上是把金融系统的安全、稳定放到了一个非常重要的优先地位。在中国经济进入"新常态"、中国金融发展达到一个新高度的背景下，把金融风险问题、金融安全问题放在非常突出和重要的地位，其实是"正当其时"，是建立在对目前我国的国情、我国的金融形势准确判断的基础上的。因此，无论是从地区、机构的角度，或就某一个部门来讲，我们对金融风险都不应低估，应深刻认识当前我国所处阶段面临的金融风险的严峻形势。

此外，不得不提的是，对于许多风险点，如房地产市场的风险、影子银行的风险、高杠杆和流动性的风险、信用风险、外部冲击的风险等，我们可以识别它们，但是对其严峻程度或严重程度是心里没数的。比如时下热议的地方政府债务风险就是如此，我们实际上缺乏对地方政府债务规模的准确评估，所以当防范这样的风险点时，我们应当高度关注其隐蔽性，这类隐蔽性在事实上增大了我们调控或管理的难度。要做到对金融风险防患于未然，不放过一个隐患，真正做到心中有数，我们还有很多工作要做，还有很长的路要走。我们必须按照中央的要求，高度重视风险点，特别是要摸清风险点内部的一些隐蔽性的风险，对其作出客观评估。

要严密防范局部性或结构性金融风险向系统性金融风险的演变与转化。要特别注意防范某些风险点由点到面、由局部到全国的扩散，重点防范局部金融风险演化为全国性金融风险、结构性金融风险演化为系统性金融风险。从金融风险演化的角度看，我们是有一些前车之鉴的，很多系统性金融风险都是由于一开始疏于防范，由区域性、局部性或结构性的金融风险演化而来的，这样的例子在全球金融史上比比皆是。目前，金融风险演化与扩散的特征已经受到了一定的重视，相关部门不仅高度关注一些局部性和结构性的金融风险，而且也采取了一定的措施化解和防范此类金融风险，应该说已经取得了比较好的成效。

有效防范局部性和结构性金融风险有几个重要的方面必须引起重视：第一，应深化改革来化解此类风险。金融体制是根源，金融体制不改革，就不可能从根本上解决体制上、机制上导致的局部性、区域性和结构性的金融风险。第二，地方政府应充分发挥在防范金融风险方面的作用。在防范金融风险方面，地方政府是非常重要的一环，我们的金融监管部门应做好自己分内的工作。

高度重视应用金融科技防范金融风险。近几年来，全球金融业的快速发展都有赖于金融科技的突飞猛进。金融业的发展速度，已经超出了所有人的预期，其中的一个根本原因就是金融科技的推动。金融科技的迅猛发展不仅促进了金融业的发展，同时也为防控金融风险提供了新的手段。在金融业快速发展的背景下，我们必须充分运用高科技手段来化解和防范金融风险。因此，金融科技可以为我们防控地区性和结构性金融风险作出巨大贡献，金融科技的运用不仅能使我们得到技术上的支持，同时可以提高金融数据的使用效率，可以为我们检测和预判金融风险，为我们的金融风险管理提供有效手段。

应把握金融风险防控的"度"。我们对目前面临的金融风险是不是要容忍、要容忍到什么样的程度，关于这一点，现在我们把握得并不是太好。理论界一直有所争论，即金融风险暴露后是应当容忍还是应当对其进行校正，这两种方式在实践中也各有支持的依据。对此我认为，在金融监管方面，在防范金融风险时还需要处理好监管容忍度。例如，为防范金融风险，我们需要金融去杠杆，在去杠杆的过程中我们应该具有一定的容忍度。一方面去杠杆应该有一个过程，不应急躁也不应"一刀切"，按照中央的说法就是要积极；另一方面也应兼顾稳妥。在防范和化解风险的过程中，过激的做法不仅无法消除或防范风险,甚至会在防风险、去杠杆的过程中,由于不当的处置方式导致新的风险出现。因此,有效的风险防范要求我们在不同的地区采取一定差异化的风险处置措施,即要分析风险防范的节奏和力度,只有做到这一点,才能有效地防控风险,同时又能为金融的持续发展创造良好的金融环境。

(作者系中国社会科学院财经战略研究院院长)

以服务国家建设为己任，助力实体经济发展

程远国

作为一家在新中国经济建设时期成立的国有大型银行，建设银行从成立之初就担当着服务实体经济、推动中国经济转型升级的历史重任，与国民经济相伴相随。在建设银行成立60周年之际，习近平总书记对我们提出了"三个能力"的要求，其中"服务国家建设能力"居"三个能力"之首。近年来，建设银行认真贯彻落实习总书记的要求，将服务国家建设作为根本职责和使命，更加主动地对接国家重大战略，服务供给侧结构性改革，全力支持实体经济发展。下面，我简要谈三个方面。

一、履行国有大行责任担当，做服务重大建设排头兵

中国经济金融实现新发展、新跨越离不开科学理论的引领。习近平总书记在全国金融工作会议上的重要讲话，是指引我们做好新常态下金融工作的实践指南。建设银行全面聚焦会议确定的三大任务，把握国有商业银行改革发展中的内在规律，积极承担政治责任、经济责任和社会责任，在国家经济建设主战场担负着金融主力军作用。

十八大以来，党中央、国务院提出了"一带一路"、京津冀协同发展、长江经济带、雄安新区等一系列关系国计民生的重大发展战略，为我国经济持续健康发展注入强大动力。建设银行充分发挥在基建服务领域的传统优势，加大基础设施领域投入，助力重大战略和重点项目落地生根。近年来，全行基础设施贷款余额在对公贷款中的占比稳定在40%以上，截至2017年6月末，基础设施贷款余额3.2万亿元，

在对公贷款中的占比达到50%以上。同时，建设银行通过集团协同与业务优势互补，为4000余个国家重大工程项目提供金融支持。

在加大信贷投入的同时，建设银行紧跟基建投融资领域政策和市场变化，不断丰富产品服务。在业内率先推出了PPP模式系列贷款，并提供包括PPP贷款、理财产品、财务顾问等一揽子服务，服务项目全过程。特别要强调的是，建设银行借助工程造价咨询业务的独有资质，向社会资本方提供项目全生命周期的专业咨询服务，为项目的规范落地和按期实施保驾护航。目前，建设银行已经支持了众多PPP全国示范项目和重大项目，还创新了海绵城市建设贷款、综合管廊建设贷款等产品服务，全方位支持国家经济建设，取得了积极的成效。例如，云南保山中心城市地下综合管廊项目，我们为项目设计了"投+贷"模式，支持资本端和项目端融资需求；通过新型财务顾问、工程造价咨询业务，帮助客户编制了项目实施方案，为项目成功建设奠定基础。随着对综合管廊项目支持力度的持续加大，将对提高城市综合承载能力、提升城镇化发展质量产生长远的作用。近期，建设银行同业首创的雄安新区支持贷款已成功推出，按照新区建设"特事特办"的要求，全面提升了产品的灵活性和市场竞争力。

建设银行积极贯彻落实国务院关于支持战略性新兴产业发展的有关政策，抓牢全球新一轮科技革命和产业变革重大机遇，履行国有商业银行职责，将战略性新兴产业作为信贷投放的增长点，大力发展科技金融，以创新、快捷的产品和综合化金融服务，助力实体经济，打造新的增长点。几年来，建设银行战略性新兴产业贷款规模稳步提升，复合增速达13%以上，贷款余额近4000亿元。

二、全面提升服务质效，做服务供给侧改革的新样本

供给侧结构性改革是以习近平同志为核心的党中央综合研判全球经济形势和我国经济发展"新常态"作出的重大战略部署，是解决当

前经济发展中深层次矛盾问题的治本良方。围绕供给侧结构性改革，建设银行也主动作为。

近年来，建设银行积极构建全面风险管理体系，筑牢风险防线，维护金融安全。特别是在产能严重过剩等重点行业，我们认真贯彻中央"去产能"工作部署，坚持"有保有压"的政策导向，综合运用名单制等管理手段，严控增量，优化存量。在实现产能过剩行业信贷、贷款余额下降的同时，积极支持优质企业兼并重组、转型升级、绿色技改、国际产能合作等国家鼓励项目。

房地产业务一直是建设银行的传统优势领域，面对全国房地产业"去库存"的艰巨任务，建设银行积极响应国家政策导向，从供给和需求两个方面共同发力，助力去库存。全行在信贷资源安排上坚持零售优先、向个人按揭贷款倾斜，支持合理的住房消费，促进去库存。房地产开发贷款通过产品、客户和区域的精细化管理，持续优化投向结构。积极响应党中央、国务院加强棚户区改造、发展公租房等保障性住房的政策号召，完善政策制度，支持保障房货币化安置，助力三四线城市去库存。

市场化债转股是降低企业杠杆、提高金融服务实体经济质效的重大政策创新，对推进供给侧结构性改革，帮助企业降本增效和重组改制，助力国企混合所有制改革，完善公司治理结构均具有重大意义。在"降杠杆"方面，建设银行成立了全国首家市场化债转股专业化实施机构——建信金融资产投资有限公司，注册资本金120亿元。首创"投资还债"的业务模式实现债转股，并根据客户降杠杆总体要求，通过"先行+后续"的整体方案分步推进市场化债转股，率先实现了债转股落地。目前建设银行已与42家企业达成市场化债转股合作意向，签订了总额5000多亿元的框架协议，落地资金600多亿元，签约金额和落地金额均占据半壁江山。

为切实降低企业财务负担，建设银行不断加大涉企收费减免力度。

2012年、2014年和2015年三次大幅精简服务价目表，目前收费项目数量不到2011年的三分之一。还通过推出多项免费服务、下调多项服务收费价格让利于企业。

在"补短板"和农业供给侧结构性改革方面，建设银行积极贯彻落实党中央、国务院关于做好"三农"金融服务的号召，持续加大信贷投入，丰富产品供给，创新担保方式，成立专营机构，打造"助农富通"服务品牌，全力提升"三农"金融服务水平，涉农贷款年复合增长率超过16%。近期，建设银行还与"全国建筑工人信息平台"合作，为平台上的分包商、农民工量身定制综合金融服务方案，帮助小微分包商轻松迈入银行融资门槛，解决工资资金来源；为农民工办理驿站工资代发联名卡，由建设银行系统发放至个人卡中，确保农民工工资足额、精准、按时到账，有效解决农民工工资发放难题。

建设银行以精准扶贫、精准脱贫基本方略为引领，切实履行社会责任，扎实推进金融精准扶贫工作。总行成立由董事长任组长的金融扶贫工作领导小组；制订"十三五"金融扶贫工作规划，明确以"移动金融覆盖、电商扶贫先行、信贷扶贫创新、普惠金融延伸"的商业可持续模式推动精准扶贫；实行总分行结对帮扶制度，在业内率先搭建起总行与贫困地区分行之间的协同桥梁；创新金融产品和服务，加大资源倾斜力度和信贷支持力度，目前全行金融精准扶贫贷款余额超过千亿元。引用四川绵阳建行帮扶的四坪村一位羌族村干部的话："建行扶贫体现了建行人的智慧、建行人的善良、建行人的社会责任担当。"

三、创新金融服务模式，做转型升级业界领跑者

建设银行率先破解"互联网＋金融"融合之道，首创全流程在线金融服务模式——网络银行业务，运用互联网、物联网、大数据思维及技术，通过银行系统与核心企业、核心平台系统对接，实现了交易、

资金及物流"三流合一",使"互联网+金融"成功实践。

网络银行利用互联网技术、金融科技创新主要体现在三个方面：一是大数据驱动，实现普惠金融。网络银行变传统业务的流程驱动为数据驱动，有效整合多方数据资源，在对大数据进行分析、挖掘的基础上，通过专门开发的"E评级系统"，更客观全面地评价和筛选客户，更准确地判别交易的真实性，有效解决了信息不对称难题，解决了小微企业、轻资产客户的融资难问题，实现普惠金融。二是互联网科技助力，操作方便快捷。一方面，网络银行成功打通银行内外部系统和平台，打造了一条网络融资的互联网高速路，突破时空限制，客户操作方便快捷，在任何地方点点鼠标即可获贷；另一方面，通过网络自动化微贷技术，实现批量化、流程化、模块化的流程管理，实现秒级放贷，大幅提升用户体验。三是运用物联网技术，全面提升风控能力。网络银行通过银行、核心企业（平台）、物流企业三方系统直联，在线实时传递物流信息，提升了物流信息的准确性、真实性和实效性；同时，通过接入物联网技术的视频、射频等设备，实时获取远程数据信息，提升了物流的自动化、智能化水平和运转效率，实现物流信息的实时跟踪监控，有效防控风险。

目前，建设银行网络银行已累计向超过2万家企业发放了3000亿元网络银行贷款，全部投向了实体经济，其中90%是中小企业。

哪里有建设，哪里就有建设银行。建设银行从诞生之日起就肩负服务国家基础设施建设的宏大使命，怀有服务实体经济的天然基因。60余年来，建设银行服务实体经济的初心不改。实体经济是金融的土壤，只有深深地扎根实体经济之中，金融才能汲取丰富的营养，行稳致远。

（作者系中国建设银行公司业务部总经理，
建信信托党委书记、董事长）

银行如何做好服务实体经济的排头兵

宗 良

根据2017年全国金融工作会议精神,金融应回归本源、服务实体经济。因此,银行业要做好服务实体经济的排头兵,也是题中应有之义。在这里,我想讲五点。

第一,服务实体经济首先要看金融工作会议确定了哪些基本方向。2017年7月举行的全国金融工作会议确定了下一步金融工作的总体方针,特别强调了回归本源、服务经济社会发展,其中有几个特点值得关注:一是回归本源首次出现;二是金融是服务实体经济的血脉,服务实体经济是金融的天职和宗旨,也是防范金融风险的根本举措。这一表述言简意赅,将金融与服务实体经济、实体经济与防范金融风险的关系做了准确表述,要求金融牢牢把握住服务实体经济的宗旨。

在会议确定的六项具体工作中,需要专门点出的一条就是,相关的金融通道业务对实体经济的支持效果不明显。可以做一个形象的比喻,如果将资金比喻为流动的水,那么金融业就是水渠。金融业中的业务众多,一个水渠连着另外一个水渠,但最终需要将水浇到旁边的地里,即必须引导资金流向实体经济。我们要支持实体经济发展,金融业就不能仅满足于水渠相连,水只在水渠中流动,浇不到旁边的地是不行的,金融必须服务于实体经济发展。

进一步思考,目前我国金融业存在什么问题?从全国金融工作会议的表述中,我们其实是可以看出一些端倪的。全国金融工作会议提出"回归本源",既然要"回归",那就意味着金融业有所"偏离"。习总书记强调,金融与实体经济的失衡是我国面临的三大结构性失衡之一，这就是说，虚拟经济和实体经济、金融与实体经济的关系没有处理好。目前我国宏观经济存在三大失衡：其一，实体经济中结构性供求失衡；其二，金融与实体经济失衡；其三，房地产与实体经济失衡。这三大失衡是当前我国宏观经济面临的三个突出问题。

针对以上问题，我们应当思考金融的落脚点在何处。其一，供求失衡的直接反映就是，需要的东西我们自己生产不出来，我们生产的都是本来就多、并不缺少的东西，因此解决供求失衡的落脚点就在于推进供给侧改革。其二，金融与实体经济的失衡，如前所述，我们的金融资源没有有效地"灌溉"实体经济。对此，全国金融工作会议已经定下了未来一段时期我国金融业工作的主基调。其三，房地产与实体经济的失衡。具体体现在房地产库存居高不下，同时，投入房地产业的金融资源过多，所以房地产需要去库存，并引导金融资源更多流入非房地产行业的实体经济。

第二，汇集全球资金支持实体经济发展。在美国加息的背景下，如果可以引导全球资金到中国来，支持我国的"一带一路"战略，此举不仅能促进全球金融业的发展，解决我国经济大战略的国际资金来源问题，同时能推动人民币"走出去"，加速人民币国际化进程。目前，在我国的国际化平台或"一带一路"平台上，人民币的资本输出作用已经在很大程度上得到发挥。比如，在"一带一路"国际合作高峰论坛上，习总书记就屡提人民币，这说明人民币在未来"一带一路"的整个推进过程中将发挥资金融通的重要作用。再如，中国银行近期发行"一带一路"国际债券，此举不仅支持了国家战略性项目，同时又有效地推动了人民币国际化进程。在全球四种主要货币中，随着人民币国际化进程的深入，人民币所占份额将会逐步得到提高，四种主要货币再加上项目所在国的本地货币，有望探索出相关各方都能认可的一种融资模式，将会使全球资金得到更加有效的运用。

第三，金融必须有效支持供给侧改革。最近一段时间，供给侧改革已经取得了一定的成效。例如，煤炭行业的去产能任务在2017年已经完成了85%，这是令人可喜的成绩。目前，我们还要注意处理好"僵尸企业"的去产能问题，在这个工作当中一定要把"僵尸企业"去产能和消费升级、环保企业投入有机结合起来。"僵尸企业"生产的产品既没有市场，也没有资金追加投入，自然会被市场淘汰。但"僵尸企业"去产能过程中将不可避免地涉及不良资产处置，不能简单地对该类企业停贷或断贷，而要从发展的角度看待这些企业。例如，要协助一些目前面临暂时性困难、但实际上具有商业前景的企业走出困境，在政府、企业、银行几方面的有机配合下，妥善解决债务问题，使其重生，让企业再次焕发生机。通过供给侧改革实现中国经济转型升级，最终增强中国经济的长远竞争力。

第四，支持中小企业和科技创新。我国中小企业数量众多，在国民经济中的占比较大，同时也提供了大量就业岗位。因此，中小企业是实体经济的重要组成部分，只有我们的中小企业欣欣向荣，中国经济才能真正实现长期可持续发展。但我们的中小企业不仅面临着融资难、融资贵的问题，同时还面临着其他一系列问题。支持中小企业就必须大力支持中小企业，科技创新。我国的五大发展理念——创新、协调、绿色、开放、共享中，创新是第一位的。同时，创新也是一国保持持久竞争力的重要保障，一国经济的发展离不开对企业科技创新的支持。2016年4月，商业银行中的10家银行被确定为投贷联动试点行，在这方面我们应当学习硅谷银行的经验，做好风险隔离，专注于熟悉的专业领域，凭借丰富的大数据资源，与创投类基金开展深度合作，使投贷联动在高新科技园区得到突破和发展。当今全球正处在一个新的科技周期起点，迅猛发展的科学技术将会为全球经济、社会发展带来颠覆式的改变，我希望在未来科技革命中，中国能成为全球的核心与热点，引领全球科技的发展。

第五，金融应支持绿色经济和可持续发展。环境保护是当下的热门话题，我相信在座各位都感同身受，绿色发展至关重要。我国绿色债券已走在世界各国的前列，未来我国还需要结合绿色发展的理念，持续加大绿色金融的创新力度，扩大绿色金融的国际合作。在美国退出巴黎协定的同时，中国须做出负责任大国的表率，与欧洲携手，共同推进巴黎协定和绿色发展，在这当中，也需要我国的金融机构发挥积极作用。

（作者系中国银行首席研究员）

M_2失速的"常态"下商业银行如何转型

郭田勇

自2017年5月起,中国的M_2增速跌破10%,5月、6月的M_2增速分别为9.6%、9.4%。在陆家嘴金融论坛上有人提出,金融"严监管"是导致近期M_2急跌的原因。监管层面自然会对此有不同解说,当然也不无道理。但如果仔细考察我国金融行业的现状,就会发现我国金融业内各机构的业务相互交织重叠,已形成了一个"千千套"的局面。例如,资金从银行流入券商,券商又将其放给信托,再从信托流向别处。资金在各机构间的流动已经有点货币派生的味道了,短时间内去杠杆的力度过大,机构管理的资产会往下降,自然对M_2的上升会产生一定影响,所以对"严监管"的指责不能说完全没有道理。但问题并不该止于这种指责,M_2增速在7月进一步下降至9.2%,到8月一下降到9%以下了,只有8.9%。关于M_2的失速,我想请大家思考一个问题:当前M_2增长失速究竟是短期的阶段性问题,还是长期的"常态"。关于个中缘由,我想谈谈我的认识,希望能抛砖引玉。

M_2是指流通中的现金加各类存款形成的一个总量,M_2的增速下降直接意味着银行体系的各类存款增量在下降,可以从两方面来分析其原因。

第一,中国的金融体系是以银行为主导的间接融资体系。通过发放贷款,银行创造货币,或者说形成M_2的能力非常强。随着经济的下行,从2016年开始,直到2017年上半年,各银行不约而同出现了惜贷行为,导致资金在银行体系内资金空转的情况比较普遍。举例来说,为什么近两年银行的同业存单量这么大？恐怕跟各家银行的风险偏好降低，对风险极度厌恶有关。国有银行放贷意愿不强，只在有限的限度内保证一些国有大型企业的大型项目，相对于给中小企业贷款，国有大行宁肯买中小银行存单，中小银行通过存单吸收资金后，随即把资金投入一些更小的金融机构，如券商。因此，中国的金融业中，越小的机构、越前端的机构日子越不好过，大行到小行、小行到券商，资金成本层层加码，券商为保证盈利，只能放杠杆来回捯，这样反过来又加大了整个金融体系的风险。因此，在经济下行阶段，由于银行对贷款的风险厌恶，在某种程度上制约了银行的放贷能力，使整个银行体系的货币派生能力下降，这可能是导致M_2增速掉挡的一个原因。

第二，从存款人角度而言，在当前资本市场大规模发展的情况下，银行存款利息过低，所以随着资产管理产品的不断涌现，银行不断流失大量存款，这已经形成了一个趋势。另外，我们常说中国宏观经济进入了"新常态"，"新常态"就意味着未来中国经济处在一个结构不断调整的过程中，中国的经济格局在悄然发生变化，以前依靠高投资拉动经济的方式难以为继。高投资的产业对银行贷款的需求相当大，但在中国未来的经济格局中，更多的是一些轻资产型的第三产业企业，如科技类企业会蓬勃发展。从融资角度来说，这类企业需要多元化的融资方式，并不仅仅需要银行贷款，而是多元化的融资工具。

综合以上分析，我们能不能做这样一个假设，即中国M_2的增速下降是不是同中国经济下一个台阶一样，从高速增长到中高速增长，也成为一个"新常态"？未来M_2增速下台阶，比如说维持在8%～10%的这个增幅，是不是也很可能会成为一个常态。可以预见的是，如果没有新一轮的大力刺激政策，那么M_2降速似乎不可避免，也会成为一个"新常态"。

接下来的问题是，这种新常态会对我国银行业的经营提出一个挑战，未来银行业将如何应对？如前所述，M_2增速下降的原因，一方面是由于银行存款不断下降,未来银行依靠传统的吸收存款的方式来聚拢资金的难度将变得越来越大;另一方面,从放贷角度来看,未来我国银行的传统高投放方式的空间也将变得越来越小。因此,要适应这种"新常态",及时转型对银行来说就显得至关重要。传统的中国银行业流行的是一种"抵押文化",银行贷款先看抵押,再看现金流,这是一种控制风险的方式,也是在传统模式下推动银行信贷增长的一个途径。但是,这种依靠抵押品的放贷方式存在两个问题:其一,接受抵押物会削弱银行的议价能力;其二,如果抵押物不可或缺,未来银行的贷款空间会不可避免地受到限制。因此,如果 M_2 失速确实成为一种常态的话,未来我国银行业就必须在传统的"抵押文化"下寻找一些新的突破点。例如,做商圈或供应链金融,或者通过开展社区金融业务克服信息不对称问题,免去抵押品对业务的限制。此外,互联网金融是我们银行业一个非常重要的突破点。利用金融科技,如大数据,对客户进行精确的分析,以实现精准风控和精准营销,这也是未来一个非常重要的突破点。

前已述及,未来中国经济格局的改变会形成第三产业或新兴产业的兴盛,从银行业务上来看,商业银行朝着轻资产、轻资本的方向转型已不可避免。这就要求商业银行除了贷款以外还要有多种手段,不仅要充分满足客户需求,同时还要减少对资本的占用。例如投行类业务,如果投行业务与传统信贷业务形成有效联动,不仅可以提高服务客户的效率,还可以拓展多元化的收入来源。在零售端,互联网金融,或者说对互联网进行运用,对商业银行来讲主要是在 C 端,即商业银行的零售业务。现在我们的商业银行对一些从事零售业务的非银金融机构可以说是"又爱又恨","恨"是指这类非银金融机构存在一些监管套利行为,而"爱"的是这类机构确实具备一些长项,如对客户的分析能力、客户画像能力等。事实上,在零售业务方面,对商业银行来说无非就是两方面,一是成本,二是风控,谁的成本低谁有优势,谁的风控强谁有优势。商业银行应借鉴和学习互联网金融机构的方法、科技能力和风控手段，特别是其对客户进行多角度的分析方式，"学无止境"，我们的商业银行应切实提高这方面的水平。

最后我想强调的是，商业银行应做到传统存贷业务和新兴资产管理类业务的并重发展。商业银行其实是大资管时代的开创者，中国的大资管时代正是从银行的理财产品发端的，因此，商业银行应沉心静气，把资产管理类业务真正做精、做好。在 M_2 失速的格局下，银行存款的外流对商业银行构成了釜底抽薪的效应，因此，在未来的转型中，商业银行应当在传统存贷业务和新兴资产管理类业务两方面"齐头并进"，只有这样，才能更好地应对当前宏观经济转型和"新常态"下的挑战。

（作者系中央财经大学中国银行业研究中心主任）

商业银行应如何解决发展互联网
金融所面临的难题

吕罗文

近年来,随着互联网等信息技术的快速发展,中国的互联网金融得到了快速发展,支付与场景的深度融合、网络借贷不断合规、直销银行等业务模式不断出现,较好地促进了普惠金融的发展,提升了金融服务质量和效率。其中,传统银行业机构仍然是我国互联网金融发展的关键力量。因此,我主要想从银行业,特别是互联网金融对传统银行业金融机构的挑战,以及我国银行业的具体实践等方面,谈几点意见。

大家对互联网金融并不陌生,关于互联网金融的概念,实际上可以从两个角度进行解读,一是互联网的金融化,二是金融机构的互联网化,这两方面其实是并重的,不可偏废。自2013年,即互联网金融元年以来,我国互联网金融业蓬勃发展,初期难免出现从业机构泥沙俱下的局面,乃至后来发生的一些事件,都给行业造成了一些不良的社会影响,并由此引发了监管机构对互联网金融企业的合规整顿。总结我国互联网金融发展的经验教训,可以看出,许多互联网金融从业机构由于并非金融机构出身,导致其在风控方面有所欠缺。因为金融在"触网"后,会衍生出一些新的业务形态,金融的互联网化能为我们带来什么,我们又能从互联网金融的发展历程中学到什么,这些都是值得商业银行等金融机构深思的。

一、商业银行是我国互联网金融发展的关键参与者

首先应明确的是,金融的本质还是资金融通,互联网金融并未改变金融的本质。金融业的存贷、结算等传统业务仍然是以银行为主体的。但互联网确实对金融业态形成了很大颠覆,非常直观的就是金融业务的线上化。同时,众多互联网企业涉足金融业,虽然带来了更多风险敞口,但这也是一个"试错"的过程,事实上,互联网金融机构给商业银行带来了不小的冲击。当前,互联网企业跨界开展金融业务对传统金融机构的冲击和挑战非常明显,特别是在移动支付、消费金融、电商金融等业务领域,部分大型互联网企业已形成一定的市场优势,使传统金融机构面临前所未有的外部竞争压力。但以商业银行为代表的传统金融机构开始积极拥抱金融科技,在战略规划、组织架构、资源布局等方面进行了适应性调整,并在移动金融、智能网点、直销银行等业务领域重点发力。可以说,商业银行是我国互联网金融发展的关键参与者。近几年的实践也表明,商业银行依托互联网,以持续涌现的创新拓展业务领域、提升市场规模、优化平台渠道和增强风险防控,走在了我国金融业改革发展的前列,是推动我国互联网金融不断取得新进展的重要力量。

二、传统金融机构积极拥抱金融科技的实践

如前所述,我国互联网金融迄今为止的一些实践,为商业银行带来很多有益借鉴。商业银行业也进行了积极的探索,我认为有以下几点。

一是互联网金融战略定位进一步提升。在互联网金融业务已成为常态化标准配置的基础上,商业银行更加深刻地认识到互联网金融将加速重构银行经营发展模式和市场竞争格局,越发明确和提升其重要战略定位。(1)构建适宜互联网金融的组织架构。比如,工商银行创建互联网金融、区块链与生物识别等创新实验室;中国银行高级管理层设立互联网金融委员会。(2)强化主攻互联网金融的战略规划。比如,招商银行举全行"洪荒之力",推进以"网络化、数据化、智能化"为目标的金融科技战略;民生银行加快构建垂直化传统业务和水平化新兴业务相结合的"金融+科技+生活"互联网金融生态圈;江苏银行着力于打造"最具互联网大数据基因的银行",积极打造智慧金融服务形象。(3)塑造围绕互联网金融的核心品牌。如工商银行的"e-ICBC"、中国银行的"E中银"、浦发银行的"spdb+"以及民生银行的"E民生"等。

二是互联网金融平台渠道进一步优化。商业银行积极推进以互联网为依托的平台建设和渠道拓展,不断夯实互联网金融发展基础。如践行"移动优先"策略,建设以手机银行为中心的移动金融综合平台,丰富应用场景,完善流程功能,优化客户体验。加快服务渠道向互联网转型,促进线下网点与线上渠道融合,以客户为中心打通线上智能服务与线下网点及客户经理服务流程,实现线上线下融合、人与机器融合、现场远程一体。推动电子商务、社交生活等平台快速发展,将金融、信息服务深度融入生产经营和日常生活,聚合客户和商户,连接交易与融资,提升客户的黏性与活跃度。

三是互联网金融业态布局进一步完善。商业银行全方位布局互联网金融,在重点业态不断取得突破创新。在互联网消费金融方面,推进消费金融模式升级和产品创新,实现全流程在线快速服务,为客户提供便捷、低成本的消费信贷支持,如中国银行的"中银E贷"、农业银行的"网捷贷"、平安银行的"新一贷"等。在移动支付等方面,推出Apple Pay、Samsung Pay、Huawei Pay、Mi Pay等"云闪付"近场支付(NFC)产品,上线银联标准二维码支付产品,形成"手机闪付、扫码快付"移动支付体系,打造整体移动支付品牌,如北京银行的"京彩智付"和南京银行的"贴鑫付"等。在业务模式创新方面,招商银行和浦发银行分别推出智能投顾服务"摩羯智投"和"财智机器人",光大银行推出线上银行理财众筹产品"随心定"。

二、解决商业银行发展互联网金融面临的共性难题

作为一个关键的参与者,传统的商业银行要走进一个新的互联网金融业态,面临的困难并不少。前段时间许多银行纷纷谈到要转型直销银行,到如今大多都偃旗息鼓了。某行长曾对我说,发展直销银行是一个方向,但是有一些地方他们很难适应,这不仅涉及他们细化的业务流程,在本质上,其实主要是源于观念无法转变。例如,直销银行是否非要独立出来?在银行里面设一个专门部门的方式行不行?专设一个实体对于网上直销是否不可或缺?

从客观上讲,传统金融机构自身还存在一些体制机制上的不适应性,一定程度上阻碍了金融科技的创新。如在思维、理念方面,商业银行以业务产品为导向、严格风控等思维模式与新兴互联网企业以客户为中心、注重客户体验等文化理念也存在差异。在内部跨条线协调上,商业银行发展互联网金融横向和纵向涉及多个部门和业务类型,协调流程复杂,周期较长,导致容易错失业务发展的时间窗口。在激励机制方面,传统的商业银行考核办法重视成本收益,对通常落地时间长、前期投入大、见效慢的互联网金融创新而言存在周期性矛盾。

中国互联网金融协会自3月25日正式挂牌成立以来,也一直高度关注并跟踪研究传统金融机构如何应对互联网金融,充分发挥协会会员基本覆盖所有的互联网金融业态的特点,从服务会员银行的角度出发,并已经启动和开展了系列工作。一是密切配合和支撑互联网金融风险专项工作,上线运行互联网金融举报信息平台。二是加快行业基础设施建设,上线互联网金融信用信息共享平台。建设完成互联网金融统计监测系统、互联网金融信息披露平台等行业基础设施。三是加快完善行业标准化工作的顶层设计。牵头成立金标委互联网金融标准工作组,并担任工作组组长单位,研究规划互联网金融标准体系框架,加快推动互联网金融行业标准化建设。四是抓住关键业态和关键领域，加快制定行业标准。针对当前问题突出的P2P网贷领域，发布实施P2P网贷信息披露标准等系列标准。前几天，在监管部门指导下组织制定了《资金存管标准》，并对外征求意见，引起各方关注。

  与此同时，中国互联网金融协会还成立了移动金融、金融科技、区块链、信息共享、信息安全、互联网金融统计等专业委员会，聘请具有丰富经验的业内专家担任主任委员和委员，共同谋划我国互联网金融发展。搭建商业银行与监管部门高效对话渠道，及时获取监管建议和指导，并组织开展同业、跨业交流，共促行业规范健康可持续发展。如组织网贷管理办法、资金存管指引、分类账户管理等解读培训。

  放眼国内外，金融科技还处于发展之中，还有很多基础性工作需要探索和推动。中国互联网金融协会作为国家行业自律组织，愿继续与大家一道努力，共同推动我国金融科技健康发展，为服务实体经济、发展普惠金融贡献力量。

（作者系中国互联网金融协会秘书长助理）

周期的幻影和经济的韧性

刘煜辉

一、周期的幻影

从中国增长的结构看，实物量的增长变化并不大，经过价格因素调整后，中国企业补库存和产能的资本支出增长并没有多少起伏，与2016年差不多，甚至还有下降，但是价格的变化非常显著。

有观点认为，中国经济正站在新周期的起点上，但从维持需求端稳定的逻辑看，并没有什么太大变化。房地产是中国的"周期之母"，启动楼市的本质是保证全社会的开工率。房地产涉及的产业链条长，一个项目一开工，上游的资源行业、中游的建筑业、制造业，以及下游的服务业，都会被带动起来。为什么说是"老动能、新玩法"？2017年启动的"棚改货币化"确实有点"直升机撒钱"的味道。中央银行通过PSL到国家开发银行，1.5万亿元到2万亿元，再到家庭账户上，直接撬动了家庭杠杆的上升。居民部门负债占可支配收入的比例超过了80%。2012年到现在增加了30万亿元（见图5-1）。

产业更替是朱格拉周期的本质，不是看图作业般的"均值回复"。朱格拉周期（产能投资周期）的车轮"滚滚向前"，不能机械式地仅凭旧经济的"供给出清—集中度提升"去推断产能投资的开启。每次朱格拉周期的开启都会对应着一个主导产业，在接下来10年间，技术进步或全球化需求会驱动着该产业的投资周期。所以，有必要去跟踪产业演进的未来趋势，特别是在信息互联网革命下，所谓"云大物移"技术，使传统资本品的使用效率呈非线性上升，从而导致传统投资需求呈系统性走弱。

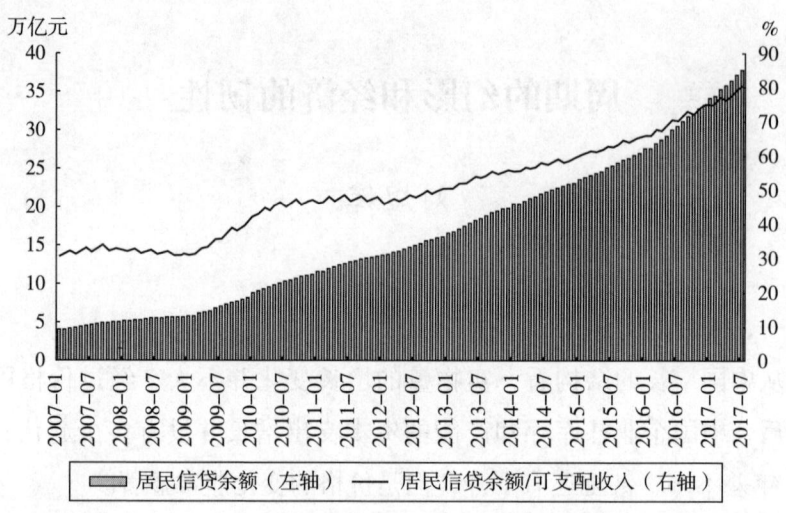

图 5-1 居民信贷余额变化趋势

在金融高度内生化的趋势中，由于更高阶的金融周期压制，传统产业周期规律的变化也需要考虑。比方说在新旧动能转化之际，中国传统产业周期（朱格拉）呈现钝化的状态。具体来讲，地方政府和国企需要去杠杆，而杠杆转移给居民的空间显著消耗，所以靠"基建+地产"拉动固定资产投资的旧模式动力开始衰减，旧经济的固定资产投资周期自然也无法大幅回升，这是个自然的结果（见图5-2）。

中国的信用投放往往是非常刚性的，因为背后对应的是大量的财政和准财政行为的经济活动。如果把地方债务、融资平台贷款、明股实债的PPP、棚改专项债、发展改革委的长期专项建设债等纳入广义财政赤字，那么广义财政赤字可能早已高于10%。房子的背后其实也是财政，在某种程度上，房地产是地方政府的融资机制的安排。也就是说，只有将地产商的债务转化为房地产投资，最终才会变成地方政府的收入，进而撬动银行支持投资的杠杆。

最近这一轮信用扩张的高点是2016年4月，调整后的社会融资的增长达到了16%。经过一年多的信用紧缩，到2017年7月这一速度仍

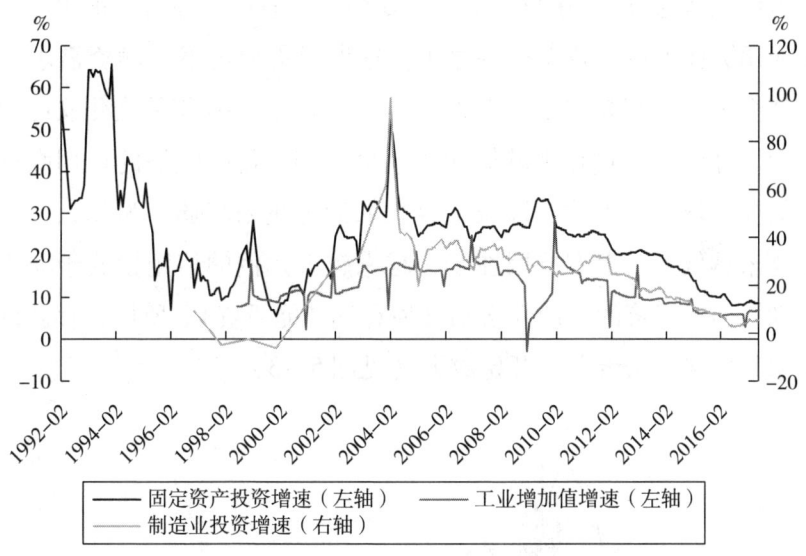

图 5-2 固定资产投资增速、工业增加值增速、制造业投资增速变化趋势

高达 14.6%。

刚性的信用投放遇上了物量衡量的库存和产业资本开支的低迷，构成"老剧本"，充盈的货币信用投放只能作用于非生产性活动，比方说存量资产交易（楼价中间七成是地价）和物量要素的流转环节（红火的原料贸易商和与之对应的金融交易），排成了"新电影"，成为价格的驱动力量，这还是一个"脱实入虚"的故事，剧本一样，但更换了场景：2015 年是股市，2016 年是房市和债市，2017 年是大宗原料。所以我认为，这是"周期的幻影"。

二、中国传统经济的"达芬奇密码"

依据货币银行学里最基础的资金来源和资金应用进行分析，可以看到，融资需求非常刚性，最接近的指标就是社会融资，就是整个金融市场的资产端，直接对应资产端的指标就是社会融资。资金来源实际上是指金融系统负债端的情况，即通过在金融系统中间形成派生存款，可以大体通过 M_2 来反映。从图3中可以看出，在过去的10年里，资金应用大体上位于资金来源之上，这说明资金运用（融资需求）旺盛，资金来源（存款派生）低迷。中国金融过去10年的变化实际上映射着中国经济的模式越来越倾向于债务依赖，传统经济的信用高度依赖性的模式越来越深化，即派生存款的能力越来越弱。为什么存款的派生越来越低迷？根本原因在于，越来越大比例的信用投放于非生产性活动，而非经济的生产性活动（库存和产能投资）。所以，存款的派生越来越低迷，两者背离开始放大（见图5-3）。

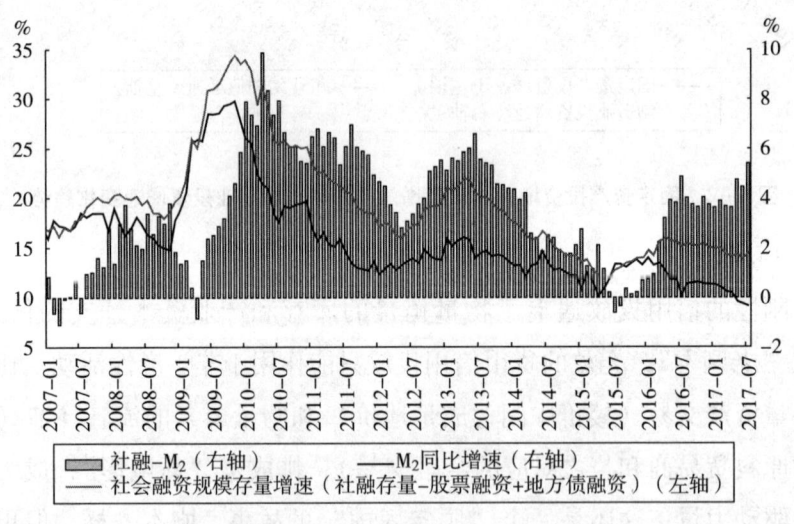

图5-3 社会融资规模、M_2 增速变化趋势

如果我们用银行的总负债替换 M_2，可以看得更清楚（见图5-4）。2009年之后，随着中国金融自由化的不断推进，金融脱媒愈演愈烈，银行负债端的比例结构在发生变化，银行主动性负债的比例越来越高，特别是中小银行。资金运用和资金来源呈现死叉状态，资金来源下穿资金运用，裂口张大，呈发散态势。这种状态背后其实是金融条件在恶化，实际上是中国整个商业银行体系短缺负债。如果要改变这种情况，就必须从根本上改变我国的经济增长模式——转型。

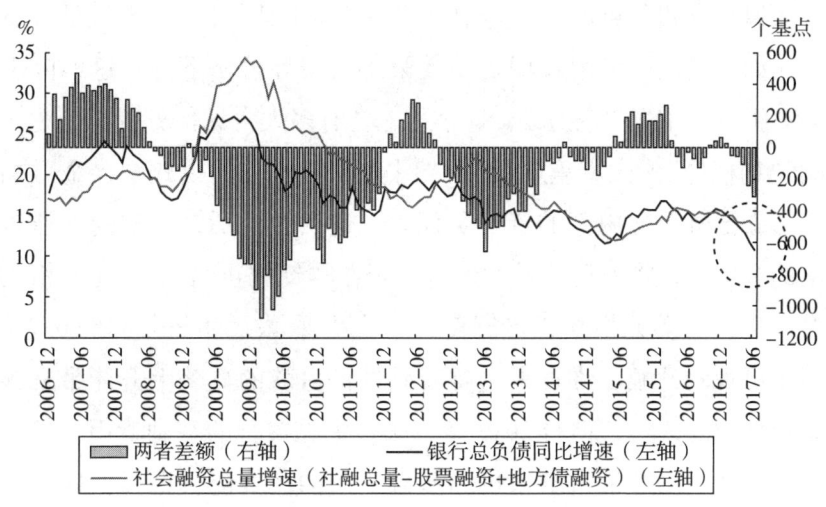

图5-4 社会融资总量、银行总负债增速变化趋势

这种金融条件短期内发生改变其实还是比较难的，如果要从根本上得到改变，就意味着融资需求必须要较快地萎缩，对应的就是政府信用驱动一定要落下来。不能摆脱财政软约束扩张的状况，金融条件难以从根本上得到改观。把脉今天的中国经济，概而言之，诊断就是"伤于财政、毁于金融"，表面上我们看到的都是金融业的问题，都是银行体系的问题，但是背后根深蒂固的都是财政的问题，都是财政软约束扩张的问题。以房地产业为例，中国的房地产业并不是单纯的建筑业，实际上对应的是地方政府融资机制，该机制首先通过转移居民的储蓄承接地产商债务，然后地产商通过债务再转化为投资，这部分投资进而形成了地方政府的收益，地方政府再以这个收益去撬动银行投资的杠杆，如此周而复始。这个模式能不能改变仍然是一个问号，虽然全国金融工作会议对此定调非常严厉，强调地方政府以后要终身追责，但这个模式本身已运行了经年累月，具有较强的惯性，能不能改变、改变需多长时间，都属未知。

如果刚性的融资需求不能迅速萎缩的话，短缺负债的金融条件的改善大概只有四种可能。一是中央银行"降甘霖"。释放长期低成本资金，比如降准，或者用长期货币政策工具引导价格下降。这实际上需要中央银行向市场"注水"，这个可能性有多大，见仁见智。二是再次奏响"加杠杆"。大家重新回到"同业＋表外"的模式中，金融加杠杆，膨胀金融系统内部的资产负债表。这么做的话，短期内商业银行面临的金融条件将有所改善，但这是否在"饮鸩止渴"？三是外汇占款回升。2017年美元指数"飞流直下三千尺"，人民币较年初的6.9%已积累了可观的升幅，许多人希望看到外汇占款的显著上升能带来银行体系负债端的改善。但自2013年以来，中央银行的基础货币供给方式已有所改变，以外汇占款来供给基础货币的模式能否回归？四是当下正在发生的，某种程度上恢复金融压抑，抑制金融脱媒，逆金融自由化，打击互联网金融和货币基金。现在正在做的就是缓解系统庞氏压力上升。

三、中央银行的担忧

第一，对通胀的担忧。目前，普遍为市场所接受的观点是短期CPI难以抬头。但是，通胀果真离我们那么遥远吗？实施上，中国的核心通胀处于一个稳步向上的趋势中，这个趋势其实反映了地租和人工价格的黏性，可以说，中国的通胀所反映的逻辑基本上是房价上涨的逻辑。房地产的挤出效应首先推高居民的生活成本，并进一步带动劳动力成本上升，再加上高涨的债务杠杆，企业用工成本与债务利息负担叠加吞噬企业盈利，由此必然导致企业资本支出的下降。这形成了一个"正向反馈"效应，实体经济领域羸弱的盈利性促成了资金的"脱实入虚"，而信用大量进入存量资产交易环节，就会进一步推高资产价格。在CPI短期因素方面，比如食品的扰动，鸡蛋价格的快速上涨立刻就把2016年砸下的坑填平了，猪价虽然处在低位盘整企稳的状态，但股票交易者心中的猪价预期怕是已经飞起来了。这样的预期不全是空穴来风，所以中国的通胀真的一点都不会起来吗？大概不能那么高枕无忧。

如果明年的需求端依然维持刚性，房市依然撑着，再加上包括棚改区等大手笔持续发力，那么PPI向CPI传导有没有可能性？现在还不好说，因为类似于这种强度的外生性非市场力量作用于供给，经济史上并无先例。只是我记得某位经济学家描述的"持续性供给冲击"场景，短期和长期总供给曲线同时左移，导致潜在产出水平永久减少后，通胀上升。

有些事琢磨起来挺有意思。PPI传过去了（CPI），我们叫通胀；传不过去，实际上经济学上叫"挤出"，持续的挤出效应必然会对经济中有效率的部门形成压制。如果供给缩了、垮了，如果供给侧的下沉和膨胀的总需求之间形成了一个向下的正向产出缺口，就会挤出周期的"回光返照"，其实这就叫"滞胀"。宏观经济有句名言：滞胀是周期的"回光返照"。回光返照有如烟花易冷，之后多半是以冲击式的需求收缩收场。

第二，对去杠杆的担忧。中央银行的第二个担忧来自对金融做减法，即金融去杠杆。新中国的头30年是消灭资本的时代——割资本主义的尾巴；改革开放这30年是利用资本、依靠资本的时代，所以这个时期我们对资本最友好，也最渴望；展望未来30年，中国可能要考虑节制资本了，因为资本的各种负面效应出来了，金融去杠杆可能是一个永远"在路上"的状态。

说白了，金融去杠杆是一场博弈，是市场和中央银行斗智斗勇的过程。如果在货币宽松的情况下，杠杆是根本不可能去的，没有人会在货币宽松的情况下出售浮亏资产获取流动性。中央银行自2016年第四季度以来的所作所为已逐步取得了一些成效，2017年3月高达12万亿元的银行对非银净债权到了4月、5月下降了1.5万亿元，结果长端利率上蹿了50个基点。这是因为净值1以上的委外都赎回解散了，净值 1 以下的都在扛着展期，这也是利率未来的压力。然而，时至 6 月，资金面超预期，中央银行"友好"了一下，杠杆立马又加回来了（因为中小银行业绩压力大），一些券商资管又接到了委外。6 月末，银行对非银净债权很快又回到了 12 万亿元。如果要给出去杠杆的逻辑，则可以说，消除金融杠杆的这种反复现象的充分条件是：交易价差不足以弥补时间价值的损耗。因此，我们并不该指望金融去杠杆可以一蹴而就，中央银行需要有足够的时间和耐心。当时间拉长后，当所有的交易都变得索然无味时，最后有人发现展期还不如及早清算自己的浮亏资产，换取流动性，这个决定可能比利用短期负债（同业存单）来扛这个交易结构实惠得多，金融去杠杆才会有实质性的眉目，这就是双方博弈的过程。30 年并不短，金融业感觉到的痛苦也许才刚刚开始。

四、只有产业升级和创新才能见到自由现金流

翻开 2017 年的中国股市，涨得最好的板块是有色，其次是钢铁，再次是煤炭，第四位才是白马股（以家电和白酒为代表），最后是银行，其他板块指数就不太好看了。

中国的传统经济主体的基本财务特征是什么？简言之，债务驱动型、现金流消耗型——靠债务而非盈利维持企业的 ROE。这与美国形成了鲜明的反差，美国上市公司的自由现金流扣除债务以后，盈余还有 2 万亿~3 万亿美元。这种财务特征是怎么实现的？它表现为产业的创新、升级和转型。仅仅通过供给的压缩做排列组合，把中下游的利润转移到上游，造成上游利润的暴涨，这种方式不可能改变中国传统经济的整体财务特征。

虽然传统经济的上市公司 2017 年的利润增长最高的时候高达 32%，但自由现金流的特征没有改变，说明如果从整个产业链看，更多的仍是排列组合的分蛋糕效果。上游的利润对应下游就是成本，意味着下游的经营性现金流的开支会大幅上升，综合起来却没有变化。

财务特征质变只能来自产业的创新和升级。中国经济有没有这样的新兴力量呢？答案是肯定的，而且欣欣向荣。如果把所有在海外的中国经济成分包容进来考虑的话，我们也有可能看到跟美国一样的状态，在中美两个互联网超级大国看到相同的现象，说明互联网经济确实在发生一场非常深刻的供给侧革命。一些垂直领域的"独角兽"，越来越表现出对经济资源非常强的非线性吸附能力，强者恒强，赢家通吃。

互联网的供给侧革命带来了现金的聚合效应，即自由现金流对金融资源的聚合。有人将科技巨头对资源、现金的聚合效应形容为"贝加尔湖效应"，虽然贝加尔湖的湖面比美国五大湖小得多，但是蓄水量却比五大湖大得多，正是在于深度。今天，新经济的科创巨头对经济资源的吸附，就如同贝加尔湖一样，尽管已经身为庞然大物——苹果的市值8000亿美元，中国的阿里巴巴、腾讯的市值加起来超过8000亿美元——但其复合增长率依然高达50%，甚至达到70%，还看不到天花板。所以真正的供给侧革命其实发生在新经济领域。

五、互联网正重塑着中国经济的韧性

如果当下就对中国传统经济的供给侧操作给出一个评判，说出将来一段时期内供给侧改革会带来什么样的衍生效应，怕是不太好说，因为有些操作在经济史上没有成例。

感觉上，中国经济的传统的部分不折腾，中国经济可能也差不到哪儿去。但中国经济的韧性肯定来自新经济成分的成长，新旧动能转化一直在自然地进行着。根据对A股64个细分子行业的分析，对比2014~2016年上市公司的资本开支平均增速，可以很清晰地看出这种新旧经济的分化。

一边，传统产业的年均资本开支都在负增长。虽然供给侧（供改环保限产—价格上涨—利润回升）给上游的资源性行业和有垄断优势的国企带来了蛋糕再分配的红利，但价格上涨又会抑制中下游的实际需求和利润，最终带来名义周期的均值回归。幻影周期行情演绎到极致将是剧烈的反向波动。

另一边，A股有一半行业的资本开支的复合增长率超过14%，按照简单的"70规则"，这些行业规模最多5年就可以翻一番，这些行业大多数是新经济或传统产业的集中度显著提升。有六分之一的行业的资本开支增速超过35%，意味着最多两年就可以翻一番。

产业周期的车轮是向前转的。不能机械式地从"供给出清—集中度提升"去推断产能投资新周期的开启。产业的机会从来不会简单地重复，一个产业的收缩，往往意味着另一个产业的机会。

新经济成分与传统经济的债务周期的泥潭在逻辑上并没有太多牵扯，因为支撑它成长的金融支持大多并非来自银行的债务创造，相反，新经济成分强大的聚合效应和充沛的自由现金流，正把大量的资本市场资源虹吸过来，即便是有强势的非市场力量的干预，恐怕也改变不了中长期趋势。

互联网正在重新塑造中国经济的韧性。明显的感觉是，经济增速下滑一点，其实没什么关系，只要就业保持稳定；经济增速下滑一点，有时候还更健康，对中国经济形成的负面冲击越来越小于2008年。专业一点的表述是，实现充分就业所要求的经济增长率可能越来越低。近四五年来，中国最大的基础设施建设是互联网络的建设，它聚合了中国的经济网络、能源网络、物流网络、人流网络、信息网络，并通过这些网络把14亿人口有效地连接起来，正在产生裂变的效果。中国拥有全球最活跃的数字化投资与创业生态系统。同时，中国还拥有全球最大的电子商务市场，占到全球电商交易总额40%以上，而在10年前这一比例还不到1%。据估计，中国电商交易额现已超过英国、美国、日本、法国、德国五国的总和。中国与个人消费相关的第三方移动支付交易额相当于美国11倍。全球三分之一的"独角兽"（估值超过10亿美元的非上市初创公司)为中国企业。这主要受益于这个国家14亿庞大的人口基数和没有那么多冗余法律制度的约束。展望未来,以互联网行业为代表的新经济成分正在重塑着中国经济的韧性,这也是中国经济能够脱去"周期的幻影"的唯一可行之道。

(作者系中国社会科学院经济研究所研究员、
天风证券首席经济学家)

议题一　影响金融业未来的新技术前瞻

新技术对金融业的变革有巨大的影响力，金融机构如何更好地利用当前的技术，发挥长处，弥补短板，值得认真探讨。传统金融机构完全拥抱金融科技，各种新技术不断涌流。那么新技术对金融行业哪一个具体领域的冲击最大？哪一具体领域最有可能进行新一轮创新？哪些技术可以深入应用在银行业？在银行中应用区块链技术，是下一步探讨的方向。科技只是手段和方式，技术跟金融融合更多的还是金融问题。相信未来银行在创新方面的速度可能会超出想象。我们需要进一步探索，引领金融科技广泛应用的伟大时代的到来。

杨东：以科技助推银行转型

一、拥抱金融科技，引领时代潮流

金融科技基于大数据、云计算、人工智能、区块链等一系列技术创新，全面应用于支付清算、借贷融资、财富管理、零售银行、保险、交易结算六大金融领域，是金融业未来的主流趋势。按照国际权威机构金融稳定理事会（FSB）的定义，金融科技是指技术带来的金融创新，它能创造新的模式、业务、流程与产品，既包括前端产业，也包含后台技术。新技术对金融业的变革有巨大的影响力，金融机构如何更好地利用当前的技术，发挥长处，弥补短板，是值得我们认真思考、深入研究的一个重要课题。

由于金融科技的发展，传统银行模式受到挑战。金融科技类企业给传统金融业，特别是银行业带来了客户流失、存款减少等现实威胁。造成以上冲击的原因之一在于，金融科技的发展降低了企业与个人投融资的中间成本。在作为金融科技典型的社交借贷等商业模式中，金融服务者可以在"脱媒"的基础上促进交易。例如，P2P模式可以成功地避免面对银行等传统金融机构贷款服务的高门槛。又如，利用互联网金融技术搭建起来的股权众筹平台可以拓宽新兴企业的融资渠道，使其便于获得金融新创企业的青睐，减少对传统融资方式的需求。这就使我们必须思考银行业该如何利用金融科技、用好金融科技。

二、科技在银行转型过程中是一柄双刃剑

技术是一柄双刃剑，金融科技对我们来讲，既是挑战又是机遇。这一柄利剑如果被金融科技企业所使用，那么新科技将会是银行业的挑战，但是如果被银行业创造性地使用，推出新的服务，那么银行业也将通过金融科技实现新的发展。

对银行业而言，科技的快速发展，是解决金融服务覆盖问题的一个重大机遇。当前银行存在着很多问题，比如我们经常讲的金融排斥。金融排斥是用来描述特定社会群体由于在获取金融资源的机会与能力上存在障碍与困难，因而不能以合适的方式使用主流金融系统提供的金融服务的状态；也可以描述为社会中部分群体没有能力进入金融体系，没有能力获得必要金融服务的一种状态。

具体表现就是，截至2017年5月底，中国人民银行征信数据库合计收录9.26亿自然人信息，通过一系列计算，我国还有1.65亿左右的18周岁（含）以上人口游离于现有征信体系之外，这些人就是金融科技可以改变的。比如现在的大数据征信，我们加以利用就可以进一步提高征信业务的覆盖面，把过去缺乏征信数据的人群，尽可能地纳入当前的银行金融服务覆盖体系之中，让更多的人感受到金融科技发展带来的实惠。同时，银行也在这一过程中拓展了客户，实现了业绩的增长，实现双赢。

三、立足创新，拥抱监管

创新与监管并不冲突，监管的目的是希望促进行业真正的创新，能够有效甚至高效地解决社会问题。从某种程度上来说，金融监管、金融整治是对行业的利好，带给行业新的希望。企业在高度自律、坚持创新的同时，应该主动与监管部门沟通，让它们了解企业及产品，深入了解企业创新点，及时考察其是否合法合规。只要政府和银行，或者是相关企业相互了解，加强必要的沟通，就能避免彼此不必要的猜测，对监管和创新都有裨益。

金融科技并不意味着就是新兴企业的专利。银行业也应当以开放的心态，全面拥抱金融科技，使各种创造财富的新技术源泉充分涌流。相信未来银行在创新方面的速度可能会超出想象。创新发展、合规发展已是大势所趋。合乎监管要求的良性创新是未来银行业发展的主旋律，积极进行调整和改革创新，努力完善自身业务，接受监管和市场的双重考核。我相信，伴随着各家银行的良性创新不断出现，银行业将不断发展，可以预见，一个行业积极创新、政府监管完善的新金融体系必将形成。

（作者系中国人民大学金融科技与互联网安全研究中心主任）

邵山：金融科技前景光明，机遇与挑战并存

第一，金融科技发展前景远大，有机遇也有挑战。技术在金融行业，无论是银行、证券还是保险，在大众对金融服务日新月异的需求下，都有极大的应用前景。区块链和大数据是金融科技的两个最有代表性的分支。分布式技术（包括云计算和区块链）是云构架的基础，其中的分布式计算、存储、管理和安全是现阶段系统架构转型的关键；而大数据和人工智能是相通的，人工智能的有效性是靠大数据和计算能力支撑的。无论是银行的支付、转账、存贷款，证券的实时交易，还是保险的移动展业，目前都应用了移动金融技术。

第二，金融科技发展迅猛。大数据和人工智能得到广泛应用，云计算已经应用在某些银行内部。比如证券监管已经用大数据查处"老

鼠仓"，区块链技术在银行、保险行业都有探讨性应用，人工智能在智能投顾方面的应用也在快速发展。但是相关风险还需要重视，尤其是在安全运营、信息保护和应用拓展方面，包括最近被叫停的ICO和虚拟货币交易。科技应回归它的初心，技术要为金融业务服务。

第三，现在缺乏一个在社会上引起广泛效应的契机。比如，引入余额宝之后，支付宝用户增多，引入红包之后，微信支付用户增多。随着技术的发展，更安全稳定运行之后，相信会出现"爆红"的场景和应用，迅速扩大金融科技的受众范围。

(作者系《金融电子化》杂志社副总编辑)

杨雷：稳步推进金融科技创新，防范系统性金融风险

金融科技的核心理念是以信息技术驱动金融创新，通过变革业务模式、创新服务流程，更加灵活、高效地满足客户需求和社会需求。

首先，金融科技的快速发展促进了金融创新。

一是金融新业态、新产品不断涌现，金融服务生态更加完善，金融服务平台化、场景化发展趋势明显。近年来，互联网企业依托自身电商、社交、游戏等平台和技术优势，纷纷涉足金融领域，以场景服务为切入点，面向海量客户提供金融服务。同时，传统金融机构也综合运用新兴技术，积极打造互联网金融体系，推动优势金融产品与各类外部场景的对接，通过跨界合作构建多方共赢的金融服务新生态。

二是随着移动互联网、智能终端、生物识别、物联网等技术的快速发展，金融服务将继续朝着便捷易用的方向不断发展。移动智能终端的迅速普及，民众获取金融服务的便利性大大提高，有力地促进了普惠金融的发展。生物识别技术的不断发展成熟，促进了互联网金融应用场景的发展。另外，万物互联时代已经来临，物联网金融产业生态正在逐步形成，这将进一步拓展金融服务的应用范围，金融服务将会无处不在、随时可得。

三是云计算、大数据和人工智能技术的不断进步，为金融服务向更加精准化、自动化、智能化方向发展提供了动力源泉。云计算技术的快速发展和应用，有效扩展了存储能力，降低了存储成本，提升了计算能力，为大数据和人工智能技术的应用奠定了基础。相信随着数据量的扩大和计算能力的提升，算法的不断优化，金融服务将更加个性化和智能化。

其次，金融科技发展如火如荼，在提供跨市场、跨机构、跨地域的金融服务时，也使金融交易风险的传染性更强、波及面更广、传播速度更快，如果管理不当，也会给金融市场的健康发展造成影响。比如部分跨界金融服务的业务模式和信息流向日趋复杂，降低了市场的透明性和规范性，加大了业务风险的隐蔽性，有可能导致风险控制的滞后和扩大。同时，互联网金融业态下交易环节多、流程长、交易渠道多元化，由于交易涉及的主体多、信息不对称、协调配合难，给金融交易安全控制带来了新的挑战。因此，在金融创新过程中要高度关注对金融安全的冲击，实现金融创新和风险管控的有效平衡，防范发生系统性金融风险。

工商银行始终坚持技术创新推动业务发展的原则，积极运用新的信息技术实现面向全客户、全渠道、全产品的服务创新及经营管理转型。对于金融科技涉及的主要技术领域工商银行均已布局，并结合相关技术成熟度，分阶段有序推进前瞻性研究、试点及推广等工作。一是移动互联、大数据技术领域已在集团内部进行企业级应用。构建了以融e行、融e购、融e联和网络融资中心为主体，覆盖和贯通金融服务、电子商务、社交生活的互联网金融整体架构，并形成了完善的大数据处理技术体系，在客户精准营销、风险防控等领域开展了金融创新服务与应用。二是分布式架构、云计算领域已在部分存在业务痛点的场景进行了推广应用，率先在行业内建设应用平台云（PaaS），通过与基础设施云（IaaS）结合，对基础计算资源及应用资源进行动态管理,后续将逐步扩大使用范围。三是对区块链、人工智能、物联网、生物识别等领域均已进行了试点性应用或探索研究,取得了良好效果,后续也将进一步加强相关技术研究、拓展业务应用场景。

2017年,为了充分借助先进科技手段提升工商银行产品和业务创新能力,加速推动工商银行信息化银行建设,工商银行研究组建了互联网金融、大数据与人工智能、云计算、区块链与生物识别、数字化银行等七大创新实验室,专职从事新技术研究及创新应用工作,逐步组建300~500人专门从事新技术研究及创新应用工作。后续将结合全行战略和业务痛点,持续提升工商银行技术把控能力,为全行业务的创新发展提供强有力的科技支撑。

(作者系中国工商银行信息科技部副总经理)

金磐石:金融科技在建设银行得到广泛应用

建设银行一贯重视金融科技工作,历时六年,举全行之力组织新一代核心系统的研发。2017年6月24日,新一代核心系统全面竣工,建成了具有"国内最佳、国际一流"水准的信息系统。在研发过程中,建设银行注重成熟新技术的应用,在同业率先建成金融云平台,系统资源供给速度提升了17倍,从容应对"双十一"等爆炸式增长业务,"所想即所得"成为现实;基于人工智能技术推出了智能客服"小微",准确率已经达到99%,累计服务23亿次,相当于一万多名人工坐席的工作量,节省了大量人力资源,产生了重大的经济效益,同时有力地支持了客服中心组织变革;大数据分析技术在营销方面得到深入应用,建设银行基于大数据推出了快贷业务,客户通过手机指指点点即可获得贷款,在很短的时间内,小微快贷余额已达450多亿元。正是有了这套"新一代"系统,有了这些金融科技的广泛应用,即使在新常态的经济形势下,建设银行各项业务依然保持着良好的增长势头。

对于争议中的新技术，建设银行也在持续关注，如区块链技术。我们认为，虽然目前业界看法不一，但区块链技术一旦成熟将会对整个社会产生重大影响。对此，建设银行已成立了专门团队跟踪研究，并在特定场景进行测试应用。回顾建设银行金融服务发展史，可以肯定地说就是一部金融科技的创新史，是金融科技将众多的不可能变为现实。展望未来，建设银行将不忘初心，坚持将金融科技的春风吹进金融创新的领地，创新服务，增强客户体验，服务社会大众和实体经济，创造更美好的现代新生活。

（作者系中国建设银行信息科技管理部总经理）

陶嵘：金融与科技应完美结合，趋利避害

浙商银行在区块链技术应用上有一些具体实践，包括2017年初上线的移动数字汇票，6月1日上线的基于区块链应收款链的应用。目前，大家谈的金融科技多是以科技发展本身为着眼点，即发展成熟的某项新技术，再思考能为银行业务输出何种应用场景。我是做零售业务的，那么从零售业务角度出发，金融科技又该如何为业务发展作出应有贡献呢？

第一，应该从客户需求出发，把握金融本质，挑选、组合科技发展最前沿的应用，以最合适的金融科技手段来服务客户。举个例子，做零售的银行同业们一直都在致力于解决物理网点如何优化布局，标准化、规范化客户服务能力，用技术手段完善补充客户服务渠道等问题。零售业务更看重的"金融科技"应该是能直接服务客户，帮助客户节省时间、降低成本、提升服务体验的技术方向。例如，可以综合运用虚拟现实、增强现实、混合现实等技术服务，改善甚至突破目前服务零售终端客户的方式。金融科技在零售业务上的应用，不应该仅是网点柜面业务的电子化与线上化，更应该是突破思维定式，重构产品与服务流程的创新。浙商银行在这方面正在做有益的尝试和探索。

例如，2017年初我们将虚拟现实技术引入个人网银，开发出了虚拟现实网上银行原型系统。下半年，又把增强现实技术融入手机银行客户端，成为业内第一家将增强现实AR技术用于生产力工具的银行。客户通过手机镜头扫我行的Logo，就可以实时以增强现实的方式可视化地查看自己在银行的资产和负债情况。原来银行同业、客户对手机银行固有的认知，被新引入的技术方式突破了。客户此前从未想到过可以用这样的方式查看自己的银行账户，这种新体验既不是柜面服务模式的复制，也不是手机银行模式的翻版，而是一种全新的、升级增强之后的服务模式。

第二，金融科技的发展必须重视客户体验。如果说金融科技本身是一种硬实力，那么独特的客户体验则是差异化竞争的一种软实力。很多人简单地认为评价产品客户体验的标准是视觉感受好，符合审美、符合潮流。实际上，这一看法对客户体验的理解并不全面。真正好的客户体验是指符合人的认知特点与行为习惯，便于客户高效地使用产品和服务。日新月异的科技发展，极大地丰富了客户的选择，优秀的客户体验工作，不是继续做加法，而是有选择地做减法。但在目前，哪怕是应用金融科技最领先的金融企业，对优化客户体验的探索仍然处于初级阶段。通常简单地套用从消费电子产品、电子商务领域得到的经验，直接来服务金融客户。举个常见的例子，很多银行的网银、手机银行的产品购买环节都有可将产品按收益率排序，或点击购买产品后出现购物车的情形。但这恰恰是未按照银行客户思维方式与习惯，而简单拷贝电商客户体验做法的反面案例。简单地誊写其他领域的最佳实践，必然不能造就银行领域卓越的客户体验。

第三，金融科技的发展必须重视人才培养。从行业实践来看，目前缺少将科技和金融完美融合的桥梁，即缺少能将技术可能转化成金融应用场景的人才。大家都知道挖掘客户需求要做市场调研、用户研究，但在很多情况下，我们的从业者往往抱着自己就是用户，自己也能代表用户的想法规划设计产品。传统金融人才习以为常的行业惯例，过去的成功经验，往往会成为扼杀跨界创新的最大因素。因此，具有技术创新背景、金融产品背景、市场营销背景的跨界人才，将成为这一轮金融科技助力银行业大发展浪潮中的佼佼者。

纵观银行、保险、证券三大行业，金融科技势必在基础客户数量最广泛的银行领域产生更大的影响，带来更大的冲击。那么作为银行人，我们应该如何应对这种冲击呢？我认为，需要我们善用金融科技的力量，在应用场景挖掘方面多思考。同时考虑金融科技与监管科技的关系，提前谋划布局，将金融与科技完美结合，趋利避害，把金融科技应用推向更深层次的领域。

（作者系浙商银行个人银行部总经理）

黄正建：妥善把握金融科技给银行带来的契机

金融科技是继互联网金融之后的热门话题。金融科技对银行业的影响将是深远的，尤其是大数据、人工智能、区块链等技术的引入，对银行未来的经营模式将产生重大影响。具体来说，它们将使未来银行业的经营管理、客户服务、风险控制、产品和业务流程发生显著变化，变得更加智能化和数字化，未来会不断产生全新的产品、流程和业务模式。当然，我们也可以看到，人工智能、大数据以及区块链等金融科技也有不足之处。比如区块链技术，它在处理能力上的实时性明显不足，很难应用于高频、高效的交易中。再如人工智能，它需要培训，需要一个积累的过程，不是立刻就能发挥作用。实际上，金融科技与银行业务的融合也是一个渐进的过程，根据科技发展的水平以及银行的需要作出选择，这个过程往往又是跟客户相结合的，客户的个性化需求会影响银行的服务，银行越能满足客户个性化需求就越能获得成功，也同样惠及大众和银行自身。

兴业银行一直以来高度重视金融科技的投入，建立了人工智能实验室、大数据实验室，专门负责跟踪和应用金融科技的新技术，同时，积极与外部公司合作开展金融科技的研究和应用。金融科技在兴业银行也有不少实际的应用，这里重点介绍两个案例。一个是互联网业务风险监控平台，它就是基于大数据、人工智能、机器学习等金融科技的互联网实时风控系统，目前该平台已经投产并且正在逐步覆盖各类互联网风险业务，它的风控模型正在不断优化，数据也在不断积累中。未来，除了我们的银行，我们的消费金融公司，信托等子公司都会接入这个系统。前面我说过，金融科技会改变流程、改变风控、改变客户体验，实际上随着系统应用的深入，我们将借助这个系统使风险和体验变为正相关——风控做得越好，客户的体验就会越好。这跟过去传统的观念是不一样的，过去通常认为把风控做好了客户的体验就下降了。另一个是智能投资顾问"兴业智投"，这是由兴业银行集团众多部门共同研发的创新产品，定位于智能化投资理财服务，可针对客户不同投资期限、风险偏好，通过以公募基金为基础的多资产配置，运用大类资产配置模型、大数据机器学习算法动态优化投资组合，从而为客户提供定制化智能投资组合。"兴业智投"产品具有一键购买、一键赎回、一键优化等功能，小资金也能实现资产配置。自2017年5月初面世以来，该产品得到了广大客户认可，交易总额逾千万元。此外，兴业银行的金融云服务做得非常有特色，为广大中小银行提供基于金融行业的各种云服务，目前服务的银行和联网机构很多，用户规模是国内最大的，服务能力也很强。

（作者系兴业银行网络金融部副总经理）

李伟：金融背后需要强大的科技支撑

金融科技的浪潮是一个趋势，科技力量成为决定金融竞争力的一个重要因素。随着社会的发展，金融活动越来越复杂，经济模式越来越复杂，金融活动范围越来越广，这些背后都需要科技的强大支撑。

而区块链其实是一条路，这条路是金融机构之间、企业与企业之间及人与人之间达成互信而形成的一个标准化轨道。资产只有流通才有价值，而各个机构之间原来没有统一的流通系统，并彼此缺乏信任，我们通过区块链技术把机构高效率地连通起来。区块链本身具备的智能合约，可以对资产进行拆分、打包，使金融资产的流动性更好。同时，由于区块链技术本身的透明性，可以减少中间环节的费用，并且对金融的安全是很有益的。所以，从金融的本质出发，在金融资产流通环节落地区块链技术，才可以发挥金融科技背后的巨大力量，同时维护金融安全，助力实体经济。

（作者系杭州趣链科技联合创始人兼CEO）

邓柯：区块链降低成本，引领金融变革

第一，引入区块链技术是金融行业最近200年来最深刻的变革之一。金融业务最基本的环节有两个：一个是记账，另一个是交易。在过去的几百年中，金融业务的变革主要集中在交易环节：从现货交易变为期货、期权等衍生品交易，还发明了股权、债权等权益类交易。记账环节只发生了一个重大变化，就是复式记账和现代会计制度的诞生。区块链技术是同时对记账和交易环节的革命性变化，在它之前从来没有出现过这样的场景：多个交易对手方可以通过共同维护一个账本的形式，建立弱信任甚至无信任的交易关系。这对金融行业产生的影响是非常底层的，它可能从根本上改变以前金融交换模型的基本结构。

第二，由于区块链对金融业务的变革是非常底层的变革，这种基础设施的变化必然引起上层建筑的剧烈改变，带来了野蛮生长和监管套利的问题。中国的ICO乱象，以及加密货币引起的种种非法金融业务行为，都来源于这种最底层的变革。由于金融行业的重要性和关键性，越是大变革，我们越要持有审慎的态度，区块链和金融行业结合

时，一定在金融监管的红线之内做事情，不能越界。

对金融行业来说，区块链最大的价值是通过全新的记账和交易方式，降低当前金融行业的信任成本和交易成本。金融行业最大的成本就是信任成本和监管成本，区块链可以自身独特的业务特性，降低交易过程中对信用的要求，并使交易监管变得更简单易行。区块链要在金融行业的应用落地，还需要克服自身的三个问题：一是性能问题，目前区块链技术表现为高时延和低吞吐量的技术特点，难以满足现行金融业务场景的需求。二是区块链以全网广播的形式共同维护账本，使每笔交易都对所有参与者可见，不符合金融行业对业务私密性的要求。三是区块链技术比较新，其可靠性、可服务性和稳定性还未达到金融系统的要求，区块链技术要成为金融业务的基础设施，还有很多工作要做。

（作者系质数链网科技成都有限公司 CEO）

议题二 金融科技助力银行转型

银行转型中最大的挑战是什么？哪些银行业务短板可以通过金融技术创新进行改变呢？在新技术的影响下，银行最有可能消失或者被改变的业务有哪些？技术是一柄双刃剑，金融科技对我们来讲，既是机遇又是挑战。

杨彬：借力金融科技，打造"小而美"的银行

"小而美"的银行可以成为未来中小银行尤其是小银行的一个选择。小，是指规模小、体量小，这是现状和实际，但是小绝不意味着弱小，小也可以很美、很强。小银行一样可以在某一个区域、某一类人群、某一个细分领域发展得很好，成为领军者，成为美好的、强大的小银行。怎样才能"小而美"呢？主要有三点：一是找到自身的优势，做加法、乘法，让优势更突出、强项更强。总体来看，小银行相较于大银行，最大的优势就是体制机制上的优势，决策链条短、效率高；相较于互联网金融企业，最大的优势就是对金融本质是经营风险的认识以及对客户的了解。在这个大的框架下，各银行需要具体分析，找到自身的强项。二是借力金融科技、顺势而为。对小银行而言，金融科技是一把双刃剑：用得好，可能有弯道超车的机会；用得不好，很可能事倍功半，甚至影响原有业务的发展。小银行要在金融科技面前保持定力，找准最适合自己的技术解决方案和业务模式，切忌随大溜，盲从金融科技。科技只是一种手段，只有跟实际情况结合起来才能够发挥更大的力量，推进业务发展。三是服务好本地的实体经济，尤其是当地的中小微企业，推动普惠金融发展。中小微企业是当地经济的毛细血管，毛细血管是否通畅，决定了经济体是否健康。如果能够把本地的中小微企业服务好，使它们在金融的支持下发展壮大起来，毛细血管就会通畅、健壮，造血功能也会增加，也能够支撑中小银行的发展。中小银行和当地的中小微企业是共生共存、共同促进、共同发展的。

（作者系中国互联网金融协会业务三部主任）

王卫东：利用金融科技，发展信用卡业务

信用卡业务是银行业中金融科技应用最广泛、最深入的业务。信用卡业务面临的挑战：一是怎样在提升客户体验的基础上控制风险，二是怎样在服务更多客户的基础上控制成本。金融科技在应对这两个挑战中发挥了重要作用，取得了明显的效果。例如，交通银行2017年上半年推出了手机信用卡，客户输入资料后，最快两秒就可以短信告诉客户信用卡是否开通，额度是多少，登录APP后就可以激活这张卡，实体卡片虽然没有到手，但信用卡账户已经建立并可以立即使用了。我们还在应用人脸识别、电子签名等技术，进一步提升发卡效率。交通银行发卡13年，积累了大量金融数据，这是我们的核心竞争力。大数据在金融领域的应用也极大地提高了我们控制风险的能力。又如，我们将人工智能技术应用于客户服务，开发了机器人客服坐席。2017年上半年在客户数量两位数增长的情况下，人工话务量反而下降超过10%。随着人工智能的更深入应用，还有更大的压降成本的空间。

（作者系交通银行信用卡中心总经理）

么向华：依靠科技，实现弯道超车

唐山银行这两年的华丽蜕变主要是依靠科技，提高效率和客户满意度。现在中小银行面临的最大问题是生存的问题，具体是风险识别能力、盈利能力和盈利模式确立的问题。利率管制一放松，我们就开始产品创新,实现产品的阶梯化,之后我们把手机银行、机器设备和人工渠道进行整合,把客户分成了八级56档,进行精细化管理。我们与北京一家科技公司共同研发前端设备,积极运用云技术。基于这些,我们的对公业务、风险管理等业务都在实现标准化。把所有流程标准化之后,才能在管道业务之间实现自动化。

(作者系唐山银行行长)

黄纪法:技术变革推动金融进步

在互联网金融蓬勃发展的今天,金融科技给银行业金融机构,尤其是给中小型商业银行带来了冲击,我认为主要体现在两个方面。

第一,互联网金融平台"一键操作"的便利性和较高的收益率,使中青年客户群体更愿意把钱放到像"余额宝"这样的平台上,而年纪大一点的客户现在到银行办业务主要是购买理财,这样一方面导致传统银行的基础存款业务越来越难做,另一方面这些互联网平台将资金以同业存款的形式存到银行,导致银行的负债成本增加。第二,互联网金融平台在薪酬、福利方面的激励方式比银行更有吸引力,因此导致了部分银行科技人才和风险管理人员的流失。

不过,金融互联网化是未来的发展趋势,传统银行业金融机构在面对挑战的同时,自然也应该看到技术革新所带来的发展机遇。

首先,银行应当积极与互联网金融公司开展跨界合作,发挥小型商业银行在风险管理和资金实力方面的优势,与互联网金融公司的渠道和便捷的客户体验进行互补,共同扩展获客渠道,寻求在信用卡业务、主动授信等方面的机会,进一步推进普惠金融。比如,稠州银行于2016年初与前海微众银行合作开展微联合贷款业务,截至目前,客户数达到近20万户,2017年累计投放近75亿元,贷款余额逾22亿元。我们还同其他互联网金融、二手车交易、信用卡客群、商超小贷、小额信贷、保险领域的互联网平台开展合作,目前稠州银行互联网贷款余额已经超过 70 亿元，客户数逾 32 万户，总体合作效益良好，投入少、见效快，风险可控，收益可观。

其次，在借助互联网平台的渠道，以更低廉的成本获取客户信息的同时，银行应当抓紧时间进一步提升自身的金融科技力量，利用分析互联网金融平台大数据的经验，进一步加强自身风控系统建设、客户筛选的能力。在这一方面，2015 年稠州银行就已经正式上线包括小微经营贷款、消费贷款、房贷以及各专项贷款子产品的评分卡在内的评分卡系统，构建数据化、批量化、自动化审批决策模型。建成的审批决策模型对银行的每笔零售贷款出具评分准入策略，量化信用风险，目前我们对白领贷、公积金信用贷、惠金卡三款个人消费贷款产品实行了线上集中审批。2017 年 4 月，稠州银行的风险预警管理系统"智能风控"上线，有机整合了人民银行征信、银监、工商、法院等外部数据信息，并实时关联银行内部核心、信贷、贷后等系统数据。按预警信号的严重程度和数量矩阵划分客户预警等级，形成行业、产品、区域等类目的预警信号 240 多个，为银行客户经理与经营机构及时掌握和处置信用风险、贷后风险评估决策提供了有价值的依据。

最后，要借助金融科技加快银行服务水平的提升，优化网上银行、手机银行、微信银行等基础设施，提高业务办理的速度，简化流程，进一步改善客户体验。目前，稠州银行电子渠道服务替代率已达到 97%，也就是说 97% 的业务可以通过网银、手机等渠道办理，不需要去柜台。稠州银行自主开发的移动金融服务平台于 2015 年初推广使用，客户经理通过平板电脑在前端移动化受理业务、采集客户信息，前端业务数据和影像资料通过移动技术实时传送到后端远程中心审核，实现了业务现场受理、现场办理。仅 2017 年上半年，稠州银行通过这一平台受理的业务量就达到近 50 万笔，在大大提高服务水平的同时，也方便了客户。

运用科技力量推动金融行业的转型升级，银行为客户提供更好的资产管理服务的本质是不会改变的。日新月异的金融科技手段,能有效促使我们加快完成物理网点的转型升级,比如配备 ATM、自助发卡机、智能终端等设备,将帮助银行进一步优化客户体验。另外,金融科技的应用也有利于进一步优化人才队伍,比如精简下来的柜面人员能够充实到客户经理、理财经理团队;机器人的应用有助于提升客服效率和服务质量;大数据风控模型、评分卡系统的应用,能够让更多的小微信审人员专注于优化风控政策、调整模型参数、完善风控体系。

有了更好的金融科技力量作为"翅膀",我们还能看到直销银行业务的广阔前景。通过"纯线上化"的产品、渠道和服务,未来,金融科技将帮助中小型商业银行更好地触达机构所在地以外的客户。然而要达到这一目标,还需要监管部门的支持,尤其是尽快填补当前互联网金融产品的监管空白,有助于提升银行业直销产品的竞争力。

(作者系浙江稠州商业银行副行长)

明立松:立足自身定位,以价值为导向应用金融科技

面对新的经济环境和市场竞争变化,面对来自大型商业银行与互联网金融的双重夹击,中小商业银行更需要通过应用金融科技实现转型升级,通过科技创新带动业务创新,通过应用金融科技寻找新的盈利机会。这里结合北京银行的经验谈几点体会。

第一,夯实 IT 基础能力,为应用金融科技奠定基础。中小银行要在完成新一代核心系统、大数据平台、企业服务总线等基础性平台建设的基础上开展创新。

第二,统筹规划,避免碎片式创新应用。建立应用金融科技创新工作的中长期规划,配套以资金投入、人才梯队建设、绩效激励机制建设,让金融科技创新持续形成成果。

第三,应用金融科技创新要以价值创造为导向。从提高效率、降低成本、控制风险、提升客户体验等领域入手,让金融科技的应用融入市场营销和日常经营管理中,让科技创新的价值不断显现。

第四,与场景相结合的金融科技创新才是最有效、最能产生价值的创新。移动互联网和共享经济正在改变我们的生活方式,也影响着大众选择和使用金融服务的需求,未来的金融服务一定是嵌入百姓社交、消费、娱乐等不同生活场景中的。我们要重视这一变化,根据自身定位和客群特点,将金融产品和服务渗透到客户生活场景中。

金融科技的创新应用将重塑银行物理网点的服务,但物理网点由此就会消失的论点不免有些极端。传统银行业多年建立的信用与信誉价值在一定程度上正是通过银行物理网点的形式向广大客户群体进行传递的。当然,银行需要重新定义物理网点的功能。未来的银行网点应当根据不同需求进行多元化转型,有旗舰型智能化网点,有服务社群的轻型化网点。网点传统业务更多地通过引入自助机具而简化流程,网点柜员要更多地从"高柜"内走出来,让网点成为我们与客户面对面交流、深层次营销的重要场所。

(作者系北京银行信息科技管理部副总经理)

徐启昌:全心全意做好金融科技服务

金融行业的最大挑战是什么?用户变了,场景变了,原来银行靠场所经营,现在靠场景化经营。从PC互联网,到移动互联网,再到物联网,技术改变了我们的工作、生活、社交方式,改变了用户行为,从而倒逼银行等金融机构改变客户营销、服务交付、产品设计、风控运营的模式,完成业务模式的数字化变革,这是非常大的一个挑战。而且,这个挑战不仅仅是当下这两三年需要面对的,还将持续相当长的时间,我认为至少会持续到2025年,持续到物联网的浪潮风起云涌的时候。

因为这些变革是由技术发展和技术创新引起的,所以我们的应对方式也需要从技术角度去寻找。京东金融从设立开始,就定位于做一家世界领先的金融科技公司，致力于通过技术来服务和赋能金融行业。我们前几年做了不少互联网金融业务，目的是发展技术，积累数据，验证模型，证明我们在金融科技方面的能力。从2017年开始，京东金融开始全部业务金融科技化，不再重点发展自营业务，不再增加持有金融资产，而是全心全意为金融机构做好金融科技服务，赋能金融行业。

那么，京东金融打造了哪些金融科技能力呢？我举三个例子。

第一个例子，反欺诈。京东金融自主研发了RNN时间序列算法，用来进行用户行为路径学习，对风险用户识别的准确率超过常规的机器学习算法的三倍。这个算法已经被欧洲机器学习会议的PKDD2017收录，进入了行业最顶尖的行列。第二个例子，京东金融基于生物探针的技术，可以通过移动设备采集用户使用手机的按压力度、设备仰角，包括手指触面、线性加速度等120个行为特征指标，并利用这些特征指标在用户毫无感知的情况下，完成身份的核实，而身份核验是数字化金融服务的一个核心能力。第三个例子，在风控模型中用图计算来进行关联关系的刻画。京东金融搭建了一个图计算系统，现在有超过14亿个节点，覆盖京东金融几亿的个人客户和全部企业客户，对用户之间的关联关系和金融行为进行动态实时描述，有效识别欺诈和信贷风险。这个模型，据我们所知，在全球处于领先水平。

现在，京东金融正全方位地输出金融科技能力，包括场景赋能、产品赋能、数据和风控赋能、运营赋能和技术赋能五个方面。场景赋能方面，把京东积累的线上和线下的消费、物流和金融场景等连接到各类金融机构，提升金融机构场景化获客能力。产品赋能方面，输出金融产品创新能力，既包括设计全新的线上金融服务产品，也帮助金融机构重新设计和优化已有的产品，使客户体验更好，触达更多的客户。数据和风控赋能是重点和核心，我们同金融机构一起，结合京东系大数据，联合进行各种线上信贷业务的大数据风控模型的搭建，支持消费金融业务和供应链金融业务的发展。运营赋能方面，我们把京东的互联网运营能力，包括客户运营、产品运营、数据运营等，输出给金融机构，这也是目前金融机构急需的能力之一。技术赋能方面，京东全方位输出自己积累的分布式架构、大数据、人工智能、云计算方面的产品和技术服务，支持金融机构建立自主可控的IT架构。

京东金融的价值定位是服务金融行业，帮助金融机构降低成本、提高效率、增加收入。京东金融CEO陈生强提出的这三个服务目标，前两个其他金融科技公司一般也会提，但是增加收入这个目标，据我所知，大概只有京东金融提出了。这其实是对金融科技提出了更高的要求，要求我们与金融机构更加深入地合作，共同发展，形成利益共同体。踏踏实实、全心全意、全方位服务各类金融机构，这是京东金融科技的服务理念。

（作者系京东金融集团金融科技事业部副总经理）

刘韬：大数据与人工智能对金融发展的影响

在金融科技企业创新方面，2013年成立的亨元金融是比较早涉及消费金融领域的。对于刚才大家提到的信用卡方面，我在10年前就从事了多家银行的信用卡IT和风险的咨询项目。在这两年的金融变革中，其实是支付技术和移动互联网技术的不断成熟，带来了金融科技的发展机遇。

从本质上而言，信用卡在金融科技浪潮下受到的冲击并不是特别大。因为信用卡和互联网金融企业的客户群体定位不太一样，信用卡主要是在做监管利率范围之内的客户群体，所以新数据对传统银行的影响冲击并不大；而对京东等互联网公司而言，自有的数据已研究得非常透彻，但是还有大量的数据没有被充分挖掘运用。目前市场上，老百姓对消费金融的使用，还有极大的挖掘空间，而这一部分市场容量，也是与信用卡相当的几万亿元市场规模的客户群体。这个市场上有很多从业者，都在极速发展，而在发展的同时，最大的问题是边界在哪里，就像台湾的双卡风暴。新进的机构，能不能在这波浪潮中守住自己风控的底线成为关键。

面对这样的时代和市场，大数据和人工智能成为目前最核心的部分。亨元金融就是一家在大数据和人工智能驱动下的金融科技公司。这两块的发展是相辅相成、不可或缺的。比如，从数据源的使用上来说，我们自己有"磐多拉"大数据征信系统，它看数据的方式同信用卡不一样。在发生消费信贷之前，我们会用"磐多拉"对客户的外卖、打车、学历、通信等行为进行分析，得到"客户画像"，以及传统金融机构望尘莫及的动态数据。

我们是纯粹从移动互联网，从人们生活的"衣食住行娱"的各方面挖掘整理分析我们想要的数据和信息。再详细点来看，比如外卖数据，我们会看客户近6个月的外卖数据，并统计到每一份外卖的平均花费以及变动情况，形成动态数据。这部分的数据和信用卡的主要客户群体不同，信用卡的客户集中在大企业，而大企业的员工一般自己有食堂，不需要外卖；但中小企业的员工确有极大的外卖需求，而在这些人中，每顿吃15元和每顿吃50元的客户，他们的消费水平和偿付能力就截然不同。所以在细分领域中，大数据的应用已经有别于传统金融机构，也让一些本来无法获得信用卡服务的客群，有了获得消费金融信贷服务的机会。

在人工智能方面，我们已成功打造了"宙斯"风控系统，作用在反欺诈、机器学习以及精准营销方面，这已为我们节省了大量成本。在机器学习板块，我们已经开始细化探索，提升评分卡方面的功能和效用。在精准营销板块，我们也有了很大突破。移动互联网的数据量非常大，我们无法对所有客户进行营销，所以在挑选高质量客户方面，人工智能也体现出了非常重要的效果。在金融科技的影响之下，最大的改变是什么？是审批人员的数量迅速下降，我们的自动批核率达到九成以上。且依靠人工智能的有效指导，客服人员在迅速下降，但模型、科技人员在迅速增长，电话销售人员在不断上升，并且智能化下的精准营销也让营销效果不断加强。所以总体上看，由于人工智能的运用，我们总体的成本在不断下降，这也形成了我们独有的核心竞争力。

另外，再看近期不断涌现的直销银行的情况。因为我们也是一家助贷机构，亨元金融也服务于十几家持牌的消费金融公司和银行，有的也是通过与直销银行合作的模式进行业务拓展。经过两三年的高速发展，它们面临的最大挑战是流量。流量从哪儿来？线下的流量新增资源已经很受限，未来网点会减少，留下的主要是私人银行及大额交易等非标业务服务。此外，技术平台、运营后台和垂直客群，这些服务由谁来提供？其实中小银行的直销银行可以整合资源，不是每个都需要自己做，每个垂直领域其实都有专业的公司出现。我认为未来对银行服务的公司、细分专业的公司会非常多，把这些公司整合起来对直销银行也是非常好的机会。

大数据和人工智能的不断运用发展，也会给金融科技的创新变革带来更多新的机遇。

（作者系亨元金融CEO）

第六部分

2017 年中国商业银行竞争力评价结果

一、商业银行竞争力排名表（2017）

表6–1　　　　2016年全国性商业银行财务评价排名

排名	资产（亿元）	风险	资本	盈利	流动性	综合财务评价	名次
招商银行	59423.11	0.804	0.935	0.696	0.786	0.773	1
中国工商银行	241372.65	0.771	0.987	0.696	0.788	0.771	2
中国建设银行	209631.05	0.820	0.998	0.666	0.737	0.769	3
浙商银行	13548.55	0.867	0.871	0.674	0.725	0.767	4
兴业银行	60858.95	0.830	0.872	0.687	0.585	0.747	5
渤海银行	8561.20	0.876	0.847	0.644	0.657	0.745	6
中国农业银行	195700.61	0.797	0.917	0.610	0.846	0.736	7
中国银行	181488.89	0.826	0.965	0.584	0.725	0.728	8
恒丰银行	12085.19	0.765	0.845	0.614	0.880	0.721	9
上海浦东发展银行	58572.63	0.800	0.860	0.678	0.452	0.719	10
中国民生银行	58958.77	0.757	0.866	0.648	0.493	0.698	11
交通银行	84031.66	0.764	0.953	0.547	0.730	0.692	12
华夏银行	23562.35	0.773	0.849	0.629	0.419	0.685	13
中国光大银行	40200.42	0.733	0.829	0.610	0.603	0.679	14
平安银行	29534.34	0.698	0.854	0.591	0.591	0.663	15
中国邮政储蓄银行	82656.22	0.951	0.844	0.383	0.746	0.659	16
中信银行	59310.50	0.734	0.871	0.569	0.519	0.659	17
广发银行	20475.92	0.706	0.817	0.457	0.469	0.587	18

表6–2　　　　2016年全国性商业银行竞争力评价排名

银行名称	公司治理	发展战略	风险管理	产品与服务	信息技术	人力资源	市场影响力	总分	排名
中国工商银行	0.856	0.881	0.823	0.863	0.908	0.814	0.873	0.860	1
建设银行	0.848	0.878	0.841	0.871	0.865	0.821	0.867	0.856	2

续表

银行名称	公司治理	发展战略	风险管理	产品与服务	信息技术	人力资源	市场影响力	总分	排名
招商银行	0.853	0.875	0.839	0.878	0.851	0.815	0.785	0.842	3
中国银行	0.845	0.858	0.821	0.856	0.845	0.795	0.853	0.839	4
交通银行	0.823	0.867	0.808	0.857	0.831	0.781	0.801	0.824	5
中国农业银行	0.808	0.816	0.759	0.821	0.852	0.726	0.846	0.804	6
上海浦东发展银行	0.801	0.845	0.767	0.858	0.835	0.795	0.723	0.803	7
中信银行	0.812	0.805	0.803	0.829	0.818	0.799	0.716	0.797	8
兴业银行	0.793	0.828	0.787	0.834	0.825	0.759	0.733	0.794	9
平安银行	0.792	0.827	0.724	0.827	0.808	0.791	0.687	0.779	10
中国光大银行	0.788	0.813	0.731	0.817	0.829	0.755	0.711	0.778	11
中国邮政储蓄银行	0.781	0.804	0.809	0.745	0.805	0.718	0.768	0.776	12
中国民生银行	0.836	0.821	0.705	0.818	0.801	0.724	0.718	0.775	13
浙商银行	0.769	0.824	0.801	0.793	0.694	0.790	0.631	0.757	14
华夏银行	0.836	0.746	0.726	0.774	0.812	0.718	0.665	0.754	15
广发银行	0.778	0.738	0.688	0.755	0.710	0.658	0.628	0.708	16
恒丰银行	0.621	0.757	0.718	0.738	0.707	0.688	0.605	0.691	17
渤海银行	0.645	0.755	0.721	0.712	0.701	0.703	0.589	0.690	18

表6-3 2016年资产规模3000亿元以上城市商业银行竞争力评价排名

银行名称	总资产（亿元）	风险	资本	盈利	流动性	综合财务评价	排名
锦州银行	5390.60	0.841	0.645	0.882	0.449	0.812	1
郑州银行	3661.48	0.745	0.627	0.807	0.506	0.746	2
贵阳银行	3722.53	0.736	0.819	0.727	0.738	0.744	3
宁波银行	8850.20	0.870	0.652	0.673	0.491	0.720	4
南京银行	10639.00	0.874	0.719	0.625	0.558	0.711	5
厦门国际银行	5635.27	0.867	0.889	0.549	0.740	0.705	6
长沙银行	3835.05	0.770	0.666	0.650	0.688	0.690	7
重庆银行	3731.04	0.812	0.657	0.635	0.546	0.687	8
中原银行	4326.03	0.686	0.761	0.660	0.446	0.672	9
徽商银行	7547.74	0.784	0.699	0.595	0.496	0.662	10
上海银行	17553.71	0.767	0.776	0.582	0.382	0.656	11

续表

银行名称	总资产（亿元）	风险	资本	盈利	流动性	综合财务评价	排名
河北银行	3104.27	0.709	0.681	0.631	0.497	0.655	12
盛京银行	9054.83	0.661	0.650	0.619	0.404	0.626	13
北京银行	21163.39	0.760	0.641	0.557	0.374	0.621	14
广州银行	4445.07	0.681	0.672	0.568	0.532	0.615	15
杭州银行	7204.24	0.690	0.622	0.573	0.427	0.608	16
江苏银行	15982.92	0.699	0.617	0.548	0.444	0.599	17
包商银行	4315.83	0.679	0.630	0.566	0.328	0.598	18
哈尔滨银行	5390.16	0.683	0.655	0.554	0.322	0.596	19
成都银行	3609.47	0.631	0.755	0.516	0.698	0.595	20
江西银行	3137.41	0.701	0.698	0.489	0.606	0.590	23
天津银行	6573.10	0.704	0.653	0.501	0.420	0.581	21
吉林银行	4322.35	0.672	0.491	0.519	0.547	0.562	22
大连银行	3055.68	0.615	0.613	0.267	0.385	0.429	24

表6–4 2016年资产规模2000亿~3000亿元城市商业银行竞争力评价排名

银行名称	总资产（亿元）	风险	资本	盈利	流动性	综合财务评价	排名
洛阳银行	2027.57	0.777	0.724	0.751	0.414	0.738	1
廊坊银行	2061.15	0.805	0.867	0.595	0.527	0.695	2
四川天府银行	2065.39	0.695	0.738	0.687	0.566	0.691	3
唐山银行	2036.12	0.874	0.766	0.559	0.681	0.690	4
西安银行	2179.68	0.725	0.850	0.615	0.421	0.673	5
贵州银行	2299.58	0.707	0.683	0.618	0.697	0.658	6
华融湘江银行	2601.86	0.674	0.609	0.654	0.528	0.647	7
兰州银行	2573.64	0.683	0.703	0.575	0.752	0.636	8
齐鲁银行	2071.68	0.697	0.624	0.586	0.687	0.630	9
东莞银行	2320.88	0.661	0.813	0.540	0.635	0.622	10
昆仑银行	2932.08	0.729	0.915	0.502	0.279	0.621	11
甘肃银行	2450.56	0.680	0.631	0.570	0.622	0.615	12
青岛银行	2779.88	0.713	0.677	0.548	0.434	0.611	13
九江银行	2252.63	0.648	0.610	0.522	0.612	0.578	14
汉口银行	2116.67	0.676	0.742	0.468	0.541	0.575	15
苏州银行	2604.18	0.699	0.774	0.436	0.562	0.572	16
龙江银行	2443.62	0.668	0.602	0.496	0.452	0.562	17
广东南粤银行	2038.60	0.700	0.654	0.432	0.573	0.553	18
温州银行	2013.46	0.683	0.623	0.429	0.429	0.534	19

表6-5 2016年资产规模1000亿~2000亿元城市商业银行竞争力评价排名

银行名称	总资产（亿元）	风险	资本	盈利	流动性	综合财务评价	排名
台州银行	1501.05	0.887	0.749	0.812	0.697	0.820	1
浙江泰隆商业银行	1208.61	0.725	0.653	0.859	0.445	0.767	2
重庆三峡银行	1815.04	0.797	0.678	0.706	0.703	0.729	3
张家口银行	1670.12	0.756	0.650	0.659	0.668	0.687	4
邯郸银行	1462.04	0.656	0.699	0.697	0.548	0.677	5
威海市商业银行	1863.40	0.700	0.664	0.644	0.510	0.657	6
乌鲁木齐银行	1306.84	0.746	0.902	0.533	0.462	0.649	7
沧州银行	1119.12	0.666	0.905	0.539	0.843	0.647	8
浙江稠州商业银行	1600.07	0.788	0.646	0.493	0.440	0.602	9
辽阳银行	1147.16	0.679	0.725	0.495	0.722	0.596	10
潍坊银行	1036.28	0.768	0.629	0.473	0.596	0.592	11
青海银行	1082.86	0.662	0.786	0.511	0.371	0.591	12
赣州银行	1068.23	0.667	0.729	0.475	0.710	0.583	13
桂林银行	1947.16	0.698	0.638	0.500	0.509	0.581	14
阜新银行	1486.46	0.685	0.623	0.511	0.467	0.578	15
厦门银行	1889.72	0.719	0.673	0.470	0.501	0.577	16
乐山市商业银行	1033.01	0.751	0.782	0.409	0.426	0.568	17
长安银行	1813.40	0.658	0.626	0.498	0.511	0.566	18
长城华西银行	1026.68	0.748	0.585	0.449	0.556	0.564	19
湖北银行	1866.10	0.669	0.649	0.476	0.542	0.563	20
珠海华润银行	1377.32	0.644	0.715	0.481	0.409	0.561	21
晋商银行	1733.86	0.657	0.697	0.439	0.660	0.554	22
广东华兴银行	1228.68	0.698	0.686	0.429	0.653	0.553	23
宁夏银行	1369.23	0.709	0.710	0.401	0.612	0.550	24
浙江民泰商业银行	1258.18	0.675	0.745	0.416	0.434	0.544	25
日照银行	1059.82	0.665	0.568	0.432	0.691	0.535	26
柳州银行	1110.31	0.640	0.719	0.408	0.597	0.534	27
富滇银行	1984.53	0.655	0.699	0.392	0.592	0.527	28
福建海峡银行	1546.09	0.616	0.674	0.446	0.306	0.524	29
营口银行	1268.29	0.728	0.656	0.325	0.700	0.514	30
广西北部湾银行	1347.89	0.642	0.829	0.316	0.435	0.497	31
齐商银行	1040.68	0.652	0.888	0.267	0.669	0.496	32
鞍山银行	1015.06	0.742	0.724	0.235	0.785	0.488	33
绍兴银行	1042.11	0.657	0.681	0.317	0.454	0.480	34
内蒙古银行	1186.41	0.625	0.621	0.229	0.581	0.424	35

第六部分 2017年中国商业银行竞争力评价结果

表6-6 2016年资产规模1000亿元以下城市商业银行竞争力评价排名

银行名称	总资产（亿元）	风险	资本	盈利	流动性	综合财务评价	排名
西藏银行	484.98	0.988	0.929	0.707	0.726	0.825	1
营口沿海银行	641.41	0.712	0.693	0.958	0.535	0.823	2
泸州市商业银行	530.93	0.903	0.845	0.693	0.512	0.770	3
自贡银行	603.49	0.825	0.805	0.697	0.674	0.750	4
承德银行	929.47	0.676	0.681	0.792	0.709	0.736	5
保定银行	816.73	0.753	0.598	0.770	0.692	0.735	6
乌海银行	445.03	0.680	0.839	0.769	0.389	0.734	7
遂宁银行	406.02	0.674	0.920	0.728	0.583	0.734	7
石嘴山银行	512.01	0.745	0.662	0.706	0.609	0.706	8
江苏长江商业银行	209.77	0.766	0.820	0.624	0.698	0.700	9
丹东银行	723.74	0.780	0.910	0.578	0.631	0.691	10
秦皇岛银行	507.47	0.661	0.612	0.693	0.832	0.678	11
抚顺银行	570.51	0.819	0.853	0.517	0.616	0.663	12
东营银行	643.24	0.687	0.706	0.617	0.760	0.658	13
达州银行	545.63	0.701	0.970	0.551	0.415	0.652	14
泰安银行	630.05	0.787	0.640	0.577	0.485	0.645	15
焦作中旅银行	612.06	0.734	0.923	0.523	0.417	0.641	16
雅安市商业银行	167.250	0.716	0.937	0.505	0.616	0.640	17
盘锦银行	281.81	0.692	0.832	0.526	0.855	0.638	18
朝阳银行	644.16	0.853	0.701	0.451	0.778	0.625	19
哈密市商业银行	200.99	0.693	0.942	0.475	0.731	0.623	20
大同银行	349.21	0.777	0.758	0.462	0.888	0.622	21
绵阳市商业银行	648.01	0.680	0.815	0.523	0.530	0.614	22
上饶银行	855.25	0.685	0.755	0.532	0.573	0.613	23
葫芦岛银行	592.13	0.681	0.821	0.495	0.706	0.610	24
嘉兴银行	654.25	0.700	0.687	0.519	0.513	0.598	25
湖州银行	378.39	0.795	0.641	0.451	0.737	0.597	26
宁波通商银行	666.48	0.783	0.800	0.448	0.337	0.596	27
邢台银行	771.87	0.688	0.709	0.482	0.604	0.584	28

续表

银行名称	总资产（亿元）	风险	资本	盈利	流动性	综合财务评价	排名
宜宾市商业银行	412.14	0.694	0.766	0.435	0.610	0.571	29
济宁银行	569.78	0.679	0.639	0.497	0.399	0.568	30
云南红塔银行	616.41	0.671	0.980	0.380	0.533	0.565	31
金华银行	631.96	0.688	0.795	0.391	0.639	0.553	32
攀枝花市商业银行	785.39	0.729	0.714	0.402	0.481	0.551	33
烟台银行	701.71	0.657	0.625	0.435	0.646	0.541	34
晋城银行	867.83	0.674	0.620	0.442	0.359	0.534	35
鄂尔多斯银行	761.90	0.640	0.739	0.395	0.645	0.533	36
海南银行	311.01	0.823	0.940	0.255	0.319	0.532	37
本溪市商业银行	266.20	0.661	0.751	0.365	0.701	0.529	38
曲靖市商业银行	302.23	0.651	0.804	0.336	0.816	0.525	39
临商银行	740.08	0.647	0.727	0.368	0.715	0.523	40
衡水银行	375.85	0.650	0.693	0.355	0.905	0.522	41
长治银行	525.47	0.728	0.641	0.341	0.285	0.499	42
枣庄银行	202.25	0.639	0.658	0.347	0.584	0.493	43
泉州银行	905.50	0.673	0.635	0.297	0.490	0.470	44
莱商银行	833.65	0.612	0.706	0.247	0.514	0.439	45

表6-7　2016年资产规模1000亿元以上农村商业银行竞争力评价排名

银行名称	总资产（亿元）	风险	资本	盈利	流动性	综合财务评价	排名
广东南海农村商业银行	1568.99	0.799	0.869	0.720	0.582	0.759	1
九台农村商业银行	1914.71	0.846	0.781	0.673	0.632	0.739	2
北京农村商业银行	7234.11	0.946	0.846	0.539	0.676	0.714	3
武汉农村商业银行	2230.76	0.859	0.809	0.596	0.650	0.710	4
厦门农村商业银行	1131.46	0.896	0.845	0.582	0.455	0.709	5
重庆农村商业银行	8031.58	0.947	0.713	0.565	0.557	0.701	6
成都农村商业银行	6578.18	0.915	0.786	0.556	0.594	0.700	7
宁波鄞州农村商业银行	1314.18	0.826	0.809	0.570	0.514	0.680	8
青岛农村商业银行	2075.43	0.841	0.743	0.569	0.599	0.679	9

第六部分 2017年中国商业银行竞争力评价结果

续表

银行名称	总资产（亿元）	风险	资本	盈利	流动性	综合财务评价	排名
江苏紫金农村商业银行	1338.03	0.834	0.837	0.559	0.449	0.678	10
上海农村商业银行	7108.81	0.869	0.714	0.545	0.704	0.676	11
天津农村商业银行	3037.61	0.752	0.812	0.553	0.491	0.648	12
江苏常熟农村商业银行	1299.82	0.873	0.765	0.485	0.484	0.644	13
无锡农村商业银行	1246.33	0.842	0.722	0.493	0.673	0.641	14
广州农村商业银行	6609.50	0.787	0.682	0.531	0.552	0.632	15
广东顺德农村商业银行	2595.00	0.766	0.868	0.479	0.465	0.623	16
江苏江南农村商业银行	2745.62	0.788	0.671	0.502	0.480	0.612	17
浙江绍兴瑞丰农村商业银行	1095.00	0.798	0.668	0.473	0.566	0.604	18
江苏江阴农村商业银行	1040.85	0.745	0.859	0.386	0.540	0.572	19
浙江萧山农村商业银行	1381.55	0.769	0.799	0.371	0.577	0.565	20
济南农村商业银行	1007.39	0.717	0.697	0.393	0.401	0.536	21
天津滨海农村商业银行	1475.39	0.763	0.490	0.403	0.364	0.522	22
大连农村商业银行	1030.10	0.713	0.677	0.180	0.525	0.432	23

表6-8 2016年资产规模500亿~1000亿元农村商业银行竞争力评价排名

银行名称	总资产（亿元）	风险	资本	盈利	流动性	综合财务评价	排名
长春发展农村商业银行	649.62	0.849	0.623	0.840	0.344	0.785	1
宁波慈溪农村商业银行	664.18	0.839	0.923	0.469	0.673	0.658	2
浙江杭州余杭农村商业银行	754.64	0.858	0.685	0.514	0.789	0.657	3
江苏海安农村商业银行	602.26	0.848	0.810	0.500	0.603	0.656	4
浙江义乌农村商业银行	585.92	0.839	0.821	0.494	0.585	0.651	5
江苏昆山农村商业银行	821.49	0.878	0.659	0.516	0.598	0.650	6
江苏海安农村商业银行	602.26	0.851	0.812	0.460	0.603	0.637	7
江苏吴江农村商业银行	813.48	0.798	0.820	0.460	0.674	0.626	8
中山农村商业银行	867.14	0.749	0.735	0.463	0.738	0.603	9
江苏张家港农村商业银行	901.78	0.776	0.804	0.428	0.585	0.597	10
合肥科技农村商业银行	884.19	0.771	0.722	0.446	0.540	0.589	11
内蒙古呼和浩特金谷农村商业银行	845.92	0.763	0.781	0.351	0.537	0.548	12

表6-9 2016年资产规模500亿元以下农村商业银行竞争力评价排名

银行名称	总资产（亿元）	风险	资本	盈利	流动性	综合财务评价	排名
浙江乐清农村商业银行	431.40	0.962	0.917	0.797	0.440	0.847	1
江苏宝应农村商业银行	166.56	0.860	0.752	0.719	0.811	0.771	2
浙江温岭农村商业银行	326.08	0.906	1.000	0.570	0.689	0.741	3
江苏沭阳农村商业银行	205.68	0.836	0.906	0.633	0.654	0.736	4
聊城农村商业银行	267.19	0.904	0.900	0.589	0.686	0.735	5
河北邢台农村商业银行	119.98	0.851	0.800	0.658	0.606	0.734	6
阜阳颍淮农村商业银行	320.68	0.898	0.916	0.559	0.561	0.715	7
江苏泰兴农村商业银行	265.79	0.830	0.634	0.671	0.698	0.714	8
浙江玉环农村商业银行	146.76	0.855	0.907	0.559	0.819	0.713	9
浙江苍南农村商业银行	315.04	0.836	0.958	0.588	0.464	0.712	10
阜阳颍泉农村商业银行	146.58	0.810	0.906	0.595	0.665	0.710	11
安徽铜陵农村商业银行	119.63	0.826	0.775	0.621	0.660	0.708	12
安徽利辛农村商业银行	159.40	0.886	0.668	0.605	0.644	0.701	13
山东齐河农村商业银行	126.81	0.780	0.705	0.663	0.583	0.700	14
山东博兴农村商业银行	142.80	0.841	0.750	0.610	0.583	0.699	15
山东安丘农村商业银行	194.40	0.907	0.782	0.544	0.722	0.698	16
山东郓城农村商业银行	199.37	0.681	0.960	0.611	0.853	0.696	17
浙江永康农村商业银行	273.87	0.807	0.906	0.549	0.792	0.692	18
江苏扬州农村商业银行	260.25	0.764	0.805	0.616	0.652	0.691	19
江苏江都农村商业银行	337.47	0.741	0.818	0.624	0.651	0.690	20
浙江德清农村商业银行	287.42	0.909	0.776	0.535	0.626	0.688	21
山东沂水农村商业银行	300.40	0.922	0.894	0.506	0.469	0.687	22
浙江温州瓯海农村商业银行	395.45	0.873	0.792	0.544	0.642	0.685	23
辽宁东港农村商业银行	132.55	0.959	0.745	0.495	0.714	0.683	24
辽阳辽东农村商业银行	207.41	0.827	0.729	0.581	0.683	0.682	25
江苏姜堰农村商业银行	291.65	0.713	0.805	0.616	0.676	0.677	26

第六部分 2017年中国商业银行竞争力评价结果

续表

银行名称	总资产（亿元）	风险	资本	盈利	流动性	综合财务评价	排名
浙江富阳农村商业银行	349.34	0.815	0.868	0.527	0.748	0.676	27
江西九江农村商业银行	143.79	0.782	0.496	0.662	0.686	0.675	28
山东禹城农村商业银行	138.32	0.820	0.810	0.560	0.424	0.669	29
江苏东海农村商业银行	97.02	0.750	0.818	0.553	0.800	0.664	30
安徽旌德农村商业银行	25.60	0.839	0.632	0.562	0.702	0.663	31
浙江平阳农村商业银行	152.07	0.824	0.779	0.512	0.803	0.660	32
江苏姜堰农村商业银行	291.65	0.713	0.665	0.624	0.676	0.659	33
江苏泰州农村商业银行	255.37	0.770	0.779	0.540	0.798	0.658	34
江苏射阳农村商业银行	340.39	0.838	0.773	0.510	0.637	0.655	35
浙江南浔农村商业银行	275.95	0.844	0.714	0.493	0.777	0.646	36
江苏启东农村商业银行	442.25	0.786	0.745	0.505	0.743	0.637	37
浙江上虞农村商业银行	392.66	0.848	0.859	0.418	0.742	0.629	38
宁波余姚农村商业银行	342.49	0.816	0.951	0.407	0.727	0.627	39
安徽宿松农村商业银行	81.96	0.814	0.970	0.398	0.716	0.625	40
安徽凤阳农村商业银行	88.88	0.855	0.750	0.413	0.860	0.619	41
宣城皖南农村商业银行	138.00	0.742	0.759	0.472	0.822	0.614	42
山东莱州农村商业银行	290.29	0.710	0.750	0.499	0.734	0.612	43
安徽庐江农村商业银行	136.03	0.814	0.746	0.411	0.890	0.607	44
安徽绩溪农村商业银行	40.20	0.725	0.648	0.496	0.856	0.606	45
浙江诸暨农村商业银行	396.41	0.838	0.836	0.390	0.651	0.604	46
江苏高淳农村商业银行	119.02	0.727	0.951	0.391	0.794	0.596	47
安徽临泉农村商业银行	134.09	0.837	0.800	0.367	0.820	0.595	48
江苏海门农村商业银行	363.73	0.783	0.739	0.425	0.666	0.592	49
安徽舒城农村商业银行	151.00	0.756	0.736	0.414	0.884	0.588	50
安徽桐城农村商业银行	258.23	0.692	0.735	0.461	0.687	0.583	51
安徽青阳农村商业银行	70.25	0.712	0.895	0.391	0.764	0.582	52
浙江温州龙湾农村商业银行	319.66	0.906	0.674	0.361	0.552	0.581	53
安徽肥西农村商业银行	163.71	0.822	0.723	0.357	0.925	0.580	54
山东莒县农村商业银行	211.18	0.735	0.660	0.433	0.814	0.576	55

续表

银行名称	总资产（亿元）	风险	资本	盈利	流动性	综合财务评价	排名
池州九华农村商业银行	158.20	0.768	0.873	0.357	0.674	0.574	56
安徽枞阳农村商业银行	122.78	0.701	0.749	0.407	0.901	0.571	57
江苏睢宁农村商业银行	163.70	0.629	0.800	0.455	0.662	0.569	58
福建福州农村商业银行	335.83	0.709	0.575	0.454	0.770	0.564	59
江苏太仓农村商业银行	348.55	0.754	0.666	0.398	0.684	0.560	60
安徽肥东农村商业银行	171.80	0.725	0.720	0.403	0.624	0.558	61
江门融和农村商业银行	310.17	0.662	0.714	0.426	0.753	0.556	62
辽宁凤城农村商业银行	100.02	0.699	0.673	0.404	0.737	0.550	63
江苏盱眙农村商业银行	136.48	0.773	0.596	0.390	0.654	0.549	64
安徽安庆农村商业银行	138.87	0.752	0.780	0.359	0.536	0.549	65
安徽石台农村商业银行	29.73	0.694	0.890	0.321	0.860	0.545	66
江苏邳州农村商业银行	248.88	0.740	0.819	0.327	0.601	0.539	67
山东张店农村商业银行	202.23	0.754	0.833	0.312	0.588	0.537	68
山东威海农村商业银行	193.33	0.768	0.610	0.376	0.287	0.524	69
安徽六安农村商业银行	228.37	0.748	0.461	0.392	0.654	0.522	70
江苏淮安农村商业银行	305.68	0.695	0.701	0.320	0.756	0.512	71
江苏新沂农村商业银行	149.35	0.633	0.942	0.283	0.718	0.509	72
铜陵皖江农村商业银行	71.86	0.719	0.923	0.236	0.707	0.508	73
江苏溧水农村商业银行	138.99	0.701	0.711	0.301	0.744	0.505	74
山东诸城农村商业银行	262.49	0.848	0.699	0.198	0.816	0.499	75
安徽怀宁农村商业银行	110.51	0.683	0.760	0.300	0.413	0.490	76
徐州彭城农村商业银行	103.73	0.613	0.656	0.229	0.319	0.412	77
江苏沛县农村商业银行	130.16	0.599	0.309	0.180	0.751	0.354	78

二、2017年中国商业银行竞争力排名获奖名单

表6-10　　　　　　　　全国性商业银行

财务评价第一名	招商银行
财务评价第二名	中国工商银行
财务评价第三名	中国建设银行
财务评价第四名	浙商银行
财务评价第五名	兴业银行
核心竞争力评价第一名	中国工商银行
核心竞争力评价第二名	中国建设银行
核心竞争力评价第三名	招商银行
核心竞争力评价第四名	中国银行
核心竞争力评价第五名	交通银行
单项奖	
最佳商业银行	招商银行
最佳金融科技银行	中国工商银行
最佳财富管理银行	招商银行
最佳风险管理银行	中国建设银行
最佳管理创新银行	交通银行
最佳产品创新银行	中国银行
最佳战略管理银行	平安银行
最具盈利能力银行	上海浦东发展银行
最佳普惠金融银行	中国邮政储蓄银行
最佳数字化银行	恒丰银行

表6-11　　　　　　　　城市商业银行

竞争力评价第一名 （资产规模3000亿元以上）	锦州银行
竞争力评价第二名 （资产规模3000亿元以上）	郑州银行
竞争力评价第三名 （资产规模3000亿元以上）	贵阳银行

续表

竞争力评价第四名 （资产规模 3000 亿元以上）	宁波银行
竞争力评价第五名 （资产规模 3000 亿元以上）	南京银行
竞争力评价第一名 （资产规模 2000 亿～3000 亿元）	洛阳银行
竞争力评价第二名 （资产规模 2000 亿～3000 亿元）	廊坊银行
竞争力评价第三名 （资产规模 2000 亿～3000 亿元）	四川天府银行
竞争力评价第四名 （资产规模 2000 亿～3000 亿元）	唐山银行
竞争力评价第五名 （资产规模 2000 亿～3000 亿元）	西安银行
竞争力评价第一名 （资产规模 1000 亿～2000 亿元）	台州银行
竞争力评价第二名 （资产规模 1000 亿～2000 亿元）	浙江泰隆商业银行
竞争力评价第三名 （资产规模 1000 亿～2000 亿元）	重庆三峡银行
竞争力评价第四名 （资产规模 1000 亿～2000 亿元）	张家口银行
竞争力评价第五名 （资产规模 1000 亿～2000 亿元）	邯郸银行
竞争力评价第一名 （资产规模 1000 亿元以下）	西藏银行
竞争力评价第二名 （资产规模 1000 亿元以下）	营口沿海银行
竞争力评价第三名 （资产规模 1000 亿元以下）	泸州市商业银行
竞争力评价第四名 （资产规模 1000 亿元以下）	自贡银行
竞争力评价第五名 （资产规模 1000 亿元以下）	承德银行

第六部分 2017年中国商业银行竞争力评价结果

续表

单项奖	
最佳城市商业银行	锦州银行
最佳品牌城市商业银行	郑州银行
最佳智能城市商业银行	唐山银行
最佳文化建设城市商业银行	晋城银行
最具盈利能力城市商业银行	营口沿海银行
最佳金融科技城市商业银行	江苏银行
最佳小企业服务城市商业银行	台州银行
最佳战略管理城市商业银行	廊坊银行、日照银行
最佳公司治理城市商业银行	西安银行
最佳数字化城市商业银行	包商银行

表6-12 　　　　　　　　　　农村商业银行

竞争力评价第一名（资产规模1000亿元以上）	广东南海农村商业银行
竞争力评价第二名（资产规模1000亿元以上）	吉林九台农村商业银行
竞争力评价第三名（资产规模1000亿元以上）	北京农村商业银行
竞争力评价第四名（资产规模1000亿元以上）	武汉农村商业银行
竞争力评价第五名（资产规模1000亿元以上）	厦门农村商业银行
竞争力评价第一名（资产规模500亿~1000亿元）	长春发展农村商业银行
竞争力评价第二名（资产规模500亿~1000亿元）	宁波慈溪农村商业银行
竞争力评价第三名（资产规模500亿~1000亿元）	杭州余杭农村商业银行
竞争力评价第四名（资产规模500亿~1000亿元）	江苏海安农村商业银行
竞争力评价第五名（资产规模500亿~1000亿元）	浙江义乌农村商业银行

续表

竞争力评价第一名 （资产规模500亿元以下）	江苏宝应农村商业银行
竞争力评价第二名 （资产规模500亿元以下）	浙江温岭农村商业银行
竞争力评价第三名 （资产规模500亿元以下）	江苏沭阳农村商业银行
竞争力评价第四名 （资产规模500亿元以下）	山东聊城农村商业银行
竞争力评价第五名 （资产规模500亿元以下）	河北邢台农村商业银行
竞争力评价第六名 （资产规模500亿元以下）	阜阳颍淮农村商业银行
竞争力评价第七名 （资产规模500亿元以下）	江苏泰兴农村商业银行
竞争力评价第八名 （资产规模500亿元以下）	浙江玉环农村商业银行
竞争力评价第九名 （资产规模500亿元以下）	浙江苍南农村商业银行
竞争力评价第十名 （资产规模500亿元以下）	江苏宝应农村商业银行
单项奖	
最佳农村商业银行	广东南海农村商业银行
最佳品牌农村商业银行	广州农村商业银行
最佳管理创新农村商业银行	北京农村商业银行
最佳产品创新农村商业银行	武汉农村商业银行
最佳金融科技农村商业银行	重庆农村商业银行
最佳战略转型农村商业银行	青岛农村商业银行
最具潜力农村商业银行	浙江温岭农村商业银行
最具活力农村商业银行	宁波鄞州农村商业银行
最佳普惠金融农村商业银行	阜阳颍泉农村商业银行